영화 속 생명윤리 이야기

남명진 저

지코사이언스
GCO Science Publishing Co.

영화 속 생명윤리 이야기

발 행 일 2010년 3월 8일 초판 1쇄
지 은 이 남명진
발 행 인 박성율
발 행 처 지코사이언스

출판등록 제2-4387호
주 소 서울시 마포구 서교동 449-43 국일빌딩 401호
전 화 대표전화 02-2279-9771
도서주문 02-2279-9771
팩스주문 02-2279-9772

ISBN 978-89-93601-41-1 93190
값 12,000원

머리말

생명윤리는 먼 나라의 얘기가 아니라 우리 앞에 닥쳤거나 다칠 일들이다. 전부터 우리에게 알려진 낙태, 안락사, 뇌사, 인체실험 문제 뿐 아니라 과학이 급속도로 발전함에 따라 우리 앞에 나타나기 시작한 인간복제, 인간유전체연구, 유전자검사, 유전자변형식품 문제는 우리가 생각해야 할 일들이다. 이러한 문제들이 우리 주위에 봉착하였을 때 느끼는 것은 문제의 내용을 파악하기가 어렵다는 것이다. 문제의 내용을 이해하기에는 사용되는 용어가 어렵고 전문적이어서 일반인들이 이해하기에는 한계가 있는 것이다. 즉, 뉴스를 보거나 신문을 읽을 때 등장하는 말들은 이해하기가 어려워 정확한 진위를 파악하기가 힘든 실정이다.

그러기에 보통수준의 지식을 가진 사람이 읽어서 쉽게 이해할 수 있으며 대략적인 방향을 정할 수 있는 생명윤리 책이 필요하다는 것이 제기되고 있었다. 이에 이 책은 생명윤리에 관하여 일반인들이 알기 쉽게 이해하도록 상영된 영화와 결부시켜 쓰여졌다. 영화를 등장시켜 영화의 스토리와 함께 생명윤리에 접근하여 생명윤리를 편하게 이해하게 한 것이다. 1997년 복제양 돌리가 만들어진 후 우리사회에 생명복제를 비롯한 윤리문제가 등장하여 국민들의 관심을 끈 이후, 2005년 난자매매 사건과 논문조작으로 나라전체가 시끄러웠다. 생명윤리는 이제 몇몇 사람들의 이야기가 아니고 국가전체의 문제로 부각된 것이다.

생명윤리는 복제와 배아 문제뿐 아니라 국민들의 실생활에 많이 관련되어 있다. 낙태는 기성세대, 아니 지금도 겪고 있는 이슈이고, 안락사는 최근에 우리사회에서도 연명치료거부와 관련하여 논의가 되고 있다. 특히 장기이식과 관련한 뇌사인정은 우리의 유교관념을 바꿀 수 있는 커다란 사건이었다. 생명과학의 발달과 더불어 제기되는 유전자변형식품은 우리 식탁과 관련되고, 암으로 고통받고 있는 환자에게 적용될 수 있는 유전자치료, 신약실험의 기초가 되는 동물실험, 나아가 사람을 대상으로 하는 임상실험은 더 이상 피할 수 없는 문제인 것이다. 유전되어 오는 질병을 사전에 측정하기 위한 유전자검사, 그리고 불임부부와 관련되는 대리모는 사회문제가 된다. 최근에 방영되고 있는 드라마 '천만번 사랑해'는 대리모가 될 수밖에 없었던 한 여자가 돈을 매개로 생명을 거래하고, 그 잘못된 선택으로 인해 대가를 치르는 이야기이다. 즉, 이 책은 철학적으로 윤리에 접근한 것이 아니고 실질적으로 몸에 부딪치는 문제를 다룬 것이다.

특히, 인간복제와 줄기세포 문제가 대중매체를 통하여 우리에게 익숙하게 자리잡고 있다. 그리고 존엄사라는 이름으로 연명치료거부가 논의되고 프로라이프 의사회가 불법적인 낙태시술을 근절하고자 활발한 활동을 벌이고 있다. 우리는 어떠한 이유에서든지 이에 대한 나름대로의 생각을 할 수 밖에 없는 처지에 있다. 이러한 현실에서 이 책은 독자의 판단에 도움될 수 있는 것이라 생각된다. 비교적 쉽게 접근했기에 독자들이 문제의 핵심을 이해하는 데 도움이 될 것이다.

저자는 과학자로서 연구에 매진하면서 생명윤리와 관계를 맺어 온지 벌써 15년 넘게 되었다. 1996년 유전자치료의 가이드라인 설정작업을 하면서 생명윤리와 연관되기 시작된 후 복제양 돌리가 세상으로 나오면서 생명윤리 문제가 시급하게 제기되면서 1999년 생명윤리안전법을 기초하였다. 그 뒤 유전자검사, 인간유전체연구, 유전자변형생물체와 관련하여 지침작업을 하였다. 공부를 많이 하고 새로운 것을 찾고자 하는 탐구욕이 많아 그 의욕을 세상에 나타내고자 하는 인간 본연의 욕구와 태초에 하나님께서 이 세상을 만들었을 때의 자연상태를 유지해야 한다는 의견이 대립되고 있다. 우리는 어떤 선택을 해야 하나? 자신이 살아왔던 환경과 그 동안 받았던 교육 등이 이 선택에 영향을 미칠 것이다. 이러한 선택에 있어서 이 책은 보다 사실에 입각한 현상과 논리를 기술하고 있기에 도움이 될 것이다. 이 책이 나오기 까지 도움을 준 장 인숙 선생께 감사드리며, 생명윤리의 귀중함을 인식하시어 책의 출판을 도와 주신 지코사이언스에 감사의 말씀을 드린다.

2010년 3월

글쓴이 남명진

차례

1

뇌사와 장기이식 이야기

인간에 대한 뇌사 판정은 지난 과거 몇십 년간 끝없는 논쟁거리가 되었다. 많은 뇌사론 옹호론자들은 죽음을 뇌의 회복불가능한 손상과 이로 인한 기능의 상실로 규정한다. 이에 반해서 뇌사론 반대론자들은 심장이 작동하므로 뇌사를 죽음으로 인정하지 않는다. 즉, 이들은 죽음의 과정 중 어느 부분에서 죽음이 시작되는지에 대한 상반되는 견해를 갖는다.

현대의 이식 의학기술은 크게 발전해 왔다. 이로 인해 많은 이들이 장기이식을 통해 새로운 삶을 살아가고 있다. 그러나 장기이식을 위해선 살아있는 자의 장기가 필요하다. 장기이식에는 뇌사자의 장기이식과 살아있는 사람의 장기를 이식하는 생체이식이 있다. 세계 곳곳에서 문제가 되는 것은 뇌사자의 장기이식을 위해선 뇌사자를 죽은 자로 판단해야 한다는 점이다. 하지만 뇌사자를 살아있는 사람으로 보면 뇌사자의 장기이식은 살인행위이므로 사회에서 많은 문제를 낳고 있다. 세계에는 과거부터 뇌사와 장기이식을 연관하여 끊임없이 논란이 이어지고 있는데, 이에 대해서 지금부터 자세히 들어가 보도록 한다.

영화 이야기

존 큐(John Q)

존(John)이란 이름은 미국 사회에서 살고 있는 가장 일반적인 아버지의 상을 그리기 위해서 채택되었다. 그래서 흔한 이름의 존과 일반적으로 많이 쓰이는 Q가 결합하여 제목이 정해졌다고 한다. 심장병으로 죽어가는 아들을 살리기 위해 가난한 아버지가 최후의 수단으로 병원을 점거해 인질극을 벌인다는 이야기는 좀 극단적이지만 관객의 눈시울을 뜨겁게 한다. 궁핍한 살림에도 아내와 열 살 난 아들과 함께 단란한 가정을 꾸렸던 존 큐. 착실한 가장이자 주위 사람들에게 신망이 두터웠던 그가 하루아침에 범죄자로 전락하기까지 사연은 길지 않다. 밝고 건강하던 아들이 야구를 하던 도중 갑자기 쓰러진다. 당장 심장이식수술을 받지 않으면 살아나기 어렵다는 청천 벽력같은 소리와 함께 수술대기자 명단에 아들의 이름을 올리려면 거액의 선금을 내라는 병원 측의 통보를 받는다.

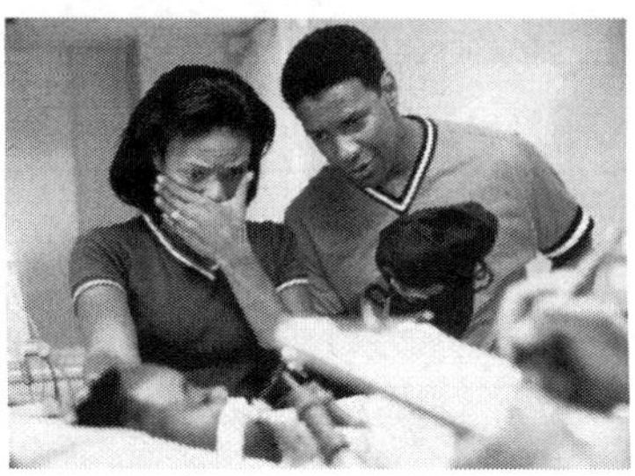

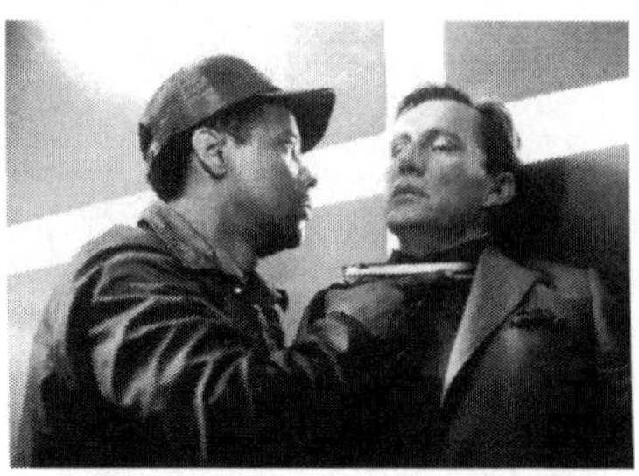

존 큐와 그의 아내는 착실히 들어둔 보험을 믿지만 설상가상으로 아들의 병은 보험 혜택을 받을 수 없다. 그 이유는 회사가 자신의 보험을 PPO*에서 HMO**로 바꾸었기 때문이다. 의료비가 싼 대신 일반의에게만 진료 받을 수 있는 HMO 가입자는 규정상 전문의 수술이 필요한 심장이식수술에 아무런 혜택도 받지 못한다. 그래서 존 큐는 가재도구를 팔고 이웃들의 도움을 받는 등 백방으로 돈을 마련해보지만 선금을 내기에는 턱없이 모자란다. 어떻게 할 것인가. 존 큐는 가장 극단적인 방법을 선택한다. 병원 응급실을 점거한 뒤 환자와 의사, 간호사들을 인질로 삼고 아들을 수술대기자 명단에 올릴 것을 요구 조건으로 내건다. 하지만 경찰은 이러한 존 큐의 요구를 묵살한다. 특수경찰이 병원에 침입하여 존 큐를 저격하려다 실패한다. 존 큐가 아들과 전화 통화하는 장면들이 TV를 통해 방영되자, 많은 사람들이 존 큐에 대해 아버지로서의 부자애를 공감한다. 그의 노력들이 실패로 돌아가고 결국 그는 아들의 급박한 상황을 인식해 한 발의 총알이 있던 총을 꺼내 유명한 심장이식 전문의에게 자신의 심장을 이식하라고 지시한다. 수술을 시작하기에 앞서 극적으로 교통사고로 죽은 여자의 심장이 존 큐의 아들에게 적합하여 수술을 받게 된다. 아들은 건강을 되찾지만 존 큐는 법정에서 유죄로 판결받게 되고 이 영화는 끝을 맺는다.[1)]

이 영화는 어쩌면 세계최강국이면서도 의료보험카드가 없어 의료혜택을 제대로 받을 수 없는 미국의 수천만 저소득층의 얘기이다. 그러나 아무리 좋은 의료 환경과 기술을 지니고 있다 하더라도 장기기증자가 없다면 모든 것이 의미가 없어지는 것이다. 장기이식이 필요한 수술환자가 필요한 장기를 구할 수 없어 가난한 나라에 가서 불법으로 수술을 받고 있는 것이 우리나라 사람들 뿐 아니라 외국에도 적지 않게 발생하고 있다. 그러다보니 단지 가난하다는 이유 때문에 자신의 장기를 밀매하는 빈곤층의 사람들이 상당히 출현하고 있고 장기밀매를 통한 사기 또한 국내외에서 빈번히 일어나고 있다. 이러한 장기밀매와 장기를 이용한 사기가 극성하는 것은 이식할 장기가 절대부족하다는 이유 때문이다.

---

* PPO(Participating Provider Option) 본인이 진단을 받고 싶은 의사에게 원하는 대로 진단을 받을 수 있음. 보험료가 낮은 대신 자기부담금이 높다.

**HMO(Health Maintenance Organization) 한 의사에게 진료를 받은 후 다른 전문의에게 진료를 받으려면 이전 의사에게 동의를 받아야 함. 자기부담금이 낮은 대신 보험료가 높다.

21 그램(21 gram)

이 영화는 제목부터가 특이하게도 '21 그램'이라는 점에서 사람들의 궁금증을 자아냈는데, 이것은 옛날의 한 연구결과로부터 비롯된 제목이다. 사람에게 영혼이 있을까라는 질문에 대한 답을 찾기 위해 여러 가지 과학적 방법으로 증명을 시도하던 학자들 중 어느 한 학자는 질량 보존의 법칙을 이용하여 영혼을 측정해 보자는 생각을 한다. 만약 영혼이란 것이 존재한다면 분명 질량이 존재할 것이고, 그 질량이 사람이 죽는 순간에 감소할 것이다. 실험결과는 놀랍게도 사람이 죽을 때 폐와 그 외의 장기에서 빠져나간 공기와 수증기 등의 무게들을 모두 제외하고도 정확히 21 그램이 더 감소하였다. 이 결과를 가지고 영혼의 무게를 21 그램이라고 주장하였다. 물론 이 연구를 잘 살펴보던 많은 학자들이 실험연구 대상이 너무 적었고, 그 대조군조차 불분명하여서 타당한 연구 결과로 인정하지 않았다. 감독은 영혼의 무게 21 그램에 착안하여서 인간이 가질 수 있는 감정 중 복수, 사랑, 자책감 등을 21 그램에 실어서 이 영화를 제작하였다.

이 영화는 3명의 등장인물을 둘러싸고 진행된다. 심장질환으로 인해 죽어가다가 심장 이식을 받고 새 생명을 얻게 되는 남자 폴과, 한 때 약물 중독자였다가 좋은 남편을 만나 식구를 꾸리고 행복하게 살다가 비극을 맞이하게 되는 여인 크리스티나, 범죄자였다가 종교에 빠지다 못해 모든 행동을 종교와 관련짓는 남자 잭, 이렇게 구성된 사람

들이 서로 얽혀져서 영화가 진행된다. 각기 다른 3명의 주인공은 어떤 사건 하나를 계기로 인하여 서로 운명처럼 얽히게 된다. 그 중 장기이식과 관련이 있는 인물이 바로 폴이다. 폴은 심장이 좋지 않은 심장병 환자이다. 그는 지금 시한부 삶을 살고 있는 거나 마찬가지인데, 심장이식만이 그가 살아남을 길이다. 그의 아내는 폴이 얼마 남지 않았다는 것을 알고서 어떻게든 아이를 낳고 싶어서 시험관아기를 낳기 위해 폴을 설득한다. 자신의 삶이 얼마 남지 않음을 알고 있기에 그는 더더욱 그러한 아내의 요구를 거절한다. 아내가 원하는 것이 자신의 삶의 연장이 아니라 임신이어서 그러한지 모르겠다.

두 번째 인물은 크리스틴이라는 여성이다. 그녀는 두 딸의 어머니이자 한 남편의 아내였다. 아주 행복한 가정을 이루고 있었으며, 그녀 스스로도 매우 만족스러운 삶을 살고 있었다. 크리스티나는 한 때는 약물 중독자였지만 남편 마이클을 만나 두 딸을 낳고 행복하게 살고 있었다. 그러던 어느 날, 남편이 두 딸을 데리고 외출했다가 집으로 오는 길에 잭의 트럭에 치어 두 딸과 남편 모두 죽게 되는 사건이 발생한다. 3명의 인물을 운명처럼 얽히게 만든 이 사건으로 인하여 그녀의 삶은 곤두박질치고 만다. 한 순간에 가족을 잃은 크리스티나는 다른 사람들과 거의 말도 안하면서 하루하루 슬픔 속에서 산다.

마지막 인물은 잭이다. 잭은 독실한 기독교신자였고, 단란한 가정을 이루고 있었다. 그러나 잭은 실수로 세 사람을 치고 두려운 나머지 집으로 그냥 돌아온다. 자수하지 말라는 아내의 애원에도 불구하고 잭은 자수한다. 그는 하나님의 뜻에 따라 착실하게 살았지만 자신한테 벌을 내렸다며 배신감도 느끼고 괴로워한다. 감옥에서 나와서도 가족 곁을 떠나서 싼 모텔 집에서 지낸다.

사건은 밤에 일어났다. 잭은 집으로 차를 몰고 돌아오는 도중에 급하게 차를 돌리다가 크리스틴의 남편과 그의 자녀 둘이 길에 있는 것을 미처 보지 못하고 그만 치어버린 것이다. 사건이 일어난 후 두 딸 중 막내는 과다출혈인 상태로, 다른 딸은 이미 죽어서 도착했다. 즉 2명 모두 죽은 것이었다. 그나마 남편은 수술을 받고 있었으나 그나마도 뇌에 손상이 많이 있어서 살아나는 것을 장담하기 힘든 순간 이었다. 얼마 후 병원에서는 그녀의 남편을 뇌사판정을 하였고, 장기이식에 동의를 권하게 된다. 그리하여서 새로운 심장을 이식받아서 새로운 삶을 살아가게 된 사람이 바로 폴인 것이다.

폴은 새로운 장기를 이식 받고나서 새로운 감정이 생겨나기 시작한다. 심장의 전 주인이었던 크리스틴의 남편의 마음까지도 이식이 된 걸까? 폴은 크리스틴을 관찰하기 시작하고,

사랑에 빠지게 된다. 그리고 잭을 보여줌으로써 그녀에게 복수심을 심어주기 시작한다. 한편 잭은 감옥에 수감되었는데, 죄책감에 못이겨 자살을 기도하기도 한다. 자살기도가 실패로 돌아간 잭은 삶의 의미를 잃어가고 있었고, 가족들을 보고 싶어 한다. 크리스틴과 폴은 잭에게 복수할 계획을 만들어 놓고 그를 죽이기 위해 기회를 엿본다. 폴과 잭이 드디어 만나게 되고 폴은 잭에게 총을 겨눠 죽음 직전까지 몰고 가지만 웬일인지 폴은 잭에게 총을 쏘지 않고 그저 다시는 앞에 나타나지 말라고만 한다. 크리스틴은 그런 폴에게 점점 끌리기 시작하고 이내 둘은 서로 사랑에 빠지게 된다.

잭은 자신이 죽을 뻔한 위기에서 살아났다는 것을 안심해 하다가 이윽고 밤에 다시 폴을 찾아가게 된다. 그리고 폴에게 방아쇠를 당겨 자신을 쏠 것을 요구하기 시작한다. 서로 부둥키는 과정에서 폴은 쓰러진다. 크리스틴은 그틈을 타서 잭을 공격하기 시작하고 잭은 맞고 쓰러진다. 그때 쓰러져 있던 폴은 총을 자기 심장에 갔다 대고 방아쇠를 당긴다. 영화는 21 그램에 대한 의미를 의문점으로 남긴 채 끝을 낸다. 사람이 죽는 순간에 21 그램이 줄어든다고 한다. 21 그램은 얼만큼일까? 5센트 5개의 무게, 벌새의 무게, 초콜릿 바의 무게. 21 그램은 얼마나 나갈까? 이렇게 영화는 막을 내린다.

허밍

미연과 준서는 서로 사랑하는 연인관계이다. 그들이 사귄지는 약 2000일이 다되어가는 꽤나 오래된 연인이었다. 미연은 자신의 남자를 너무나도 사랑하였다. 하지만 대부분의 오래된 연인들에서 나타나는 것과 마찬가지로 이들 중 남자는 자신의 여인에게서 지루함을 느끼는 권태감을 느끼고 있었다. 이런 권태기란 것이 참 묘한 것이라 누구라도 사랑을 시작할 때는 아무것도 보이지 않고 마냥 행복하고 상대방이 사랑스러웠다가 막상 서로를 소유하고 속해져 버린 시간이 오랫동안 흐르다보면 서로에게 지루함을 느낀다는 것이다. 미연과 준서는 여느 때처럼 약속을 정하고 만나기로 하였다. 그러나 준서는 귀찮고 의욕이 없는 나머지 그 약속을 어기고 만다. 미연은 정확한 시간에 그 장소에서 준서를 기다리다 교통사고를 당하고 만다. 미연은 이 사고로 뇌사상태에 빠지게 된다.

자신의 잘못으로 미연이 뇌사상태에 빠지면서 준서는 처음에는 자책감에 빠져 산다. 아무것도 하지 못하고 누워있는 미연을 바라보면서 준서는 그들이 함께 하였던 지난 추억들이 떠오르게 된다. 준서는 사랑을 잊고 있던 순간 다시 사랑이 새로이 싹트게 된다. 미연이와 떨어져있고 싶었지만, 이런 식으로 미연의 빈자리가 생길거라고는 생각하지 못했던 준서는 이제 미안한 마음을 전할 수도 없다는 사실에 많이 괴로워하고 후회를 하게 된다. 그러곤 사고시간 이후 자신을 만나러 왔던 또 다른 미연의 흔적을 찾아 나선다. 그러던 중에 그들이 함께한 행복했던 추억들이 떠오르면서 미연이 얼마나 소중했는지를 깨닫게 된다. 미연은 결국 장기 이식을 하고 생을 마감하게 된다. 준서는 뒤늦게 다시 깨달은 사랑을 간직한 채 고인의 명복을 빌어준다.

어웨이크(Awake)

주인공인 클레이 베레스포드는 선천적으로 심장에 이상이 있어서, 심장이식을 받지 않으면 살아가기가 힘든 상황에 놓여있었다. 그는 뉴욕 경제의 중심에 서있다고 할 수 있을 정도로 큰 회사를 운영하고 있는 백만장자임에도 혈액형이 O형이라서, 심장이식 대기자 명단에 1년이 넘게 올라가 있는 상황이었다. 클레이는 장기이식 대기자 명단에 오른 지 1년이 조금 넘어서, 가까스로 머리에 총알이 박혀 뇌사상태가 된 어떤 사람의 심장을 받을 수 있게 된다. 어머니의 만류에도 불구하고 그는 자신의 친구인 잭이라는 의사에게 심장이식수술을 맡기게 된다. 장기이식, 더군다나 다른 수술보다 더 섬세함과 뛰어난 기술이 요구되는 심장이식수술을 하는데 있어서, 클레이는 자신의 친구 잭에게 수술을 맡기고 수술 중 각성을 경험하게 된다. 자신의 몸을 톱으로 자를 때 느끼는 고통은 말로 설명할 수 없을 정도로 심했을 것이다. 영화 맨 처음에 나왔던 '해마다 2100만 명이 수술을 받는데, 그 중 3만명이 마취중 각성현상을 경험한

다.'는 문구를 깨닫게 하듯이.

클레이는 수술 중 각성을 경험하면서 잭과 자신의 연인이었던 샘이 자신을 배신했다는 것을 알게 되었다. 클레이를 수술해주던 사람들은 몇 년 전 의료소송으로 인해 많은 손해를 보아서 빚을 지게 된 사람들이었던 것이다. 사랑하던 여자 친구 샘도 클레이의 재산을 가로채기 위한 연극을 했을 뿐이었고, 그들은 의료사고를 위장해 클레이를 죽이려고 한 것이었다. 결국 클레이는 제대로 심장이 기능을 할 수 없도록 약물이 주사된 심장을 이식받게 된다. 그러나 클레이의 어머니의 헌신적인 사랑이 마지막에 빛을 발했다. 1년을 기다려서 겨우 구한 O형의 심장이 소용없게 되었을 때 예상 외로 클레이의 어머니가 클레이를 너무 사랑한 나머지, 자신의 심장을 클레이에게 주게 된다. "난 강한 심장을 가졌단다. 언제나 그랬어."

클레이의 어머니가 클레이에게 자신의 심장을 주면서 했던 말이다. 자신의 목숨을 희생해 가면서까지 아들을 살리고 싶어 했던 그녀의 모성애가 가장 빛을 발하던 대사였다. 그녀의 심장은 여러 의미에서 강했던 것이다. 물리적으로 강한 것뿐만 아니라, 아들을 생각하는 강한 마음까지 그녀는 강한 심장을 가지고 있었던 것이다. 그런 그녀, 클레이의 어머니 릴리스가 클레이와 나란히 수술대에 올라서 심장이식수술이 진행되었다. 긴 수술 끝에 결국 어머니의 심장을 이식받은 클레이가 마취에서 깨어나 눈을 떴다.

아일랜드(Island)

현재로부터 멀지 않은 미래, 어느 정체모를 사회가 지표면 밑에 자리를 잡고 있다. 그 사회의 목적은 알 수 없다. 그곳의 사람들은 모두 흰 옷을 입고, 사람의 이름대신 코드명을 가지고 살고 있다. 그 사람들의 하루 일과는 뭔지 모를 목적에 맞춰져 있다. 아침 어느 시각에 정확히 기상, 식사는 영양분의 배율이 정확하게 잡힌 것으로 되어 있고, 어느 시각부터 언제까지는 틀에 잡힌 활동시간이 주어지고, 그곳의 남녀 이성 교제는 엄격히 금지되어 있다. 그곳 사람들은 자신의 정체성을 제대로 알지 못하며, 자신의 코드명을 가지고서 자신들의 유일한 희망인 "아일랜드"를 목적으로 생활하고 있다. 아일랜드, 무엇인지 모르지만 그 사회의 지도자들은 그곳을 낙원이라 칭하며 여기에서 자신에게 주어진 사명을 다하면 그 낙원으로 보내 주겠다고 슬로건을 건다. 주인공 링컨 6-에코 역시 그곳의 구성원으로써 하루하루 자기에게 맞춰진 일정표에 따라 생활을 하고 있다. 이성이란 것을 모르는 그이지만, 조던 2-델타와 교제를 하면서 차츰 이성에 대한 희미한 자각을 하게 된다. 어느 날 내부 수리실에서 일하던 중 그곳에서 그 사회에는 없는 다른 생물, 나비를 보게 된다. 신기하게 여긴 링컨은 그 생물을 계속 따라 다니다가 채집을 한다. 자신의 방에서 몰래 키우던 중, 문득 이 생물은 대체 어디서 왔을까 하는 의구심이 들어 그 수리실에 다시 내 놓은 후, 그 생물을 따라 가 보게 된다. 나비를 한참 따라 다니다가, 결국 도착한 곳은 자신의 세계와는 전혀 다른 세계가 있다는 것을 보게 된다. 그곳의 사람들은 서로 같은 옷을 입지 않으며, 활기차고, 또 자신들과는 다른 삶을 살고 있다는 것을 느끼게 된다. 다시 돌아와 그곳이 어떤 곳이냐고 물어 보지만, 가르쳐 주지 않고 다시는 가지 말라고 설득을 한다.

낙원 "아일랜드"로 가는 사람의 추첨식은 매달 이루어진다. 모두 자신들이 될 것이라고 희망하며 그 추첨을 기다리고 있다. 낙원행이 당첨된 어느 흑인을 보면서, 링컨은 자신도 빨리 아일랜드에 가보고 싶은 맘이 커지게 된다. 그러던 어느 날, 그 미지의 세계로 가는 통로 중 다른 통로를 발견한 링컨은 갑자기 흥미가 생겨 그곳으로 향하게 된다. 그곳에서 그는 두 가지 엄청난 충격적인 것을 보게 된다. "아일랜드"로 갔다고 생각되었던 그 흑인이 많은 주사바늘에 꽂힌 채 환자복을 입고 그곳을 발버둥 치고 뛰어 다니면서 울부짖는 게 아닌가. 그는 결국 마취 총에 맞아 다시 수술실 같은 곳에 실려가 모든 장기를 추출당하는 것을 링컨이 목격하게 된다. 또 다른 하나는, 그 옆방을 살피던 중 많은 큰 구슬들이 모여 있었는데, 그 구슬 안에서 갑자기 사람이 나오는 것이었다. 몸은 성체지만 아기의 지능을 가진 듯, 행동이 굉장히 부자연스럽다. 그리고 그곳에 있던 사람들의 대화를 듣게 된다. "너는 곧 네 주인의 장기가 될 것이다" 모든 상황을 알게 된 링컨. 돌아가 이 사실을 조던에게 알려주지만, 그녀는 도무지 믿으려 하지 않는다. 결국 링컨은 그녀와 함께 지표면 위로 올라가 옛날 그 수리실에서 친하게 지내던 박사를 찾아가게 된다. "너희는 그저 인위적인 장기기증자에 지나지 않는다"는 말을 남기고 살해되어 버린 박사를 보며 그들은 대책을 강구하게 된다. 조던의 만류를 뿌리치고 일단 링컨은 자신의 주인을 찾아 가기로 결심한다. 그 주인을 찾아가게 된 둘은 다시 한 번 엄청난 충격을 받는다. 그 주인은 링컨과 외모가 다른 곳이 하나도 없을 만큼 같았다. 자신은 폐가 좋지 않아 거금을 들여 그런 의뢰를 그 기관에게 했다는 설명을 들었다. 자신을 도와줄 수 있겠냐고 부탁하는 링컨. 그 주인은 선뜻 도와주겠다고 했지만 며칠 후 배신을 하게 된다. 왜 배신했냐고 묻자 그는 말한다. "너희들 복제품 따위 보다는 내 생명이 더 소중하니까!"

링컨은 그 말을 듣고 많은 번민을 하게 된다. 과연 우리가 복제품 따위밖에 될 수 없을까. 분명히 우리도 팔 다리 다른 것 없이 이 사람들과 똑같은 사람들인데. 아직 자신들이 있던 곳의 사람들은 아무 것도 모른 채 그저 이상향인 "아일랜드"를 갈망하며 덧없이 사는 것을 어떻게 보아야 할까. 이런 저런 생각을 하던 링컨은 결국 그 수용소의 사람들을 구해주기로 결심한다. 그곳에 조던과 다시 돌아가 "아일랜드" 즉 장기 이식실로 가려던 사람들을 구해주고 풀어준다. 지표면으로 올라와 풀려난 사람들을 보며, 그리고 넓게 펼쳐진 땅과 태양을 보며 링컨은 생각한다. "우리는 복제품도, 그 이하도 아니다. 우리는 하나의 인간일 뿐이다"

뇌사자의 장기이식 과연 생명 나눔인가?

1968년 5월 흑인 노동자인 부르스 터커는 일하는 도중 공사장에 추락하여 머리에 중상을 입었다. 그는 즉시 대학 병원으로 옮겨졌고 두개골 골절과 경뇌막하혈종, 뇌간좌상이라는 진단을 받았다. 그는 곧 뇌수술을 실시한 후 호흡곤란을 막기 위해 기관절개술을 받았다. 이후 인공호흡기로 생명을 유지하고 있었으나 그를 담당했던 의사는 그가 소생할 가능성이 없다고 판단했다. 의사들은 그에게 뇌파검사를 실시했고, 검사 결과 그의 뇌파가 평평하게 유지되는 것을 관찰했고 이는 뇌 피질의 기능이 완전히 정지된 것을 의미한다. 의사들은 이러한 상태가 지속되면 의식이 다시 돌아오는 것은 불가능하다고 판단을 내렸다. 이와 동시에 심장이식수술을 기다리는 환자 크렐이 터커의 조직과 일치하다고 검사결과가 나왔다. 의사들은 터커의 동생 전화번호를 알았지만 그의 가족들의 승낙없이 그의 심장과 양쪽 콩팥을 제거했다. 그 후 그의 심장은 크렐에게 이식되었다. 당시 버지니아주에는 죽음이란 '모든 신체 기능의 정지'라고 정의하고 있었음에도 불구하고 의사들이 독단적으로 심장 및 콩팥을 제거했던 것이다. 이에 터커의 동생은 이식수술을 시행한 외과 의사들을 상대로 소송을 제기했다. 이에 의사들은 장기이식에 적합한 장기적출의 필요성과 심폐소생술의 불필요성을 들면서 자신들의 입장을 변호했다. 결국 법원은 의사들의 손을 들어주었고 미국 언론들은 '뇌사는 곧 죽음'이란 판례를 대대적으로 보도했다.

여기서 사람들 사이에서 문제가 되고 있는 점은 당시 버지니아주에는 죽음이란 '모든 신체기능의 정지'라고 정의되어 있었고 이에 따라 부르스 터커는 살인당한 것이 된다. 그렇다면 지금부터 뇌사의 문제에 대해 생각해보도록 하자. 뇌사의 설명에 앞서 현대에서 사망을 판단하는 기준은 생체의 모든 세포의 기능적인 멈춤을 의미하는 세포사, 심장이 영구히 멈추는 심장사, 질식사처럼 우선 호흡이 멈추고 심장이 멈추는 폐장사, 그리고 뇌의 기능을 상실한 뇌사로 나눌 수 있다. 뇌사는 뇌의 모든 부분이 회복불가능한 상태에 이른 것을 의미하며, 다른 죽음들과 다르게 자가호흡이 불가능하고 인공호흡기에 의존한다. 이는 뇌의 기능에만 문제가 발생한 경우로 심장이나 신장 등은 기능을 한다. 많은 이들이 뇌사와 식물인간을 혼동하고 있다. 식물인간은 대뇌의 기능은 정지하고 있다는 점에서 뇌사와 같다고 볼 수 있다. 하지만 뇌간의 끝부분인 연수의 기능은 유지되고 있어 자가 호흡이 가능하다. 즉, 식물인간의 경우 운동 기능, 감각 기능 등 동물적인 기능은 상실했으나 호흡, 순환, 대사, 체온 조절 등 식물적 기능이 유지되고 있다. 이러한 이유로 뇌사는 인공호흡기의 도움이 필요한 반면 식물인간은 인공호흡기의 도움이 필요 없다. 영화 '그녀에게'의 경우에서도 알리샤는 식물인간에 속한다. 그래서 알리샤가 인공호흡기의 도움을 받지 않고 병실에서 지내는 모습을 확인해 볼 수 있다. 20세기 중반 이후 여러 가지 장기보조장치의 발명으로 인해서 죽음을 늦출 수 있게 되었다. 과거에는 생명의 유지를 위한 심장이나 폐의 기능 정지를 죽음의 시점으로 보았으나 현대에는 뇌에 큰 장애가 발생할 경우 뇌의 기능이 정지되어 곧 심장이나 다른 장기도 정지되기 때문에 뇌사를 죽음으로 인정하자는 의견이 나오고 있다. 또한 생명보조장치의 발달로 인해 심장사나 폐장사의 의미는 하락하고 있다. 뇌사는 장기이식의 발전에 힘입어 더욱 더 인정되는 추세이다.

뇌사로 인정되기 위해서는 다음과 같은 선행조건들이 있어야 한다.

- 원인 질환이 확정되어 있고 치료될 가능성이 없는 기질적인 뇌병변이 있어야 한다.
- 깊은 혼수상태로서 자발호흡이 없고 인공호흡기로 호흡이 유지되고 있어야 한다.
- 치료 가능한 급성 약물중독, 대사성 또는 내분비성 장애의 증거가 없어야 한다.
- 저체온 상태(직장온도 32°C 이하)가 아니어야 한다.
- 쇼크상태가 아니어야 한다.

이러한 뇌사의 선행조건아래 다음과 같은 판정조건이 주어지면 뇌사판정이 이루어지는 것이다.

- 외부 자극에 대해서 전혀 반응이 없는 깊은 혼수상태
- 자발호흡의 비가역적 소실
- 양안 동공의 확대 고정
- 뇌간반사의 완전 소실
- 자발운동, 제뇌강직, 제뇌피질강직, 경련 등이 나타나지 않는다.
- 무호흡검사로서 자발호흡이 유발되지 않음
- 위의 상태를 6시간 경과 뒤에 재확인한 후 뇌파를 검사하여 평탄뇌파가 30분 이상 지속됨을 확인

뇌사에 관해서 여러 의견들이 있는데 크게 찬반 의견으로 나눌 수 있다. 그 중에 먼저 뇌사설 찬성의견에 대해 알아본다. 뇌의 활동은 다른 동물들과 인간을 구별해 주는 중요한 요소이다. 뇌의 기능이 정지되고 심장이 멈추기 전까지는 인간은 단지 식물이나 하등한 동물과 비슷하게 살아가는 것이나 다름이 없다. 이것은 진정한 '인간'으로서의 삶을 멈추었다고 할 수 있다. 또한 인간의 본질적인 죽음을 의미하기도 한다. 뇌사를 실용적, 공리적으로 접근하면 우리가 타인을 도울 수 있을 때 그것을 행할 도덕적 의무가 우리에게 있다. 현실에서 많은 이들은 여별이 없는 장기 즉, 심장이나 간 등을 필요로 한다. 그러나 이러한 장기들은 살아있는 사람으로부터 추출할 수밖에 없다. 뇌의 기능 및 활동이 멈춘 상태를 죽음으로 정의를 한다면 살아있는 장기를 이식하는 것은 가능하다. 이것은 사체에서 장기를 추출하는 것에 불과하기 때문이다. 죽음과 동시에 자신의 장기를 다른 필요로 하는 사람들에게 나눠 줌으로써 도울 수 있기 때문이다. 그리고 뇌사자들의 경우 무의미한 치료를 받고 있다. 치료를 하는 것이 아니라 단지 생명의 기간만을 연장하는 것에 불과하다. 단지 동물과 같은 삶을 이어가는 이들은 단지 약 2주 이내 동안 인공호흡기로 그 생명을 연장한다. 이러한 행위대신에 그들의 장기를 필요한 사람들에게 사용된다면 이는 종교에서 말하는 사랑, 어짊 등을 나타내며 보편적인 가치로 해석할 경우 인류애를 실현하는 것이기 때문이다.

이에 반하여 뇌사설 반대의견도 있는데, 이는 뇌사 인정시 생기는 문제점이 제시되고 있다. 우선 사회적 문제점을 알아본다. 인간의 생명은 다른 어떠한 가치보다 우선시한다. 한 생명이 장애를 겪고 있다고 하여 다른 생명보다 가치가 없다고 말할 수는 없다. 즉 한 생명이 다른 생명을 위해 희생하는 것은 다른 생명의 이익을 위한 수단일 가능성이 높다. 실용

주의적 생명가치관은 인간의 생명을 단순히 도구로 보며 인간의 존엄성을 훼손하는 관점이다. 만약 이러한 실용주의적 생명가치관으로 인해 뇌사가 쉽게 이루어지면 생명의 남은 순간을 가벼이 여기기 쉽고 또한 장기매매와 같은 악영향이 발생할 것이다. 뇌사를 죽음으로 보는데 있어 많은 사람들이 어려움을 갖는다. 이는 뇌사자의 심장은 여전히 뛰고 있고 뇌를 제외한 다른 여러 기관들의 장애는 없기 때문이다. 즉 비록 뇌사자는 인공호흡기로 생명을 이어가고 있지만 그들의 심장은 여전히 뛰고 있기 때문에 정서적으로 뇌사를 죽음으로 수용하기에는 어려움을 겪는다.

이러한 사회적 악용 외에도 판정의 어려움이라는 문제점도 제기되고 있다. 의학적으로 뇌사를 완전한 죽음으로 판정하는 것은 아직 합의가 이루어지지 않았다. 많은 사람들이 뇌사의 판정을 반증이라도 하듯 소생하는 경우가 종종 있다. 예를 들면 일본의 인기 가수 프랑크 나가이는 목을 매서 자살하려다가 실패하여 뇌사상태를 선고 받았다. 그런데 며칠이 지난 후 의식을 회복하여 '뇌사로부터 생환'이라고 신문들은 대서특필했다. 또 다른 예로는 프랑스 의학아카데미의 해부학 교수인 쟈크 듀라르는 매년 프랑스에서는 1000명당 한 사람 꼴로 죽지 않고 매장당하고 있다고 하여 뇌사의 허점을 짚었다. 그리고 1988년 가을 미국 테네시주에서 34세의 한 경찰관이 괴한으로부터 머리에 총격을 당했다. 병원으로 긴급 후송돼 가까스로 생명은 건졌으나 혼수상태에서 깨어나지 못했다. 의사들은 그를 뇌사로 판단하였으나 가족들은 그가 깨어날 것임에 확신을 하고 희망을 버리지 않았다. 그는 가끔씩 얼굴에 미세한 표정변화를 보였으나 의식을 되찾지 못하고 긴 투병 생활을 했었다. 7년여의 세월이 흐르고 1996년 2월에 그의 누이동생이 간병을 하던 중 얼굴을 매만지며 이야기를 건네자 그는 갑자기 "어, 어"라는 신음소리를 내며 깨어났다. 그 후 그는 말을 하기 시작했고 장작 18시간동안 쉬지 않고 떠들어댔다. 그는 또한 총격을 받기 전 상황을 모두 기억해 세상을 놀라게 했다.

이처럼 뇌사를 판정한다 하더라도 뇌사자가 깨어날 가능성이 전혀 없는 것은 아니다. 많은 의사들은 이렇게 깨어날 확률은 수 만분의 1이라고 말한다. 그러나 지푸라기라도 잡고 싶은 환자의 가족들에게는 그 수만 분의 1보다 희박하더라도 깨어날 가능성이 있다면 그것에 매달리고 싶은 심정일 것이다. 앞에서 나타내었듯이 의사들이 뇌사를 판정할 때는 뇌파 판정이나 간접적인 반응검사를 실시한다. 이렇게 실시하여 내린 결론으로 뇌의 기능 모두가 정지했는지 정확하게 알 수 없다. 또한 뇌사의 검사와 판단은 의사들이 내린다. 즉 인간이 판단을 내리기 때문에 수학처럼 정확하게 그 결론을 지을 수 없으며 일말의 오류없이 판단을 내린다는 것은 불가능하다. 환자의 가족들은 만약 오진에 의해 환자가 조기사망으로 판정될 수 있다는 불안감을 가지게 될 것이다. 또한 의사가 장기를 적출하기 위하여 의도적으로 뇌사를 판정했을 때는 이후 그것이 올바른 판단이었는지 검증하는 것은 거의 불가능에 가깝다.

뇌사설을 반대하는 입장에서 마지막으로 법적인 문제점을 들 수가 있는데, 뇌사는 법적으로 사망의 시점으로 나타내기에는 근본적인 오류를 가지고 있다. 심장사의 경우는 심장의 기능이 멈추는 즉 심장박동의 정지라는 정확한 시점으로 인해서 죽음을 정의할 수 있다. 그러나 뇌사의 경우, 뇌사가 언제 발생을 했는지 정확한 시점을 알기 어렵다. 의사들의 판단에 따라 뇌사자의 죽음의 시점이 유동적으로 변할 수 있다. 이렇게 불확실한 죽음의 시점으로 인하여 사회문제를 발생할 수도 있다. 예를 들면 자식이 없는 부부가 동시에 교통사고를 당하여 둘 다 뇌사상태가 되었다고 보자. 두 사람 각각의 뇌사 판정 시점에 따라 그들의 재산이 친가 쪽 혹은 처가 쪽으로 유산되는 경우가 발생하게 된다. 이에 따라 뇌사판정시점을 지연하기 위해서 그들은 법적인 소송을 할 수 있다. 그리고 아주 희박한 경우이기는 하지만, 영화 '그녀에게'에서처럼 식물인간이었던 알리샤가 다시 정상인으로 돌아오는 것처럼 실제로도 뇌사의 판정을 받았던 사람이 다시 살아나는 경우도 볼 수 있다.

우리는 앞에서 뇌사에 대해서 자세한 면모를 살펴보았다. 지금부터 뇌사를 급속하게 가속화시킨 장기이식에 대하여 살펴보도록 한다. 장기이식이란 물리적 치료가 불가능한 각종 말기 환자들의 장기를 뇌사자나 기증자의 생체에서 건강한 장기를 추출하여 대체하는 수술을 말한다. 기증할 수 있는 장기로는 신장, 간장, 췌장, 심장, 폐, 골수 및 각막 등 7종류이다. 하지만 이는 기증희망자가 살아있을 때 기증할 수 있는 것과 뇌사상태에 빠지거나 사후에 기증할 것인지에 따라 다르다. 우선 살아 있을 때 기증할 수 있는 장기로는 신장, 간장, 골수가 있다. 뇌사 상태에서 기증할 수 있는 장기에는 신장, 간장, 췌장, 심장, 폐, 각막이 있으며 이들은 살아있는 상태가 아니면 그 기능을 잃기 때문에 사후의 사체에서는 그 의미가 없다. 그러나 사후에도 기증할 수 있는 장기는 각막으로 사후 6~8시간 이내에 적출하게 된다.

외국의 경우 장기이식 제도를 살펴보면 약 30여 개국이 뇌사를 통한 장기이식을 법률화하여 장기기증과 장기이식이 활발히 진행 중이다. 각 국가별로 혹은 국가 내에서 네트워크를 형성하여 신속하게 장기이식을 실시하고 있다. 미국의 경우 UNOS(United Network for Organ Sharing)의 네트워크를 가지고 있으며 유럽은 ET(Euro Transplant), 스칸디나반도의 국가들은 ST(Scandinavian Transplant)의 네트워크를 형성하고 있고, 영국이나 프랑스, 이탈리아, 스페인, 포르투갈, 일본, 스위스 등은 국내 네트워크를 가지고 있다. 특히나 이들 나라의 장기이식정보센터는 비영리 민간단체가 운영하고 있다. 만약 장기기증자가 나타나면 이들은 장기이식 코디네이터를 통해 기증자와 이식자의 혈액형 및 조직 등을 파악하여 국내는 물론 국제간의 적합한 장기이식대기자를 찾아 장기의 적출 및 수송, 이식을 조절한다.

오스트리아, 프랑스, 아르헨티나 등 여러 나라에서는 만약 환자가 '장기기증을 절대 거부한다.'라는 표시를 하지 않으면 장기기증에 대한 의사를 가지고 있는 것으로 판단을 한다. 미국이나 영국, 호주에서는 운전면허증을 교부받을 때 '장기기증 의사표시제도' 방식을 채택하고 있으며 교통사고 등을 당하여 뇌사로 판정을 받았을 때 의사는 환자의 가족들에게 장기기증의사가 있는지 없는지 묻는다. 이것은 장기기증을 법률로 정함으로써 의사의 부담을 줄이고 한시가 시급한 상황에서 장기기증 의사가 있음에도 불구하고 기증의사를 정하는 시기를 놓쳐 그 고귀한 희생을 버리게 되는 것을 방지하기 위해서이다. 아래는 장기이식에 관한 윤리적 지침이다.

- 장기이식의 목적은 환자의 건강과 안녕이다.
- 장기적출은 당사자의 자발적인 동의가 있어야만 가능하다.
- 사체이식을 원칙으로 하며 생체이식은 의사결정능력이 있는 성인으로 제한한다.
- 장기는 매매의 대상이 될 수 없다.
- 수혜자 선정은 의학적인 적응 등에 근거하며 공정하게 이루어져야한다.
- 뇌사 진단에 참여하는 의사는 장기적출이나 장기이식 수술에 참여하지 말아야 한다.
- 장기이식수술을 하고자 하는 기관은 관련 의학지식과 기술을 갖춘 의료진과 시설을 갖추어야 한다.
- 장기이식수술과 관련된 모든 절차는 객관적이고 공개적이며 정확해야 한다.

이처럼 장기이식은 뚜렷한 목적을 가지고 확실한 절차를 밟아 진행되어야 하며, 윤리적인 과정으로 이루어져야 할 것이다. 과거부터 현재에 이르기까지 뇌사자의 장기이식을 받은 수는 증가하고 있는 추세이다. 그러나 우리나라는 장기 보급의 부족으로 국내가 아닌 외국으로 나가서 장기이식을 받는 사례가 증가하고 있다. 국내의 장기 보급이 절대적으로 수요를 채울 수 없는 형편 때문이다. 이들은 보험도 되지 않고 거부반응이 일어날 문제점 및 다른 병원체에 감염될 가능성을 떠안고 우리나라보다 의료수준이 낮은 나라로 장기이식을 받으러 가고 있다.

장기이식 해결책은?

우리사회에서 많은 이들은 아직도 뇌사에 대해 부정적으로 바라보는 시선이 있다. 또한 다른 나라에 비해 우리나라는 장기기증이 현저하게 낮다. 그렇다면 이런 장기이식의 보급률을 높이고 뇌사에 대한 인식을 바꾸려면 어떻게 해야 할까? 방송매체 등을 이용하여 뇌사 및 장기이식에 대한 홍보를 해야 한다. 이렇게 함으로써 일반 시민들의 장기기증 참여율을 높이고 뇌사에 대한 부정적 인식을 바꾸어야 한다. 외국의 경우 사전에 장기이식의 허용여부를 자동차 면허나 여러 보험을 가입할 때 사전에 조사한다. 이렇게 함으로써 장기기증을 신속히 하여 그 시기를 놓치는 것을 최소한으로 줄인다. 이처럼 우리 역시도 보험이나 운전면허에서 장기기증 허용여부를 표시하고 장기기증에 대한 대가로서 보험 혜택을 늘릴 수 있다. 또 생명보험에 가입할 경우 장기기증에 대한 동의각서를 써서 가입을 유도할 수 있다.

2

안락사 이야기

세계 여러 나라에서 안락사를 두고 "실시되어야 할 것인가? 말 것인가?" 논쟁을 벌이고 있다. 이것은 안락사로 인한 생명 경시사상이 우려되기 때문이다. 특히 생물학적으로 생명은 지속되고 있으나 인간으로서 존엄성이 상실되는 경우 즉, 지속적인 식물인간 상태이거나 지적 활동이나 타인과의 교류 능력이 상실되었고 치유될 수 있는 희망이나 삶을 영위하기 위한 최소한의 능력도 상실한 상태인 경우 안락사를 실시해야 할 지 말아야 할 지 깊은 고뇌에 빠진다. 그럼 안락사의 개념과 안락사에 관한 인식을 영화를 통해 살펴보도록 하겠다.

영화 이야기

밀리언 달러 베이비(Million dollar baby)

클린트 이스트우드 감독의 이 영화는 뒤늦게 시작한 여자 복서와 트레이너의 신뢰 및 사랑을 그린 영화로 진한 감동을 느낄 수 있는 영화이다. 특히나 마지막에 프랭크가 여자 주인공 매기를 안락사시키며 사라지는 장면은 안락사에 대해 깊이 생각하게 한다.

영화의 주요인물은 3명이다. 매우 불우하게 자라난 가난한 매기라는 여인과 유능하지만 산전수전 다 겪은 늙은 권투트레이너인 프랭크와 젊었을 때 권투시합에서 한쪽눈을 잃은 프랭크의 친구이자 인생동반자인 스크랩이 그들이다. 매기는 매우 가난하고 힘들게 자라난 여성이다. 아버지는 어렸을 때 돌아가시고 13세 때부터 웨이트리스 생활을

시작했으며 현재 오빠는 감옥에 가있고 여동생은 양육비를 뜯어내려고 정부를 속이고, 어머니는 비만에 일도 할 수 없는 처지이다. 그리고 스크랩은 젊었을 때 109번째 권투 시합에서 한쪽 눈을 잃고 은퇴한 전직복서이다. 당시 프랭크가 트레이너였는데 시합을 빨리 기권하지 못하고 끝까지 싸우게 한 것에 대해 프랭크는 항상 후회하고 있다. 스크랩은 지금은 프랭크의 체육관에서 숙박하면서 체육관의 잡다한 일을 처리하며 살고 있다. 프랭크는 적자나는 체육관을 운영하며 혼자 사는 나이 많은 트레이너이다. 떨어져 살고 있는 딸 케이티를 위해 매일 성당에 다니면서 기도하고 매주 편지를 보낸다.

어느 날 매기가 프랭크의 체육관을 찾아와 홀로 권투연습을 하게 된다. 매기는 프랭크가 자기를 알기 전부터 그를 눈여겨보고 그로부터 트레이닝을 받고 싶어 했고 그 결과 프랭크를 찾아가게 된 것이다. 하지만 프랭크는 여자는 가르치지 않는다는 신념으로 인해 단박에 거절한다. 그러나 매기는 굴복하지 않고 프랭크의 체육관에서 홀로 연습을 계속 해나간다. 매기는 3년 동안 권투를 누구한테 배운 적 없이 홀로 연습해서 권투에 서투르지만 열정하나만큼은 대단하다. 밤늦게까지 남아서 혼자 연습하는 매기를 본 스크랩은 체육관의 주인인 프랭크보다 먼저 매기에게 마음을 열고 남모르게 조금씩 가르쳐 주게 된다. 프랭크는 매기를 그만두게 하려고 하지만 결국 매기의 권투에 대한 열정과 누가 들어도 딱해 보일 그녀의 생활사정을 듣고 트레이닝해주기로 결심한다. 프랭크의 트레이닝은 시작되었고 매기는 권투에 입문하기에는 늦었다고 볼 수 있는 32살의 나이에 본격적인 트레이닝을 받으면서 성장해 나간다.

매기는 프랭크의 코치하에 데뷔전을 무사히 넘기고 여러 권투 경기에서 승승장구하게 된다. 결국 매기는 인생 최대의 목표였던 챔피언이 될 수 있는 타이틀전까지 치르게 된다. 프랭크는 처음에 타이틀전에 강력히 반대하여 챔피언측의 제안을 거들떠도 안봤지만 마음을 바꾸고 편안한 마음으로 타이틀전을 맞게 된다. 상대는 매우 강력하면서도 지저분하기로 소문난 블루 베어라는 강적이다. 그러나 매기는 겁먹지 않고 자신의 목표를 위해 최선을 다하며 경기에 임하게 된다. 경기 중 블루 베어는 반칙을 하면서 매기를 괴롭히고 매기는 힘든 상황에 놓이게 된다. 그러나 매기는 기지와 열의로 그 상황을 극복하면서 블루 베어를 수세로 몰아놓고 3라운드를 마치게 된다. 그리고 매기가 뒤돌아 설 때 챔피언 블루 베어는 분을 못 참고 매기의 뒤에서 펀치를 날리게 되고 매기는 넘어지면서 목을 의자에 부딪쳐 경추골절 부상을 당하게 된다. 매기가 방심한 사이 심판이 안보는 동안에 반칙을 한 것이다. 경기는 억울하게도 챔피언의 승리로 끝나고 매기는 산소호흡기 없이는 숨 쉴 수 없는 환자가 되었다.

프랭크는 그녀를 헌신적으로 돌보면서 그녀를 치료할 병원과 의사를 알아보지만 달리 어찌할 방법이 없는 상태가 되었다. 그저 그녀와 이야기하면서 곁에 있어주는 것이 프랭크가 할 수 있는 일의 전부이다. 사지가 마비되어 움직이지 못하는 그녀에게 또 다른 시련이 닥친다. 병상에 오랫동안 누워 몸을 움직이지 못해 팔꿈치 무릎 부위에 욕창이 생긴 것이다. 욕창은 악화되어 급기야 다리를 절단하는 상황까지 오게 된다. 결국 매기는 프랭크에게 어렸을 적 아버지가 죽어가는 개에게 했던 것처럼 자기를 죽여 달라고 부탁한다. 매기를 친딸처럼 생각하는 프랭크가 그녀의 부탁을 들어줄 리가 없다. 프랭크가 이래저래 계속 갈등하는 와중에 매기는 혀 깨물어 자살을 시도한다. 자살은 실패로 끝나고 의료진이 그녀의 혀를 꿰매고 응급치료를 했지만 매기는 그 이후로도 혀 깨물어 계속 자살을 시도하고 결국 그녀의 입에 패드를 물려 자살을 못하게 한다. 이젠 말도 못하는 매기를 바라보는 프랭크의 심정은 착잡한 것이다. 그리고 프랭크는 계속 갈등하게 된다. 갈등하다가 찾아간 성당, 프랭크가 매일 찾아가는 성당이다. 프랭크의 갈등, 고민을 듣게 된 신부님은 역시나 종교적인 이유로 프랭크가 안락사를 못하게 충고한다.

매기를 바라보며 프랭크는 결국 결심을 하게 되고 그날 밤 프랭크를 말없이 바라보기만 하지만 그의 심정을 다 알고 있는 스크랩이 그의 결심을 더 굳히게 하는 말을 꺼낸다. 매기는 프랭크로 인해 자기 인생을 다시 가지게 되었고 오늘 죽으면 그것을 기억할 것이고 매기는 편했을 것이라는 말을 건넨다. 프랭크는 몇몇 도구를 가방에 넣고 병원으로 향한다. 프랭크는 매기의 산소호흡기를 목에서 떼어놓고 다량의 아드레날린을 주사 놓는다. 그리고 조용히 떠나며 예전에 매기와 식사를 했었던 식당에서 혼자 있는 장면으로 영화는 끝이 난다.

베티블루 37.2(Betty blue 37.2)

영화가 시작되면서 베티와 조르그의 사랑 행위가 묘사된다. 어떠한 야망이나 목표 없이 살아가는 조르그는 베티를 만나 남 프랑스의 휴양지로 이사를 간다. 술이나 마시고 성행위나 하며 사는 그들은 조르그가 어떠한 야망이 없기 때문에 말다툼을 하게 된다. 그러던 어느

날 베티는 조르그의 공책을 보며 조르그의 작가적 재능을 보게 된다. 그녀는 그의 능력을 방갈로 관리에 허비하는 것을 보고 무척 아쉬워한다. 그녀는 조르그를 소설가로 만들기 위해 여러 출판사를 전전하며 노력을 한다. 그러나 조르그 자신은 수차례 출판사에서 퇴짜를 맞았고 인생의 쓴맛을 본 그는 이 일이 쉽게 이루어지지 않음을 알고 있어 이에 쉽게 응하지 못한다. 그는 점점 더 소극적으로 되어가고, 그런 현실을 납득할 수 없는 베티는 힘들어 한다. 그녀는 점점 더 심각해져 현실적응이 불가능해진다. 그녀는 조르그에게 임신이 됐다고 말하지만, 임신은 상상속의 임신인 것이 판별된다. 그녀는 결국 스스로 자해를 하며 파멸에 이른다. 그녀는 식물인간이 되었고, 조르그는 베티를 너무나도 사랑했기에 그런 그녀를 더 이상 보고만 있을 수는 없었다. 그래서 그는 아무도 모르게 그녀를 자신의 손으로 베개를 눌러 질식사시킨다. 그리고 그는 자신이 사랑한 베티가 없어지자 자신의 창작의욕이 되살아남을 느낀다. 그는 글 쓰는 것에 다시 관심을 갖으며 영화는 끝을 맺는다.

진실로 사랑하는 사람이 고통스러워하면서 살아가는 것을 조르그는 볼 수 없다. 그래서 조르그는 여자로 위장하여 정신병원에 잠입하여 자신이 사랑하는 베티를 죽이게 된다. 자신이 너무나 사랑하고 모든 것을 다 해주고 싶은 여자가 점차 미쳐가서 도저히 통제 불가능한 상태까지 이른다. 이성은 아예 없고, 심지어 자신의 눈을 도려낼 정도로 자해까지 심하게 해서 병원에서 꽁꽁 묶여서 아무것도 하지 못한 채 고통스럽게 보내는 것을 한 남자로써 지켜볼 수 없어서 안락사를 수행하게 된다.

씨 인사이드(The sea inside)

'씨 인 사이드'는 국민의 90%가 가톨릭 신자인 스페인에서 합법적인 안락사를 주장하였으나 결국에는 그 바람을 이루지 못하고 지인의 도움으로 죽음을 맞이한 '라몬 삼페드로'를 다룬 영화이다. 노르웨이 상선 수리공으로 일하며 전 세계를 떠돌아 다녔던 라몬 삼페드로는 25세 때 바다의 절벽에서 다이빙하다 목뼈를 다쳤기 때문에 평생을 침대에서 한 발자국도 움직이지 못하는 전신마비자가 되었다. 몸을 움직일 수 없는 그가 할 수 있는 일이라고는 음악을 듣는 정도였다. 무의미한 인생 속에서 그는 스스로 죽으려 한다. 몸을 움직일 수 없는 그는 스스로 자살을 할 수 없기 때문에 누군가의 도움을 받아야 했지만 그의 죽음을 돕는 것은 법적으로는 살인행위이기 때문에 처벌을 받게 된다. 따라서 그는 자신의 합법적인 죽음을 주장하게 된다.

어느 날, 그에 대한 얘기를 듣고, 도움을 주기 위해서 변호사와 NGO활동가들이 찾아온다. 퇴행성 질환을 앓는 변호사 훌리아와 그의 친구들은 물론 그의 합법적인 안락사를 돕기 위해 그를 찾아왔지만, 그들조차도 처음에는 그가 진심으로 죽음을 원하는지 의문을 보였으며 또 무의식중에 그에게 살라고 설득하는 자신들을 발견하였다. 특히 퇴행성 질환을 앓는 훌리아는 라몬의 모습에 자신의 모습을 겹쳐보게 된다. 훌리아 역시 언제 터질지 모르는 시한폭탄의 삶을 살고 있다. 지금은 다리를 절고 있고, 시간이 지나면서 몸의 다른 부

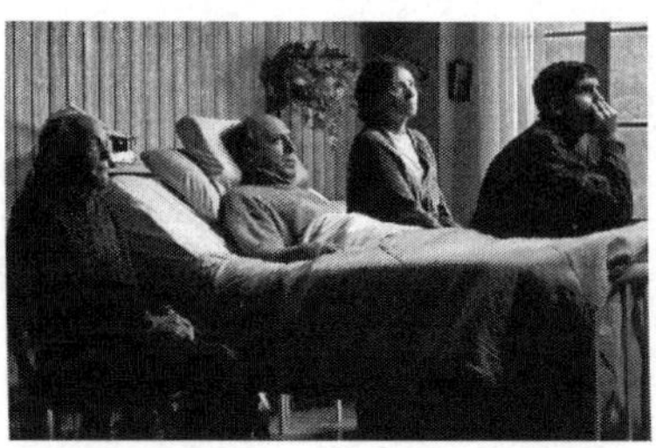

분에 이상이 생기며, 기억장애까지 가지게 되는 그녀는 합법적 죽음을 원하는 라몬을 보고 마치 자신의 죽음을 비추어 보는 듯 해, 마치 당장이라도 자기가 죽는 것처럼 그에게 화를 내게 된다. 시간이 지나며 라몬과 훌리아는 공통의 모습을 공유하며, 자신의 모습에 순응하고 서로를 인정하게 된다.

죽음을 결심한 라몬과 그의 친구들이 처음으로 행한 일은 자신의 죽음을 향한 진심 어린 호소가 담긴 비디오를 언론 매체를 통해 방송하는 것이었다. 30여 년간 누워있던 자신의 침대에서 하얀 속옷만 걸친 채 왜소해진 그의 모습을 드러내며 사람들에게 말하는 그의 모습에는 비장함이 서려있다. 말하는 중간에 눈물조차 보이지 않았다. 긴장하여 말을 더듬지도 않았다. 논리에 맞는 이성적인 자기주장을 펼친 라몬. 방송이 나간 뒤 라몬은 사회적으로 큰 이슈가 된다. 국민의 90%정도가 가톨릭 신자인 스페인. 많은 사람들이 라몬을 비난하였고 심지어, 라몬과 같은 전신마비자 신부조차 그를 설득하려 들었다. 심지어 휠체어를 타고 라몬의 집까지 찾아온 신부는 그에게 죽음은 자신이 선택할 수 없는 것이라며 의무적으로 생명을 유지해야 한다고 말하였으며, 이에 라몬은 나의 목숨은 나의 자유라고 말하며 자신의 주장을 굽히지 않았다. 하지만 신부 같은 사람만 있었던 것은 아니다. 방송을 보고 라몬을 찾아온 로사. 어려운 형편에 라디오 디제이 일과 잼 공장에서 일하면서도 희망만은 잃지 않는 두 아이의 엄마이다. 그녀에게는 남편이 없다. 두 아이는 보채대고 몸은 지쳐있다. 이런 현실 속에서 처음 그녀가 라몬을 보았을 때, 그녀는 라몬이 자신보다 더 불쌍한 사람이라 생각하였으며, 자신은 우위에 있다는 마음에, 불쌍한 사람을 위로해 주겠다는 생각에 그를 찾아와 그 둘은 친한 친구가 된다.

라몬의 진심을 발견한 훌리아와 NGO 활동가들은 그의 소망을 이루기 위하여 소송을 제기한다. 많은 사람들이 라몬을 위해 노력하였다. 라몬도 자신의 마지막 자유를 위하여 교황 요한 바오로 2세를 비롯한 종교 관계자와 인권관련 인사들에게 편지를 써 자신의 안락사 문제에 도움을 받고자 노력했다. 또한 희망의 부스러기를 받아 들이 듯 휠체어를 타고 재판에 직접 참가하기까지 하였다. 그러나 그가 재판에 참가하였을 때, 재판관들은 법에 어긋난다는 이유로 그에게 말할 기회를 제공하지 않았다. 결국 유럽인권재판소에서의 안락사 소송은 승소하지 못했다. 소송을 준비하며 라몬의 아름다운 시들을 접하게 된 훌리아는 그의 시들을 책으로 출판하게 된다. 책의 출판을 준비하는 과정에서 소송에서는 패하고 자신의 죽음에 더 멀어진 라몬은 매우 슬퍼하며 괴로워한다. 이를 옆에서 바라본 훌리아는 그에게 라몬의 책의 첫판이 나오면 약물을 구해서 그의 죽음을 도와주겠다고 한다. 드디어 책 '지옥으로부터의 편지'의 첫판이 나오고 라몬에게 첫 책이 배달되었다. 그러나 훌리아가 구해준다던 약물은 오지 않았다. 고민하던 훌리아는 차마 라몬의 죽음을 도와줄 수 없었던 것이다. 라몬은 크게 실망한다. 이때 로사가 라몬에게 사랑한다고 고백하고 그의 죽음을 도와주겠다고 한다. 라몬은 결국 가족들에게 작별을 고하고 로사에게로 향한다.

로사는 라몬을 위해 바다가 보이는 큰 창이 있는 아파트를 얻는다. 라몬을 도와주었던 NGO 친구가 청산가리를 구해준다. 이 청산가리는 로사에게 배달되어 오며, 로사는 정확한 용량을 측정하여 정확한 양의 물에 타서 컵에 빨대를 꽂아 라몬에게 준다. 라몬은 자신이 죽는 모습을 촬영한다. 자신의 합법적인 죽음을 승인받지 못하였기 때문에 이렇게라도 할 수 밖에 없었다고 말하며 청산가리를 마신다. 몇 번의 괴로운 표정을 지으며 죽음을 맞이 한다.

저스트 라이크 헤븐(Just like heaven)

연애와는 담을 쌓고 일만 하던 인턴 엘리자베스가 교통사고를 당한다. 이승을 떠나지 못한 영혼 엘리자베스는 자기 집에 이사온 데이비드의 도움으로, 혼수상태인 자신의 몸을 찾고 사랑도 시작한다. 인연과 안락사 문제를 가볍게 건드리며 남녀를 엮어주는 이야기가 전개 된다.

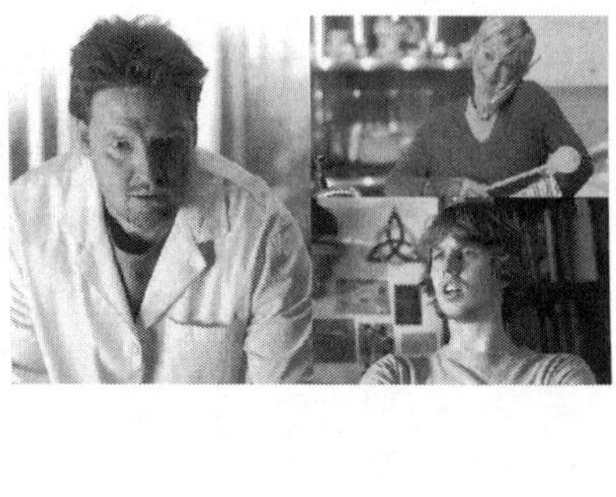

엘리자베스는 샌프란시스코의 한 대학병원에 의사로 근무하고 있다. 근무를 마치고 언니의 집으로 향하던 중 그녀는 교통사고로 혼수상태에 빠진다. 그녀가 살고 있던 집에 데이비드가 세를 들게 되고, 집으로 이사 온 직후 데이비드는 환영에 시달리게 된다. 그 환영은 바로 엘리자베스의 영혼이었던 것이다. 그녀는 자신의 육체와 정신이 분리되어있다는 사실을 모른 채 데이비드를 자신의 집에 침범한 노숙자로 생각한다. 얼마 후 그녀는 자신이 혼수상태에 빠졌다는 사실을 알게 되고 혼란에 빠진다. 집을 두고 티격태격하던 그들은 결국 엘리자베스가 누군지 알 수 있도록 도와주면서 그들의 관계를 새로운 국면으로 접어든다. 결국 그들은 엘리자베스가 사고로 현재 혼수상태에 있다는 것을 알게 된다. 그러나 그녀는 과거에 생명연장수술을 반대했기에 병원에서는 그녀의 언니에게 사망동의서를 받고자 한다. 정말로 죽을 위험에 처한 엘리자베스는 데이비드에게 도움을 요청한다. 함께 지내며 서로의 상처를 보듬어주던 그들은 서로에게 특별한 감정을 느끼게 되고 결국 그녀는 혼수상태에서 깨어나게 된다. 그러나 그녀는 그를 기억하지 못하지만 몇 달 뒤 결국 그녀가 그를 기억해 내고 재회하게 된다.

극중에서 엘리자베스는 의사표현을 전혀 할 수 없는 혼수상태에 빠져있다. 그녀의 생명은 인공호흡기를 비롯한 생명유지장치에 의해 간신히 유지되고 있는 실정이다. 그녀는 직업적 영향으로 생명유지에 대해 반대해 왔지만, 이 문제의 대상이 자신이 되자 모든 상황은 역전된다. 영화에서는 한 가지 가능성을 제시해준다. 본인의 의사를 반영하지 않은 안락사가 허용되야 하는가?

선체이서(The sunchaser)

빈민 가정에서 태어났으며 폭력적인 의붓아버지 아래서 고통과 절망으로 얼룩진 성장기를 보내다가 결국 의붓아버지를 살해하여 13세부터 감옥에서 지낸 16세의 불우한 소년인 브랜든 블루. 그는 엎친 데 덮친 격으로 희귀한 악성종양에 걸리게 되어 인생의 막다른 길을 만난다.

브랜든과는 정반대로 유복한 가정에서 자라 하버드 의대를 졸업하고 메디컬 센터의 종양 전문의로 근무하고 있는 마이클 레이놀즈. 그는 대저택 구입계약을 앞두고 있으며, 병원에

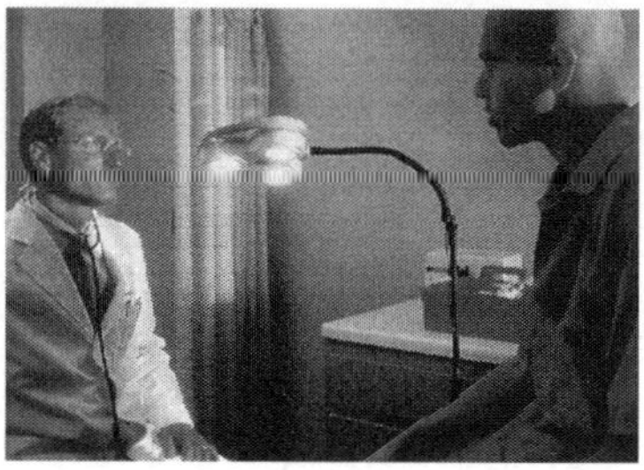

서는 역대 최연소 과장후보로 지목되어 있는 지금 그는 탄탄한 성공가도로 들어서고 있다. 계속적으로 성공의 길을 추구하고 있는 그는 자신을 괴롭히기도 하고 그의 삶의 형태에 동기를 부여하기도 하는 과거의 기억(그는 어렸을 적에 암투병 중이던 형의 부탁으로 그를 안락사 시켰다)을 잊고 오직 성공을 향해 달려가고 있었다.

마이클에게 환자 브랜든은 관심의 대상이 아니다. 그는 16세의 어린 나이지만 앞으로 겨우 한두 달 남짓의 시간만을 남겨둔 채 죽어가고 있는 말기암 환자이다. 계부 밑에서 학대받았으며, 뒷골목에서 총질을 하면서 자랐고, 13세 때 아버지를 죽이고 수감되어 이제 16세가 된 브랜든 블루는 외롭고 지독한 감옥생활을 하나의 꿈(주술사가 말한 적있는 치료의 효능을 가진 신비의 호수를 찾는 것)에 의지하여 견뎌왔다. 그 꿈은 브랜든에게 신앙과도 같은 믿음이다. 그러던 중 브랜든에게 희귀 종양까지 찾아왔다. 극악한 삶의 조건 속에서 살아남기 위해 강해진 브랜든은 짧은 삶의 강렬한 도전에 직면한 지금, 그 신성한 호수가 자신을 살릴 단 하나의 방법이라고 생각한다. 그래서 그곳에 가기위해 어떤 일이든 저지르기로 마음먹는다. 병원은 화학치료 실험대상으로 브랜든를 지목하고, 호송은 마이클이 맡게 된다. 브랜든은 이 기회를 이용, 마이클을 인질로 삼아 도주를 감행한다. 살벌한 로스엔젤레스 게토 지역에서부터 '절망과 발견의 여행'은 시작되고, 유타와 아리조나 사막의 숨막히는 광경을 따라 콜로라도의 라플라타 산맥 정상을 향한다.

그러나 형이 죽었을 때의 나이와 같은 16세 브랜든 얼굴과 죽어가던 형의 얼굴이 겹쳐지고, 마이클은 '기억속 시간'으로 이끌려 든다. 두 사람은 뜻하지 않은 여행을 함께 하면서 서로를 알게 되고 이해하기 시작한다. 이들은 그런 시간 속에서 실제적인 길뿐만 아니라 정신적인 길까지 찾아나가게 된다. 마이클은 열정적이고 강인한 브랜든에게 호감을 갖게 되고, 과학에만 근거를 두는 자신의 생각들에 대해 의구심을 갖게 된다. 브랜든의 확고한 신념을 통해 숨겨왔던 과거 고통에 직면하게 된 마이클은 브랜든의 믿음처럼 전설적인 산 정상의 호수가 존재할지도 모른다고 생각하게 된다. 마이클이 브랜든의 꿈을 이해하기 시작하면서, 브랜든이 마이클의 상처를 안쓰러워하기 시작하면서 서로에 대한 마음이 서서히 바뀌기 시작한다. 마침내 브랜든의 소망이 이루어질 때, 마이클 역시 기억으로부터 벗어나 새롭게 살아갈 수 있는 힘을 얻었을 수 있었다. '성공한 인생' 마이클과 '망가진 인생' 브랜든의 기묘한 조우에서 평행선이 만나는 순간, 위로와 희망이라는 이름의 새로운 길이 열린 것이다. 처음에는 적대적이기만 하던 두 사람은 이 뜻하지 않은 여행을 통해 서로를 알게 되고, 이해하기 시작한다. 그리고 그들의 관계는 여정이 계속됨에 따라 서서히 다른 국면으로 들어선다.

안락사, 품위 있게 죽을 권리 vs 인간의 생명 존중 가치관

안락사(Euthanasia)는 그리스어 '*Euthanatos*'에서 유래되었다. 이는 '좋다'는 의미의 'eu'와 '죽음'을 의미하는 'thanatos'가 결합하여 '평화로운 죽음'을 뜻한다. 안락사는 옛날부터 종교·도적·법률 등의 입장에서 그 필요성이 논의되어 왔다. 1935년 영국에서는 안락사를 합법화하기 위해서 '안락사 합법화를 위한 모임'이 만들어 지면서 그 운동이 시작되었다. 이에 반해서 전통적인 크리스트교 신앙에서는 6번째 계명인 '살인을 하지 마라'에 따라 안락사를 반대하는 입장을 취하여 왔다. 현대에서는 불치병으로 인하여 죽음이 절박한 환자가 고통으로부터 벗어나기 위하여 인위적인 죽음을 선택하는 경우를 안락사라 한다. 결국 안락사는 '한 생명의 최선의 이익을 위해 그 생명의 죽음을 의도적으로 야기하는 것'을 뜻한다. 여기서 중요한 점은 최선의 이익 즉, 안락사는 그 생명체의 이익을 위한 것임을 나타낸다. 이는 주변의 사람들, 가족이나 사회에 이익을 위해 행해지는 것이 아니라 환자의 이익을 위해 행해지는 것이다. 우리는 여기서 안락사를 크게 3가지 즉 생존의 윤리성, 생명체의 의사, 그리고 시행자의 행위에 따라 나누어서 살펴본다.

우선 생존의 윤리성에 따른 안락사를 살펴보면 자비적 안락사, 존엄적 안락사, 도태적 안락사로 분류해 볼 수 있다. 자비적 안락사란 질병 등으로 인하여 환자의 심신이 인내의 극에 달해 고통이 진정될 가능성이 없는 경우, 그 심신의 고통을 겪고 있는 생명체는 무의미한 존재라고 판단하여 생명 유지를 거부하는 것을 의미한다. 즉, 매일 고통을 감내하기엔 그 고통의 크기가 지나치고 환자가 견뎌내기 힘든 상태에 있어 생명을 유지시키는 것은 무의미하기 때문에 오히려 그 생명을 단축시키는 것이 오히려 자비로운 행위라고 판단되는 것이다. 영화 '선체이서'에서 마이클의 형이 병으로 인한 고통이 극심해 마이클에게 안락사를 부탁한 경우를 자비적 안락사라고 볼 수 있다.

존엄적 안락사란 인간 생명에 있어 이성의 부분이 결여 되어있는 경우 인간 생명은 무의미하기 때문에 생명을 거부하는 것을 의미한다. 이는 육체는 정상이지만 의식이 결여되어 정신활동이 불가능한 상태로서 마치 '산송장'처럼 인간이 생명을 유지하는데 의미가 없기 때문에 인격의 존엄성을 지키기 위해 그 생명을 단축시켜야 한다는 것이다. 이를 흔히 존엄사라고도 표현한다. 존엄사는 영화 '베티블루 37.2'에서 확인할 수 있는데, 이 영화에서 베티는 정신적으로 의식이 결여된 상태로 제대로 된 의사소통 및 행동이 불가능하였기 때문에 연인이었던 조르그가 베티를 안락사하게 된다. 존엄사는 최근의 연명치료중지와는 완전히 다른 의미이다.

어떤 사람이 질병이나 사고로 심신의 상태가 악화되면 그와 연계되어 있는 공동체 구성원들이 많은 부담을 떠안게 되며, 경우에 따라서 그 부담감을 인내할 수 없는 경우가 종종 있다. 이 경우 도태적 안락사가 시행된다. 예를 들어 고대로 거슬러 올라가서 스파르타, 그리스, 로마, 게르만족을 살펴보면 기형아 출생시 내다버린 경우이다.

다음으로 생명체의 의사에 따른 안락사를 살펴볼 수 있는데, 자발적 안락사, 비자발적 안락사, 반자발적 안락사로 분류해 볼 수 있다. 자발적 안락사는 환자 즉 당사자의 의사에 따라 안락사를 실시하는 것으로 사전에 환자가 의사표현을 하여 안락사가 이루어지는 것을 의미한다. 다시 영화 속으로 들어가면 앞의 줄거리에서 보듯이 '밀리언 달러 베이비' 영화에서 매기는 권투시합 도중 불의의 사고를 당하고 식물인간 상태가 된다. 이에 그녀는 프랭키에게 직접 자신을 안락사시켜 줄 것을 요청한다. 프랭키는 자신이 직접 주사를 놔서 매기의 생명을 끊는다. 이 경우는 직접 안락사를 요청한 경우로 자발적 안락사라 할 수 있다. 그리고 영화에서 프랭키는 아무도 모르게 그녀를 안락사 시킨 후 사라진다. 이는 미국 주에 따라 안락사를 살인 행위로 간주하는 주가 있기에 그것을 벗어나기 위해 한 행동이다. 그런데 자발적 안락사에는 치명적인 문제점이 있다. 이는 환자 자신이 우울증 증세나 심한 고통에 처한 상태에서 그러한 안락사를 선택하는 경우가 있는데, 이는 자살과 동일한 맥락에서 문제가 되고 있다.

비자발적 안락사란 환자, 즉 생명 주체가 삶과 죽음의 선택에서 의사를 표현할 수 없거나 그 표현이 불가능한 상황에서 시행되는 안락사를 일컫는다. 환자가 이전에는 이해하고 의사를 표현할 수 있는 능력을 지닌 사람이었으나 현재 그 능력을 상실한 경우이다. 노인성 중증 치매를 앓는 사람이나 사고로 인한 정신장애를 앓고 있는 사람들이 이에 해당한다. 한 예로 영화 '베티블루 37.2'에서 조르그는 정신장애를 가지고 있는 베티가 자해로 인해 식물인간이 되어 있을 때, 자신이 베게로 짓눌러 안락사 시킨다. 의사들은 이들이 살기를 원하는지 그렇지 않은지 판단을 하지 못하기 때문에 도덕적으로 문제가 된다. 만약 그들을 안락사 한다면 그들의 생명 선택권을 침해하게 된다.

반자발적 안락사는 환자, 즉 생명주체가 안락사 동의여부를 할 수 있는 능력을 지녔고 자신에게 안락사를 행하는 것을 반대함에도 불구하고 시행자가 실시하는 것을 의미한다. 끝까지 살기를 원하는 데 강제적으로 안락사가 실시되는 경우, 자신이 동의 여부를 결정할 수 있음에도 불구하고 주변 사람들에 의해 강제적으로 실시되는 경우이므로 이는 살인이나 다름이 없다.

마지막으로 시행자의 행위에 따른 적극적 안락사와 소극적 안락사로 분류할 수 있다. 적극적 안락사란 시행하는 사람이 회복이 불가능한 환자나 극심한 고통을 받고 있는 환자에 대해서 처음부터 생명을 단축시킬 목적으로 약물과 같은 방법을 이용하여 행하는 방법을 말한다. 적극적 안락사는 극심한 고통을 감소하기 위해서 의료조치를 시행하지만, 이 의료조치로 인해서 환자의 생명 단축을 초래 할 수 있다. 적극적 안락사의 방법은 두 가지로 살펴 볼 수 있는데, 하나는 생명을 단축시키는 특수 수단을 사용하는 경우로써 독극물 주입과 같은 방법이 있다. 영화 '씨 인 사이드'에서는 라몬 자신이 스스로 독극물을 마셔 자신의 생명을 단축시키는 적극적 안락사를 행하는 것을 볼 수 있다. 그리고 나머지 하나는 생명을 연장시키는 일반 수단을 사용하지 않는 경우로써 치료를 거부하는 환자의 요구를 수용하는 방법이다. 적극적 안락사는 세계적으로 불법이다. 그러나 네덜란드에서는 환자의 의지에 따른 적극적 안락사를 합법화하고 있다.

소극적 안락사란 환자가 질병 등으로 죽음의 과정에 들어섰을 때, 시행자는 이를 저지하거나 지연시킬 수 있음에도 불구하고 이를 방치함으로써 안락사시키는 경우이다. 소극적 안락사는 어떠한 조치 없이 그냥 죽게 내버려두는 행위라고 할 수 있다. 소극적 안락사도 적극적 안락사와 마찬가지로 두 가지로 살펴 볼 수 있는데 하나는 생명을 단축시키는 일반 수단을 사용하는 경우로써 죽음을 초래한다는 것을 알고도 통증을 감소하기 위해 모르핀의 사용량을 증가하는 방법이고, 나머지 하나는 생명을 연장시키는 특수 수단을 사용하지 않는 경우이다. 예를 들어 무뇌아가 태어났을 때 생명유지장치를 부착하지 않아 스스로 숨을 거두게 하는 경우이다. 소극적 안락사는 적극적 안락사와 다르게 세계적으로 자주 시행된다.

우리는 앞에서 안락사의 정의와 그 분류에 대해서 알아보았다. 그렇다면 세계적으로 안락사 인정현황은 어떠할까? 안락사는 과거 원시시대부터 현대에 이르기까지 그 뿌리가 깊다고 할 수 있다. 과거 원시시대에는 사람들이 수렵 및 채집생활을 해왔다. 따라서 식량을 확보하는 것이 불확실했다. 이처럼 한정된 식량에 맞추기 위해서 안락사가 이루어졌고 또한 전시행군이나 이동 등에 필요한 행동을 하는데 있어 노약자나 어린아이의 경우 방해가 되기 때문에 안락사가 시행되었다. 고대 스파르타나 그리스의 경우 기형아가 태어나거나 지능이 낮은 아이가 태어났을 경우 이를 없애기 위해 아이를 버렸다. 고대 로마의 경우 법률적으로 기형아를 출생 즉시 죽인다는 것을 허가했었고, 게르만족의 경우 기형아를 낳으면 길가에 내버려 굶어 죽게 했다. 이처럼 안락사는 갑작스럽게 나타난 것이 아니라 과거에서부터 뿌리 깊게 시행되어 왔다고 할 수 있다. 그렇다면 과거에는 안락사에 대한 논란은 없었을까?

역사적으로 안락사의 논란은 그리스도교와 밀접한 관련이 있다. 중세 그리스도교 사회를 살펴보면 당시는 인간보다 신이 으뜸이 되는 사회였다. 따라서 당시 사람들은 생명은 하나님께서 주신 고귀한 선물로 간주했고, 이 고귀한 선물을 하나님이 아닌 인간 스스로 없애는 행위는 하나님의 뜻에 위배된다고 생각하였다. 따라서 안락사는 하나님의 선물을 빼앗아가는 행위이고 살인으로 간주하여 처벌을 하였다. 이후 시대인 르네상스 시대에는 신 중심에서 인간 중심으로 그 초점이 변했지만, 그럼에도 불구하고 안락사를 죄악시여겼다. 하지만 이 시기부터 안락사에 대한 긍정론이 책에서 표현되어 중세 그리스도 사회와 구별된다. 영국의 정치가인 토머스 모어는 비록 자신은 가톨릭교를 믿지만 저서 〈유토피아〉에서 유토피아 사회에서는 자신의 의사에 따라 안락사도 시인될 수 있다고 표현을 했다. 프란시스 베이컨은 그의 저서 〈노붐 오르가눔〉에서 안락사에 대한 긍정론을 펼쳤다. 18세기 말에는 앞의 시대들과 다르게 적극적 의미를 띤 안락사를 인정하는 사고가 전개되기 시작했다. 이 시기에는 죽음의 고통을 해방하기 위한 하나의 방법으로 안락사를 옹호했다. 20세기에 와서는 안락사를 합법화하는 움직임들이 점차 증가하기 시작했고, 1930년대에는 공식적으로 안락사를 합법화하는 기구가 영국과 미국에서 생기면서 그 운동이 활발하게 전개되었다. 그러나 제 2자 세계대선 뒤에는 안락사를 아무런 비판없이 긍정하려는 사고방식에 대해 반성하기 시작했다. 이는 나치스 독일에서 '안락사'라는 명분 아래 정신장애자, 몸이 불편한 노인, 열등종족으로 여겨진 유대인들이 학살되는 사태가 발생했기 때문이다. 오늘날에는 안락사가 형법적으로 허용되어야 한다는 주장이 일부 나타나기는 하지만, 일반적으로는 살인죄가 성립된다.

지금까지 안락사의 역사와 시비론의 변천사에 대해서 알아보았는데, 안락사에 대한 각국의 법률 및 추세와 각국의 안락사 인정현황에 대해서도 알아본다. 네덜란드는 1971년부터 안락사 수술에 대해서 살인죄를 적용하지 않았다. 2000년 11월 안락사를 허용하는 법안이 네덜란드 하원 의원을 통과했다. 그리고 2001년 4월부터는 안락사를 합법화하였다. 따라서 네덜란드는 세계에서 가장 안락사에 관용적인 나라가 되었다. 네덜란드에서는 왜 안락사를 합법화시켰을까? 안락사에는 다른 살인과 다르게 긴급피난이 성립된다고 보기 때문이다. 그렇다면 네덜란드에서는 안락사가 조건 없이 행해지는 것일까? 아니다. 네덜란드에서 인정되는 기본적인 요건은 다음과 같다. 안락사의 요청은 환자 자신이 자유롭고 거리낌없이 원한 것이어야 하며, 환자의 요청은 심사숙고하고, 지속적이고 일관된 것이어야 한다. 환자의 상태는 회복할 가능성이 없고, 육체적 혹은 정신적으로 고통을 받고 있어야 한다. 안락사외에는 환자를 고통으로부터 해방시켜 줄 대체수단이 없어야 한다. 안락사는 의사가 직접 수술해야만 하며, 의사는 실시할 때 다른 독립적인 의사와 상담을 해야 하며 같은 소견을 보여야 한다. 의사는 안락사를 거부할 수 있고 만약 안락사를 실시할 때는 검시의와 검찰관에게 관련 서식에 필요한 사항을 기입해서 제출해야 한다. 만약 의사가 허용된 기준에 근거하지 않고 안락사를 실시했을 경우에는 법의 처벌을 받는다. 이처럼 네덜란드는 안락사를 허용하고 있다.

호주는 1996년 세계 최초로 적극적 안락사를 합법화하였다. 하지만 그해 12월에 하원은 이 법안을 무효화하는 안락사반대법을 통과시켰다. 그 다음해인 1997년 3월에는 상원 또한 안락사반대법을 통과시키고, 총독이 이 안락사반대법에 서명함으로써 실질적으로 안락사 허용법은 폐기되었다. 호주 연방 8개 주 가운데 3개 주가 생명유지장치에 한정하여 제거하는 행위를 법으로 허용하고 있으며, 나머지 주 또한 관습법에 의해 이것을 인정하고 있다.

기독교적 전통이 강한 프랑스는 뇌사상태라도 안락사에 있어 엄격한 나라다. 사람뿐 아니라 동물을 인위적으로 죽이는 행위에 대해서 형사처분을 실시하고, 뇌사자가 심장박동이 완전히 멈추지 않는 한 생존상태로 간주하여 안락사를 허용하지 않는다. 그러나 윙베르 사건(2000년 교통사고로 식물인간이 되어 극심한 고통을 겪고 있던 뱅상의 안락사를 허용해 달라는 간청하는 편지가 자크 시라크 대통령에게 보내졌다. 이런 아들을 보고 어머니 마리는 아들의 고통을 덜어주기 위해 아들에게 진정제를 과다 주사해 이틀 만에 뱅상은 숨을 거뒀다. 이후 마리와 안락사를 도운 의사 쇼수아는 법정에 서게 되었으나 기소가 면제되었다)을 계기로 소생 가망이 없는 말기 환자에 대해 생명연장의 치료를 거부하고 죽음을 선택할 수 있게 하는 법안이 의회에서 승인되었다.

독일은 형법상 '어떠한 이유라도 사람을 죽일 수는 없다'고 규정하여 고의가 인정될 경우 5년에서 최고 종신형에 이르기까지 처벌을 받는다. 일본은 안락사와 관련된 법은 없다. 그러나 1995년 요코하마 법원에서 제시한 다음의 4개의 요건에 따라 처벌을 모면할 수 있다. 1) 격심한 육체적 고통이 있다. 2) 죽음이 임박하다. 3) 고통을 제거·완화하기 위한 모든 방법을 모두 썼으며, 다른 방법이 더 없다. 4) 안락사를 원하는 본인의 뜻이 명시돼 있다. 일본은 이처럼 이 4가지의 기준에 따라 융통성을 발휘하고 있다.

영국은 19세기 말부터 안락사에 대한 논쟁이 끊이질 않았다. 이에 안락사를 법으로 허용하려는 움직임이 몇 차례 일어났으나, 법률적으로는 안락사가 허용되지 않고 있다. 그러나 1993년 식물인간상태가 3년 이상 지속될 경우에 한해 소극적 안락사인 영양공급장치를 제거해도 좋다는 판결이 선고되어 소극적 안락사가 광범위하게 이루어지고 있다.

미국은 과거부터 현재에 이르기까지 안락사에 대한 논쟁이 이어져왔다. 미국의 50여 개 주 중 35개 주는 안락사 금지 판결을 내린바 있으나, 40여 개의 주들은 소극적 안락사인 생명유지장치를 제거하는 수준에서 안락사를 인정하고 있다. 하지만 이들 주들은 적극적 안락사를 인정하지 않고 있다. 오리건 주에서는 의사조력 자살을 허용하는 '품위있게 죽을 권리에 관한 법'은 주민투표에 붙인 결과 근소한 차이로 통과되었으나 연방하원은 이 법을 무력화하는 고통경감법을 통과시켰다.

우리나라에서는 고통을 감소시키기 위해서 인위적으로 생명을 단축시키는 행위는 형법상 촉탁살인죄나 자살방조죄가 성립한다. 그러면 실제로 일어났던 안락사 사례에 대해 자세히 살펴본 뒤에, 안락사에 대한 찬반 견해에 대해 알아본다.

· **테리 시아보 사건** : 평소 자신의 무거운 체중을 비관하여 거식증을 앓고 있던 시아보는 1990년 체내 칼슘 불균형에 따른 심장마비로 인하여 뇌손상을 입었다. 그녀는 감정 및 사고 기능을 잃었으며 영구적인 식물인간 상태라는 진단을 받았다. 눈동자의 움직임이 없었고 가끔 신음소리를 내지만 급식보조장치 없이는 음식조차 삼키지 못하는 상태가 되었다. 식물인간이 된지 3년이 지나자 그녀의 남편은 더 이상 아내의 생명을 급식보조장치의 도움으로 연장하는 것은 무의미하다고 판단하고 아내의 죽을 권리를 보장해야 한다는 논리를 펴며 그녀의 생명유지장치를 제거해야 한다고 주장했다. 이에 그녀의 부모는 사위가 자신의 딸의 재산을 차지하고 다른 여자와 결혼하기 위해서 이러한 주장을 내세운다며 반대하고 나섰다. 갈등이 계속되는 가운데 그녀의 남편은 유지장치 제거명령 청구소송을 내 이 문제를 법정으로 가져갔다. 플로리다 지방법은 존엄하게 죽을 권리가 주헌법에 명시되었기에 유지장치를 제거해도 좋다고 판결을 내렸다. 이후 안락사 및 낙태 반대론자인 젭 부시 플로리다 주지사는 주의회 승인을 얻어 시아보의 유지장치 제거를 금지하는 법을 만들어 시아보한테 6일만에 유지장치가 다시 끼워졌다. 그러나 그녀의 남편은 다시 플로리다주 대법원에 항소했고, 대법원은 "테리가 의식불명 상태이며 회복이 불가능하다"라며 부시 주지사의 입법은 사법권을 침해한 위헌이라고 판결했다. 이에 부시 주지사도 연방대법원에 상고했으나 연방대법원은 주 대법원과 같은 이유로 그녀의 남편에게 손을 들어주었다. 그녀의 부모는 이 판결을 사법 살인이라 비난을 했고 약 20여 차례 법원에 소송과 청원을 냈으나 모두 기각 혹은 패소됐다. 결국 시아보는 15년만에 급식 튜브를 제거하고 죽음을 맞이했다.

· **케보키언** : 많은 사람들 사이에서 케보키언은 죽음의 천사 혹은 죽음의 악마라고 불린다. 이것은 그가 한 행동에서 비롯되는 것으로, 그는 약 50~200여 명의 환자를 안락사시킨 혐의로 법정에서 2급 살인죄를 선고받아 현재 수감 중이다. 그는 첫 공개적인 안락사 의사로 많은 안락사 반대론자들로부터 질책을 받고 있다. 그는 불법으로 수많은 환자들에게 안락사를 시행하고, 그것을 부인하지 않고 세상에 알렸다. 또 죽음의 기계를 만들어 체계적으로 안락사를 실시해 더욱 비난을 사고 있다. 이와 대조적으로 안락사 옹호론자들로부터 그는 죽음의 천사로 많은 존경을 받고 있기도 하다. 이들은 대부분의 인류의 소망은 죽을 때 편안하게 죽는 것이라며 이를 가능하게 해준 케보키

언에 대해 존경과 지지를 보내고 있다.

- **케르베르 사건 :** 캐나다 몬트리올 동부에서 퇴행성 신경기능 장애로 팔 다리를 제대로 쓰지 못하는 아내의 자살을 도운 남편 베르게론이 살인 혐의로 체포됐다. 그는 플라스틱 가방으로 아내가 질식사하는 것을 도왔다. 경찰은 그를 살인 혐의로 체포했으나, 아내의 가족과 이웃들은 지난 13년간 헌신적으로 아내의 간병을 도운 그를 구속하는 것에 대해 반대의 입장을 표명했다. 또한 그녀의 형제·자매들은 그녀가 수년째 휠체어에 의지한 채 신체적 고통을 겪으며 자신의 삶을 끝내고 싶어 했다고 전하며 안락사 합법화를 주장했다. 이에 대해 반대론자들은 죽고 싶다고 밝힌 사람들도 매 12시간마다 생각이 바뀐다는 연구 결과를 내세웠고, 고령화 사회에 안락사 합법화는 치명적인 부작용을 나타낼 수 있다며 이를 반대하고 나섰다.

- **보라매 사건 :** 1997년 12월 4일 보라매 병원 응급실로 58세의 남자 환자가 긴급히 보라매 병원으로 이송됐다. 그 후 수술이 이루어졌고 수술 도중 환자의 가족들이 병원에 도착했다. 수술은 성공적이었으나 환자는 인공호흡기로 호흡을 하고 의식이 호전되기는 힘들었다. 이러던 중 12월 5일 가족들이 경제적 이유로 퇴원을 요구하고 나섰고, 담당의는 환자가 퇴원하면 살 가망성이 없기 때문에 그의 가족들을 말렸다. 그러나 의사의 만류에도 불구하고 그의 가족들은 12월 6일 귀가서약서에 서명을 하고 퇴원을 했다. 결국 그는 귀가 후 인공호흡장치를 제거했으며 그는 약 5분 뒤 호흡곤란으로 사망했다. 검찰은 의사들에 대해 "의학적 판단에 따라 관리해야 할 중환자를 보호자의 퇴원 요구만으로 내보내 죽게 한 것은 살인행위"라며 사법사상 처음으로 이런 행위에 대해 살인죄를 적용하여 불구속 기소했다.

안락사를 찬성하는 이들은 안락사를 시행함에 있어 엄격한 조건을 내세우고 이에 충족된다면 안락사를 시행할 수 있어야 한다고 내세운다. 그들은 인간의 생명을 경시하지 않는다. 다만 그들은 인간의 삶의 질이 가장 우선시 되어야 한다는 생각을 가지고 있으며, 또한 인간은 품위있는 죽음을 선택할 수 있어야 한다고 주장하고 있다. 그들은 적극적인 안락사까지는 아니더라도 소극적 안락사를 허용하지 않는 것은 잘못된 것이라고 생각한다. 그들은 인공호흡기 등 여러 장비에 의존하여 생명을 연장하는 행위는 삶의 질을 낮추고 있을 뿐만 아니라 이러한 기기들은 인간이 품위 있게 죽음을 선택할 권리마저 빼앗는다고 주장하고 있다. 또한 이러한 기기들은 가족, 의료진, 병원, 사회 등에도 경제적 부담을 안겨 준다고 주장한다. 그들은 자신의 운명 즉 자신의 죽음을 선택할 권리가 있다고 하여 안락사를 옹호한다. 그러면 그들의 주장하는 내용들을 5개로 나누어 살펴보도록 하자.

1) **윤리적 측면:** 안락사옹호론자들은 인도주의 측면에서 불치병으로 인하여 극심한 고통을 겪고 있는 이들에게 그 고통을 덜어주는 차원에서 안락사를 허용해야 한다고 주장한다. 이들은 인간이 삶을 사는데 있어서 질적으로 인간답게 살다가 죽는 것을 중요시 여겨 인간적 품위를 떨어뜨리는 극심한 고통보다는 인간의 품위를 지키며 편안하게 죽을 수 있는 생명 선택권을 가져야 한다고 주장한다. 이들은 또한 안락사를 통해 고통없이 편안하게 죽을 수 있게 도와주는 것을 자비로운 행위로 인식하여 그 정당함을 주장하고 있다.
2) **의료적인 측면:** 현대 의학기술은 하루가 다르게 크게 발전하고 있다. 이에 따라 비록 완전한 치료가 불가능한 사람도 첨단의료기기를 사용하여 그 생명의 기간을 점점 늘리고 있는 추세이다. 그러나 많은 옹호론자들은 이런 의료기기를 사용하여 생명을 연장시키는 것은 단지 그 생존 기간만을 늘릴 뿐 환자에게 '의미 있는 삶'을 부여하기보다는 고통을 받는 기간을 연장시킬 뿐이라고 주장한다. 그들은 환자의 근본적인 질병을 치료하는 것이 아닌 단지 의료기기를 사용하여 고통스러운 삶의 기간만을 연장하는 행위는 의사의 의무를 착실히 이행하지 않는 것이라고 주장한다. 그들은 단순히 진통제를 통해 잠시 동안 고통에서 해방시키기보다는 환자의 동의하에 안락사를 시행하여 환자를 근본적인 고통에서 벗어나게 해주는 것이 의사로서 할 일이라고 주장한다.
3) **법적 측면:** 많은 옹호론자들은 법적으로 안락사가 시행되기를 바란다. 이들은 인간생명이 신성불가침하다는 도덕적 원리 때문에 자신의 죽음을 선택할 권리를 박탈하는 것은 잘못된 일이라고 주장한다. 그들은 생명존중보다는 인간이 스스로 자신의 죽음을 선택할 수 있는 자기결정권에 비중을 크게 두고 있다. 우리나라 형법 제24조 '(피해자의 승낙) 처분할 수 있는 자의 승낙에 의하여 그 법익을 훼손한 행위는 법률에 특별한 규정이 없는 한 벌하지 아니한다.'에 근거하여 옹호론자들은 법적인 측면에서 보호를 받을 수 있다고 주장한다. 이들은 이 조항에 따라 환자의 의사결정 능력을 전

제로 안락사가 이루어졌다면 아무런 문제가 될 것이 없다고 한다. 이들은 의식불명 환자의 경우 의사가 불분명하기에 가족과 가장 가까운 친인척들에게 결정권을 주어야 한다고 주장한다.

4) **사회적 측면:** 우리나라는 과거서부터 현재에 이르기까지 집단공동체를 이루며 살아왔다. 따라서 가족구성원들 중 한사람이 아프면 구성원들 모두가 돌봐 주었다. 이처럼 공동체 문화가 뿌리 깊게 박힌 우리정서에 만약 구성원들 중 불치병에 걸린 환자가 있다면 환자 못지않게 가족 구성원들 또한 정신적, 육체적 부담이 클 것이다. 또한 환자 자신도 희망이 없는 생활을 지속하며 비인간적인 삶을 살아가게 된다. 많은 환자의 가족들은 치료비등으로 인해 안락사의 필요성을 느끼지만, 도덕적 의식과 윤리적 책임감으로 인하여 그 선택을 꺼린다. 이러한 고통을 해소하기 위해서 안락사의 제도적 보장이 필요하다고 옹호론자는 주장한다.

5) **경제적 측면:** 매년 암 등 말기 질환으로 죽어가는 사람은 약 6만여 명에 이른다. 이들 중 편안한 임종을 도와주는 시설인 호스피스 센터에 들어가서 삶을 마감하는 사람은 약 2~5%에 불과하다. 나머지 사람들은 중환자실에 들어가서 연명치료를 받으며 삶을 마감한다. 이들은 중환자실에서 큰 액수를 치르며 그 부담을 가족들에게 남기고 삶을 마감한다. 환자가 편안하게 임종을 맞을 수 있는 상황을 고려하고 그 가족의 경제적 부담감을 생각하면 안락사는 허용되어야 한다고 옹호론자는 주장한다.

안락사불가론자들은 안락사가 인간 생명의 존엄성에 대한 침해이고 세상에는 인간의 생명보다 더 귀한 것은 없다고 한다. 이들은 안락사를 허용하게 되면 사회적으로 부적절한 인간에 대한 경시현상이 발생하게 되고, 수많은 비윤리적인 일들이 발생할 것이라고 한다. "안락사는 살인이다." 이들은 안락사를 촉탁승낙에 의한 살인으로 간주한다. 그들은 만약 한번이라도 안락사를 허용하면 '미끄러운 언덕길의 논리'에 의해 앞으로도 계속 비슷한 일들이 계속해서 일어날 것이고, 독약 등이 오·남용될 것이라 생각한다. 아무리 현대의학이 발전하였지만 의사들의 진단은 완벽한 것이 아니기 때문에 오진가능성이 있다고 하여 안락사를 반대하고 있다. 그렇다면 앞의 찬성의 입장과 같이 그들 주장을 5가지로 나누어서 알아보도록 한다.

1) **윤리적 측면:** 안락사 옹호론자들의 윤리적인 측면을 보면 그들은 안락사를 실시하는 것은 환자의 고통을 덜어준다는 점에서 자비로운 행위라고 한다. 그들이 주장하는 환자의 자기결정권 존중을 긍정적으로 보면 안된다. 말기 환자나 불치병에 걸린 사람들은 정서적으로 안정을 취하지 못해서 순간적인 감정으로 인해 안락사에 동의하는 경우를 배제할 수 없다. 비록 이들이 겪는 고통을 현대 의학의 힘으로 이겨낼 수 없다 하여 안락사를 시키면 이는 말기환자나 극심한 고통을 겪는 이들의 생명은 유지될 필요가 없다는 말과 다름없다. 인간의 생명을 존중하는 입장에서 보면 옳지 않은 입장이다. 인간 생명은 세상 그 어느 것에 비교 해봐도 가장 우월하고 소중한 것이다. 영화 '저스트 라이크 헤븐'에서처럼 만약 내 자신이 타인의 생명을 소중히 여기지 않으면 다른 사람들 또한 내가 이런 불치병에 걸렸을 때 나의 생명을 하찮은 것으로 여기게 될 것이다.
2) **의료적 측면:** 기원전 4세기 의학의 아버지라 불리는 히포크라테스는 "나는 누구에게도 독약을 주지 않을 것이며, 비록 그렇게 해 달라는 요청을 받더라도, 그런 계획을 제안하지도 않을 것이다"라고 말했다. 이는 시대가 변해도 여전히 지켜야 할 가치가 있는 것을 상기하게 해준다. 의사의 가장 기본적인 임무는 환자의 생명을 보호하고 치료하는 일이다. 그러나 의사가 환자를 도와 죽게 한다면 이는 그 의도가 선하고 악함을 떠나서 의사의 정신에 위배되는 것이다. 안락사가 합법화 될 경우 많은 사회문제가 발생할 것이다. 우선 의사와 환자의 불신이 커질 수 있다. 자신을 치료해 주어야 하는 의사가 언젠가는 자신을 죽일 수 있다는 생각이 환자들 사이에 생길 수 있다. 결국 그러한 생각들이 쌓여 의사에 대한 믿음은 약해지게 된다. 안락사는 또한 의학의 발전을 저해할 수 있다. 환자가 살아있는 동안 불치병으로 여겼던 병의 치료법이 개발될 가능성은 있기 때문이다. 만약 불치병에 걸린 사람들이 고통을 이기지 못해 안락사를 선택하는 일이 증가한다면, 이를 치료하려는 의학연구는 커다란 장벽을 맞게 되어 의술의 발전을 더디게 할 수 있다.
3) **종교적 측면:** 기독교에서는 "갓 잉태된 태아든, 좀 자란 태아든, 어린이든, 어른이든, 노인이든, 어느 누구도 결코 살해됨을 용납할 수 없다"는 것을 확고하게 내세우며 안락사를 반대한다. 또한 "어떠한 권위라도 안락사를 합법적으로 권고하거나 용인할 수 없다"고 하며, "안락사는 하느님 법의 침해이고, 인간 존엄성에 대한 모욕이며 생명을 거스르는 범죄요, 인간성에 대한 공격이다"라고 하여 안락사를 강력히 거부한다. 인

간생명이 그 자체로 존엄을 지니는 이유는 인간이 하느님의 모습과 닮기 때문이다. 인간생명의 신성함을 유지하기 위하여 안락사를 반대한다. 불교의 경우 비록 극심한 고통에서 벗어나기 위해, 그리고 인간의 존엄과 품위를 지키기 위해 환자들이 안락사를 원하는 경우가 있지만 이러한 요구는 안락사를 정당화시키지 못한다고 하여 안락사를 반대한다. 불교의 연기론적 세계관과 불살생의 정신이나 인연 법칙 등 불교의 생사관에서 볼 때 안락사는 이에 반하는 행위이다.

4) **법적측면:** 안락사를 법적으로 허용하게 되면 많은 범죄에 악용될 소지가 높다. 극단적인 예를 들면 가족이 경제적 비용부담 등의 이유로 재산권의 문제 등으로 안락사를 남용할 우려가 있다. 만약 법적으로 환자와 이해관계가 대립될 수 있는 가족에게 환자의 생사를 결정할 권리를 준다면 안락사는 살인의 한 수단이 될 수 있다. 실제 형법 규정을 살펴보면 형법상 적극적 안락사는 살인죄에 해당한다. 그리고 환자의 진지한 부탁을 받거나 승낙을 받아 안락사를 수술한 경우에는 촉탁살인죄나 승낙살인죄에 해당한다. 의사가 환자의 자살을 도와주는 방법으로 안락사를 하도록 하였다면 자살 방조죄나 자살 교사죄에 해당하여 처벌을 받게 된다.

5) **사회 · 경제적 측면:** 암 환자라든지 여러 불치병을 앓고 있는 환자들은 자신의 가족들이 자신으로 인해 경제적 부담감을 느끼고 있으면 자신이 가족들에게 짐이 되고 있다고 생각할 것이다. 정신적 · 육체적 고통과 더불어 경제적 부담감으로 안락사를 쉽게 선택하게 될 것이다. 때론 환자의 정신적 · 육체적으로 느끼는 고통보다는 가족들이 느끼는 경제적 부담을 덜어주기 위해 안락사를 선택할 수도 있다. 이와 더불어 극단적이지만 안락사가 허용된다면 사회에 도움이 안된다고 생각되어지는 신체적, 정신적 장애인과 노인, 빈곤층으로 안락사가 확대될 것이다. 이는 사회에 도움이 되지 않는 사람들을 제거하는 우생학적 사고가 다시 사회에 나타날 수도 있다. 이처럼 우생학적 사고가 확산된다면 안락사 옹호론자들은 안락사가 '죽을 권리'가 아니라 '죽어야 할 의무'로 주장할 것이다.

이처럼 안락사는 세계 여러 곳에서 끊임없이 논쟁이 이어져 오고 있다. 환자들이 원하는 것이 과연 삶에 대한 죽음일까? 그들은 단지 고통으로부터 해방되길 원할 뿐이다. 그 해방의 방법으로 안락사를 선택하고 또한 가족들에게 짐이 되길 원치 않아서 이런 방법을 선택한다. 그렇다면 안락사에 대한 대안은 없을까?

안락사에 대한 대안

안락사의 대안으로 호스피스를 손꼽을 수 있겠다. 호스피스는 죽음이 가까운 환자에게 편안한 죽음을 맞을 수 있도록 인정으로 보살펴 주는 봉사활동이다. 호스피스는 1815년 아일랜드 더블린의 채리티 수녀원의 수녀들이 죽어가는 가난한 환자들을 수녀원으로 데려다가 임종준비를 시킨데서 유래한다. 그 뒤 1967년 영국 런던 교외에 세운 성크리스토퍼 호스피스가 시초가 되어 세계적으로 보급되었다. 현재 영국에서는 약 200개, 미국에는 약 1,200개가 넘는 호스피스가 있다. 우리나라의 호스피스는 1963년 '마리아의 작은 자매회'에 의해 갈바리 의원에서 임종이 가까운 사람들을 돌보기 시작한 것이 시초이다. 현재는 약 74개 기관이 활동 중인 것으로 파악된다. 호스피스의 기본정신은 성경에 기초한 것으로 "내가 진실로 너희에게 이르노니 너희가 여기 내 형제 중에 지극히 작은 자 하나에게 한 것이 곧 내게 한 것이니라"를 통해서 알 수 있다. 사실 이것은 그 참사랑의 의미를 알고 있는 사람들에게 이해될 수 있으며 호스피스를 통해 봉사하는 사람들은 환자, 즉 대상이 예수라고 생각하여 지극한 정성으로 그를 보살피게 된다.

우리나라는 가톨릭 단체들 주도하에 호스피스가 실시되고 있으나 활동의 대부분이 빈곤층과 무의탁 환자를 도와주는 수준이라 아직 체계적이거나 조직적이지 못하다. 그렇다면 다른 나라에 비해 시기적으로 빠르게 호스피스가 실시되었음에도 불구하고 이처럼 후진국 못지않게 호스피스가 활성화 되지 않은 이유는 무엇일까? 우리나라는 법적, 제도적 장치가 없기 때문이다. 진통제의 경우 마약성 물질을 띠는 것이 있는데, 마약 중독자의 발생을 우려하여 마약을 규제하는 쪽으로 치우쳐져 있기 때문이다. 또한 의료인들이나 일반인들 또한 마약에 대한 부정적인 모습, 즉 마약 중독 때문에 마약성 진통제 사용을 꺼리고 있다. 또한 병원에서도 마약성 진통제의 사용을 제한하기에 환자들의 통증 조절이 어렵게 되고 있다. 이를 해결하기 위하여 국가와 사회의 노력이 필요하다. 예를 들어 국민들에게 진통제가 중독의 위험성 보다는 환자의 고통을 안정시키는 점을 설명하고 마약성 진통제에 대한 부정적 인식을 감소시켜야 한다. 2010년 1월부터 시범적으로 7개 기관에 실시되고 있지만 현재 우리나라는 호스피스에 대해 보험이 적용되지 않는다. 따라서 많은 사람들이 호스피스 시설 이용에 대해 금전적인 부담을 느끼고 있다. 이를 위해서 호스피스에 대한 보험기준을 제정하여 경제적인 뒷받침이 있어야 한다. 이는 말기환자에게 불필요한 치료, 검사 등을 감소시켜 의료비 절감에도 적용될 수 있다. 이처럼 우리는 안락사를 선택하기보다는 호스피스의 활성을 높여 환자들의 고통을 낮춰주는 방안을 확대해 나가야 할 것이다.

3

낙태 이야기

미국에선 낙태 문제가 대통령 선거에서 크게 화제가 되고 있고, 이에 따라 대통령 당선이 좌우된다고는 할 수 없어도 적잖은 영향을 주는 것은 사실임에 틀림없다. 그렇다면 우리나라는 어떠할까? 우리나라는 미국처럼 대통령 선거에서 크게 화제가 되고 있진 않지만, 여러 시민 단체나 종교단체 등에서 낙태에 대한 논의가 있다. 또한 최근 급격히 증가하고 있는 미혼모의 임신 증가와 낙태에 대한 여러 보고가 있었고, 시사프로그램에서도 낙태의 문제성을 보도하고 있다. 그렇다면 많은 사람들은 낙태에 대해 얼마나 알고 있을까? 우리는 낙태에 대한 정확한 이해와 더불어 낙태 문제를 해결해나가는 것이 좋을 것이다. 낙태란 무엇이고 낙태에 대한 시각은 어떠한 것들이 있을까? 우선 이 주제에 대해 서술하기에 앞서 낙태에 대한 영화들을 소개한다.

영화 이야기

더 월(If these walls could talk)

미국에서 여성의 시각으로 낙태를 바라본 낸시 사보카 감독의 영화 〈더 월〉은 낙태를 주제로 한 세 가지의 이야기를 옴니버스식으로 전개한 영화이다. 이 영화의 배경은 미국의 50년대, 70년대, 90년대의 시대를 나눠서 각각의 개별적 상황을 통해 그 속에서 낙태에 대한 사회적인 배경, 인식과 여성의 지위의 변화에 대한 이야기를 담담하고도 극적으로 풀어내고 있다. 그럼 영화 속으로 들어가 보자.

1952년, 낙태가 법적으로 금지가 되었던 시기에 신혼 때 남편을 잃은 클레어는 그녀의 시동생과 한차례의 실수로 임신을 하게 된다. 클레어를 자신을 친딸처럼 보살펴 주시는 시부모님, 그리고 한순간의 실수를 자책하며 괴로워하는 시동생을 보며 클레어는 아기를 낙태시키기로 결심한다. 간호사인 그녀는 의사에게 낙태수술을 부탁하지만, 법으로 금지되어 있는 낙태수술에 그 누구도 도움을 주기 꺼려한다. 결국 그녀는 낙태수술을 받을 수 없어 스스로 유산을 시도해 본다. 두통약을 다량으로 섭취하기도 하고, 욕탕에서 혼자 바늘을 이용하여 유산을 시도하기도 한다. 그러나 그녀가 시도한 방법들은 모두 실패로 돌아가게 된다. 그러다 그녀의 상사 간호사가 그녀에게 낙태수술 브로커를 연결시켜주었고, 결국 클레어는 수술비용이 싼 의사에게 부탁해 자신의 집 식탁에서 불법으로 낙태수술을 받게 된다. 하지만 비위생적인 공간에서 실시한 낙태수술은 그녀에게 성공적이기 보단 오히려 부작용을 일으키게 되고, 클레어는 낙태에 대한 죄책감과 함께 부작용으로 고통 속에서 죽어간다.

1974년, 클레어가 죽은 지 22년 후 그 집에는 바브라 가족이 살고 있다. 바브라는 2남 2녀를 두고 있고 경찰인 남편과 넉넉지 못한 살림 속에서 아이들을 챙기느라 정신없이 지낸다. 매일매일 고된 하루지만, 그런 그녀는 젊은 시절 이루지 못했던 작가 공부를 다시 시작한다. 하지만 그녀에게 뜻하지 않은 임신이 찾아오게 된다. 하지만 바브라는 애를 낳게 되면 자신의 꿈인 작가가 되는 것을 포기해야 함을 인식한다. 이 때 자신과 비슷한 처지에서 낙태수술을 받은 친구가 찾아와 낙태수술을 권유한다. 또 대학에 진학하는 딸도 경제적 사정을 빌미로 아이를 낳으면 자신의 대학 진학에 경제적으로 어려움이 있을 것이라며 낙태를 요구한다. 바브라는 남편에게 임신 사실을 털어 놓았고, 그녀의 남편은 서로 양보하자는 의견을 제시하며 바브라를 위로한다. 새로 태어날 아이의 엄마가 될 것인지 아니면 자신의 꿈을 이룰 여성의 길을 택할 것인지 그녀는 고민을 하지만 결국 그녀는 아이를 낳기로 결심한다.

1996년, 클레어와 바브라의 가족이 살던 집에서 독실한 천주교 집안에서 자란 대학생 크리스틴과 낙태 반대주의자인 코리가 살고 있다. 건축학도인 크리스틴은 유부남인 해리스

교수의 아이를 가진다. 그러나 자신의 가정을 버릴 수 없다는 해리스 교수는 크리스틴을 배신한다. 그녀는 심한 배신감과 수치심에 괴로워하다가 결국 낙태를 결심한다. 반면 코리와 종교 단체 여성들은 크리스틴에게 낙태는 반인륜적 행위임을 내세워 선동하려한다. 그러나 이미 결심이 선 크리스틴은 낙태수술을 받으러 병원으로 향한다. 병원 앞은 때마침 낙태 반대주의자들의 낙태규탄 시위가 벌어지고 있었고 시위는 점점 과격해진다. 이를 보고도 크리스틴은 병원으로 향하고 두려움 속에서 낙태수술을 받게 된다. 그러나 낙태수술을 무사히 마친 의사는 병원에 침입한 낙태 반대주의자들로부터 총격을 당해 죽음을 당하고, 크리스틴은 그러한 의사를 끌어안고 울면서 영화는 끝을 맺는다.

세 가지 이야기를 보면 주인공들은 각기 다른 시대와 상황에서 낙태에 대해 고민한다. 첫 번째 이야기는 낙태에 관해 아주 강력한 법적 태도를 취하는 1950년대이다. 이 때 낙태는 살인이나 마찬가지이고, 있어서는 안 될 제도라는 것을 당연히 여기며 말하기조차 꺼려하는 분위기로 무슨 이유에서든 뱃속의 아기는 낳아야 한다는 의식이 지배적이다. 아마 이는 종교적인 입장과 의무론적인 입장으로 설명할 수 있을 것이다. 즉, 태아는 곧 생명이며 인간이고, 낙태는 태아의 생명권을 위협하는 것이고, 인간의 타인의 생명권을 위협할 권리가 없으며, 낙태는 비윤리적 행위이기 때문이라는 것이다. 클레어의 경우 이런 엄격한 사회적 분위기에도 불구하고 낙태를 택하는데, 결국 자신의 건강을 해치는 결과를 초래했다.

두 번째 이야기는 전의 이야기보다 낙태에 대한 인식이 나아지고 있음을 보여준다. 법적으로도 어느 정도 인정을 해 주어 합법적인 이유가 있을 시에는 국가기관에서 시행을 해주는 것이다. 이에 따라 친구에게 털어놓고 이야기를 나누며 도움을 요청하는 등 사람들의 인식도 변화되어 말하기조차 꺼려하던 전 시대와 구별된다. 태아에 대한 생명존엄으로 가능한 한 낳아야 된다는 인식이 있지만, 가족들의 생계, 경제적 상황, 자신의 삶에 대한 욕망 등과 충돌하게 된다면 낙태도 가능하다고 변화된 것을 볼 수 있다. 바브라의 경우, 낙태를 했을 때와 하지 않았을 때를 비교하면 낙태를 하는 것이 타당할 수 있다. 반면에 엄마의 권리랄까 의무랄까 뱃속의 아기에 대한 존엄으로 바바라는 고민에 빠진다. 결국은 모성으로 낙태를 하지 않기로 결정하는데 이 과정에서 낙태 결정에 대한 큰 부담을 바바라 혼자 겪는다.

마지막 이야기에서는 찬성 혹은 반대의 의견 표현이 앞의 두 이야기보다 자유롭다. 이 시대에는 합법적으로 낙태를 인정하며 병원에서 수술을 해주게 된다. 크리스틴은 태아의 생명존엄과 종교적인 입장으로 낙태에 반대했었다. 그런데 막상 자신이 겪게 되자 현실적인 입장으로 낙태를 하게 된다. 또한 영화의 마지막에서 낙태수술을 끝낸 의사가 총살되는 장면은 낙태에 관한 뜨거운 논쟁을 알려주는 것이다.

사이더 하우스(The cider house rules)

세인트 클라우드의 고아원으로 한 부부가 찾아오면서 이야기는 시작된다. 이들은 호머라는 아이를 데리고 가지만 아이가 울지 않아서 다시 데리고 온다. 고아원생 중 하나인 호머 웰즈는 이 영화의 주인공이다. 그는 라치 박사와 특별한 인연을 맺는다. 그가 고아원에 맡겨질 당시 라치 박사가 직접 작명해 주었고, 후에는 입양도 되었으나 입양된 가정에서 두 번이나 되돌려 보내져 그가 장성한 청년이 될 때까지 고아원에 계속 머물게 된다. 라치 박사는 호머의 총명함을 발견하고 그에게 자신의 의술을 전수하고, 또 아들과도 같이 특별히 아낀다. 호머는 라치 박사의 수술을 도우며 그의 기대에 부응하나, 낙태수술에 있어서는 다소 현실적인 관점을 가진 라치 박사와 정반대의 입장을 취한다. 호머가 고아원의 맏형으로, 또 라치 박사의 든든한 의술 조수로 일상을 보내던 어느 날 전투기 조종사 월리 워딩턴과 임신한 그의 애인 캔디 켄달이 낙태수술을 위해 고아원을 찾아온다. 고아원생들에게는 생소하기만 한 컨버터블 카와 세계 곳곳을 비행하는 월리의 직업, 그리고 외딴 시골 고아

원에서는 만나볼 수 없었던 금발의 미녀 캔디는 오랜 시간 동안 외부 세계와 단절되어 있던 호머의 호기심을 충동하여 호머는 결국 라치 박사의 만류에도 불구하고 두 연인을 따라 고아원을 떠난다.

호머는 월리의 어머니가 소유한 사과 과수원에서 일하게 된다. 주로 흑인 이민자들로 구성된 농장 일꾼들과의 공동체 생활은 호머에게 또 다른 신선함이다. 의학과 소설을 즐기던 호머와 달리 일꾼들은 글을 읽을 줄 모르고, 담배와 술에 찌들어 있으며, 때로는 구성원들 간의 불화로 칼부림이 나기도 하는 고단하기 그지없는 삶의 양식을 영위하지만, 그들 간에는 암묵적으로 엄연한 질서와 신의가 존재한다. 호머는 그들과 쉽게 친해지고, 일꾼들도 비록 출신 배경이나 인종은 다르지만 영리하고 성실한 호머를 거부감 없이 받아들인다. 그 동안 월리는 제 2차 세계대전의 발발로 전투에 파견되고, 호머는 월리의 부재중에 캔디와 함께 지내는 시간이 길어지면서 결국에는 사랑에 빠지게 된다.

호머는 캔디와 사랑하면서 사랑의 불가항력과 원하지 않은 임신의 두려움을 통해 라치 박사가 염두에 두던 고통의 실체에 직접적으로 근접하게 된다. 또한 호머는 과수원의 작업 반장 로즈의 딸이 임신한 사실을 발견하고 여러 모로 도움을 주려 하나 거절당한다. 그러나 캔디는 곧 로즈 딸의 임신이 그의 아버지와의 강제적인 근친상간을 통한 것임을 알게 되고, 이 충격적인 사건을 통해 낙태는 살인과 대등한 범죄라는 호머의 소신은 도전받게 된다. 결국 이러한 도전은 여러 번민과 갈등 끝에 고통을 경감해주려는 낙태로 이어진다.

그러나 영화의 비극적 플롯은 여기서 마무리되지 않는다. 참전했던 월리는 비행기 추락으로 반신불수가 되어 돌아올 것이라는 비보가 전해지고, 이를 계기로 캔디와의 아슬아슬했던 사랑도 막을 내리게 된다. 또, 호머가 고아원을 나온 이후 끊임없이 서신을 통해 돌아와서 자신의 후계자가 되어 달라던 라치 박사가 에테르로 고독을 달래다 에테르를 과량 흡입하게 되어 유명을 달리했다는 소식이 전해진다. 낙태수술을 받은 로즈의 딸은 자신에게 성적인 상처를 남긴 아버지를 칼로 상해를 입히고 사과농장을 떠나게 되고, 작업반장 로즈는 자신의 과오에 대한 자괴감에 휩싸여 결국 자해로 목숨을 끊게 된다. 호머는 이 모든 고통의 한가운데에 있다. 결국 그는 한때는 그의 몸과 마음을 속박했던 세인트 클라우드의 고아원으로 돌아간다. 라치 박사의 뒤를 이어 버림받은 자들의 고통을 함께 지니게 될 자신의 모습을 그리며 영화는 막을 내린다.

제니, 주노

개봉당시부터 큰 붐을 일으켰던 영화 '제니, 주노'는 사회에서 이슈가 되고 있는 10대들의 사랑, 성관계 그리고 출산이라는 주제를 다루고 있다. 그래서 일찍부터 사회의 관심과 곱지 못한 시선을 받아 온 영화이다. 영화 내용을 알아보면 이렇다. 공부도 잘하고, 얼굴도 예쁘고 인기도 많은 소녀 제니는 이 영화의 여주인공 여학생이다. 언제나 자신감에 차있고 똑 부러지게 할 일을 해내는 야무진 그녀에게 큐피드의 화살이 꽂혔다. 바로 전학생인 주노라는 남학생이다. 소녀들의 한숨을 자아낼 만큼 잘생긴 얼굴과 미소와 친절함을 잃지 않는 따뜻한 마음씨를 가지고 있고, 남학생들의 선망의 대상인 프로게이머인 주노는 역시 제니에게서 눈을 떼지 못한다. 결국 두 사람은 학교 최고의 닭살커플이 된다.

그러던 어느 날 제니와 주노에게 청천 벽력같은 일이 닥치게 된다. 제니가 임신을 한 것이다. 이 말을 듣고 놀란 주노는 그 순간 이후 제니의 전화를 받지 않고, 피하기만 한다. 겁먹은 주노에게 실망한 제니는 팔씨름을 제안한다. 둘은 팔씨름에서 이긴 사람이 하자는 대로 하기로 결정한다. 제니의 가냘픈 팔과 주노의 다부진 팔이 움켜잡은 순간 제니는 주노에게 고백한다. "난 너 없으면 살 수 없어. 너 없으면 난 매일 울다가 죽을 거야. 이건 피한다고 되는 일이 아니야. 난 널 믿어. 내가 제일 사랑하고 아끼는 사람이니까"라고 말하니 또르르 주노의 뺨에 눈물이 흐르고 제니의 팔이 주노를 누른다. 제니가 이긴 것이다. 그제야 둘은 모든 걱정을 떨쳐버리고 환하게 웃는다. 두 사람의 사랑을 위해서, 아기를 위해서 둘은 웃으며 다시 시작하게 된다.

아이를 지키기로 결심했지만 둘에게 다가온 시련은 너무도 많다. 먼저 시도 때도 없이 쏟아지는 잠과 들쑥날쑥한 식욕으로 고생하는 제니. 그런 제니의 건강을 위해 집안 냉장고의 과일을 싹싹 긁어 공수함은 물론이고, 새벽 신문배달 아르바이트로 간식비를 모으는 주노. 순대가 먹고 싶다는 야밤 호출에 임신부에게 좋다는 간을 듬뿍 담아서 득달같이 달려간다. 하지만 두 사람이 예측하지 못한 시련은 계속된다. 둘의 관계를 모르는 다른 여학생들이 주노에게 추파를 보내지 않나, 노크 없이 벌컥 방문을 열어대는 철없는 제니의 언니 땜에 맘 놓고 태교도 못하게 된다. 게다가 주노의 부모님은 갑자기 늦둥이를 갖겠다고 난리다. 매일같이 터져대는 사건들을 막아내느라 고군분투하는 커플이지만, 마침내 제니는 언니에게 잔뜩 부른 배를 들키고 만다.

결국 제니와 주노의 두 집안은 발칵 뒤집어졌다. 당장 둘은 떨어지게 되고 이제는 서로를 만날 수도 없다. 한시도 떨어져 본 적 없는 열렬한 연인들에게, 서로의 소식을 알 수도 없다는 것만큼 고통스러운 일도 없다. 피자배달부로 위장도 해보고, 부모님께 애원도 해보지만 주노는 제니의 안부가 걱정된다. 전전긍긍하던 두 사람을 안타까워하던 친구들이 극적인 일을 꾸민다. 바로 제니를 문병온 척 하며 탈출시켜 둘에게 결혼식을 치러주는 것이다. 세상이 믿지 못할 기적같은 결혼식이 거행된다. 하객들은 모두 교복을 입은 아이들뿐이지만 신랑과 신부는 너무나 행복하다. 영원한 사랑의 약속이 오가고, 뱃속의 아기 역시 기쁨의 태동을 한다. 결국 제니와 주노는 주변의 반대와 여러 가지 장애물로부터 생명을 지켜내게 된다.

베라 드레이크(Vera Drake)

이 영화는 1950년대 영국 런던을 배경으로 하고 있다. 영화의 주인공인 베라 드레이크는 아주 평범한 여자로, 낮에는 가정부로 일하면서 돈을 벌고 일을 마친 후에는 가족들을 돌보는 어머니가 된다. 전쟁 직후의 어려운 시대를 베라는 이웃들에게 따뜻한 인정과 보살핌을 베풀며 살아가고 있었다. 이웃집에 사는 몸이 불편한 조지를 보살펴 주기 위해 일주일에 몇 번 씩 조지의 집을 방문하고, 혼자 사는 다른 이웃을 집으로 초대하여 식사대접을 한다. 이웃에게 뿐만 아니라 그녀는 가족들에 대해서도 헌신적이다. 남편은 자동차 정비소를 동생과 함께 운영하고 있다. 아들은 양복점에서 옷을 만드는 일을 하고, 딸은 전구공장의 직공으로 일하고 있다. 넉넉하진 않지만 그녀의 가족들은 모두 저마다의 일을 가지고 하루하루를 열심히 행복하게 살고 있었다.

꽤나 많은 시간에 걸쳐 베라와 베라 가족의 행복하고도 단란한 생활을 아주 잘 그려내고 있을 때쯤 베라가 다른 사람들을 돕는 한 가지 비밀스러운 방법이 알려 지는데, 그것이 낙태이다. 원치 않은 임신을 한 젊은 여성들에게 금전적인 대가를 바라지 않고 낙태를 시켜 주는 것이다. 비밀스럽게 베라를 필요로 하는 여성들을 베라는 직접 찾아가 민간요법으로 그들을 돕는다. 비누와 살균제를 탄 물을 자궁에 직접 넣는 베라의 이 수술을 받고난 여성은 하루에서 이틀 뒤, 아랫부분에 통증을 느끼게 되고 이때 화장실에 가면 하혈을 하면서 모든 게 나오게 된다. 그러면 베라의 표현대로 모든 게 끝나는 것이다. 이런 수술을 베라는 너무나도 자연스럽게, 무감각하게 한다. 베라의 입장에서는 곤경에 처해있고, 기댈 곳이 없는 가난한 여성들을 돕는 것이기 때문이다. 비록 불법이라지만 그녀는 이렇게 많은 여성들을 도우며 살아간다. 하지만 이런 베라의 생활에 불행이 닥친다. 수술을 받은 한 명의 여성에게 큰 문제가 생기면서이다.

이 여성은 다행히 응급치료를 받아 생명에는 지장이 없지만, 불법 낙태수술을 받은 사실이 밝혀지고, 병원 측에서 이를 경찰에 신고한다. 우연히도, 이 불행한 여성의 어머니가 베라와 예전에 알던 사이였기 때문에 경찰은 베라의 이름을 알아내고, 결국 베라의 집으로 찾아가게 된다. 경찰이 찾아가자 베라는 순순하게 낙태사실을 인정한다. 베라는 자신의 도움이 누군가에게 문제가 되었다는 사실을 알았기 때문이다. 베라는 경찰에게 모든 사실을 자백하고, 경찰서로 연행된다. 이 과정에서 상상하지 못했던 그녀의 과거가 밝혀진다. 바로 자신이 원하지 않은 사람에 의해, 원하지 않은 임신이 되어 태어났던 것이다. 평생 아버지를 모른 체 살아온 그녀는, 어렸을 때부터 어머니를 모시고 바르게 자랐지만, 아버지를 모르고 어렵게 자란 자신의 맘고생은 어느 누구에게도 말하지 못했던 것이다.

주노(Juno)

밴드에서 기타를 치고, 락의 계보를 외우고 다니며 영화에 대한 남다른 취향을 지닌 주노는 오랫동안 이웃에서 친구로 지낸 폴린 블리커와 성경험을 해보기로 한 뒤, 의도하지 않은 임신을 하게 된다. 세 번이나 확인한 끝에 낙태하기로 결심하고 병원을 찾아간 그녀지만, 마지막 순간에 생각을 바꿔 아이를 낳아 입양을 보내기로 한다. 이제 필요한 것은 가족의 동의. 고등학생인 딸의 임신에 충격을 받지만 가족들은 이 결정에 함께 하기로 하고, 적

극적인 지지자가 되어 그녀를 돕기로 한다. 주노는 아이를 입양할 가정을 찾아 벼룩시장을 뒤진 끝에 바네사와 마크 부부의 좋은 이미지에 반해 그들에게 아이를 보내기로 결심한다. 특히 남편인 마크에게 좋은 이미지를 받은 주노는, 초음파 사진을 보여주러 방문했다가 마크와 만나 영화와 음악 등에 대한 이야기를 나누며 그에게 호감을 느끼게 된다. 그러나 마크는 아내인 바네사와 나누지 못하던 취향의 공감을 주노와 나누며 자신의 결혼생활에 회의를 느끼게 되고, 결국 두 사람은 갈등의 폭을 메우지 못한 채 이혼을 하기에 이른다. 주노는 임신을 통해 육체적 변화 뿐 아니라 어른들의 세계에 발을 들여놓게 되면서 가정에 대해 진지하게 생각하기 시작한다. 자신이 이제껏 이상형으로 생각해오던 인물에 가까운 마크를 생각하고, 어려서 자신을 버리고 떠난 엄마에 대한 기억 때문에 주노는 이상적인 어머니 상을 바네사에게 요구하는 자신을 발견하게 된다. 본인이 비록 완벽한 가정에서 살아온 것은 아니었지만 주노는 분명 자신의 가족과 친구, 삶을 사랑하고 있었다. 그런 결론 끝에 주노는 바네사의 가정 안에서 희망을 발견하고, 결국 그녀에게 자신의 아이를 맡기기로 결정하게 된다.

이 영화는 우리나라에서 제작되었던 '제니, 주노' 와 비교할 수 있다. 이 영화에서 제니도 고등학생의 신분으로 임신을 하고 현실을 받아들이고 낙태하지 않고 애를 낳기로 한다. 그러나 풍토나 분위기 자체가 미국과 우리나라는 많이 다르다. 영화 '주노'에서는 친구에게 임신사실을 알리고 상의를 한다. 그러나 한국에서는 친구에게 말하기가 어렵다. 또 주노는 친구와 함께 부모 앞에서 임신 사실을 밝히고 입양계획까지 알린다. 그러나 한국에선 모두가 다 알아도 그 부모는 모른다. 알게 될 경우 맨 마지막에 알게 된다. 왜냐면 그 사실을 절대로 믿으려 하지 않기 때문이다. 그리고 영화 '주노'에서는 배안에 있는 아기의 아빠가 누구인지 밝혀도 주노의 부모는 아기 아빠에게 어떤 요구도 하지 않는다.

4개월 3주 그리고 2일(4 months, 3 weeks and 2 days)

1980년대 루마니아를 배경으로 한 이 영화는 낙태수술이 금지된 국가에서 원치않는 임신을 한 여성이 우여곡절 끝에 불법낙태수술을 받는 동안 수반되는 고통과 어려움, 수술끝에 받는 정신적 충격과 후유증에 대해서 생각해보게 하는 영화이다. 영화는 일상적인 두 여대학생의 기숙사 생활로 시작한다. 1987년의 루마니아를 배경으로 지극히 평범한 대학생들의 대학생활을 낱낱이 보여준다. 원하는 담배를 구하기 위해 캠퍼스 전체를 다 돌아다녀야 할 만큼 불안한 사회상을 지닌 루마니아에서 곧 낙태수술에 들어갈 여대생의 불안한 심리를 엿볼 수 있다. 영화의 주인공인 오틸리아와 그녀의 친구인 가비타는 여행을 가는 것처럼 짐을 싸면서도 두 주인공의 얼굴은 밝지 않다. 오틸리아와 가비타의 얼굴에는 어두운 긴장감이 영화 내내 감돈다. 처음에는 그 실체를 알 수 없지만 가비타에게 닥쳐온 낙태라는 무거운 현실이 고개를 드는 순간이기 때문이었다.

오틸리아가 가비타의 낙태수술을 위해 호텔방을 잡는다. 전화상으로 예약했지만 처리를 확실하게 하지 못해 첫 번째 호텔의 예약은 물거품이 된다. 더군다나, 불친절하고 무시하는 투의 호텔직원의 태도에 오틸리아는 더욱 의기소침하게 되어 버린다. 결국, 돈을 세 배나 내고 힘들게 잡은 두 번째 호텔에서 가비타는 수술을 받게 된다. 오틸리아는 수술사를 직접 길에서 만나서 호텔로 데려온다. 수술사의 차에 타는 순간부터 수술사가 호텔에 와서 수술을 하기까지 연속적으로 이어지며 나타나는 수술사의 퉁명스러운 태도는 낙태가 얼마나 힘든 일인가를 알 수 있게 해준다. 이 장면에서 수술자는 가비타와 오틸리아가 자신에게 거짓말을 해서 수술을 하기 어렵다고 설명한다. 가비타가 처음에 수술을 의뢰했을 때에는 3개월이라고 하였으나, 수술자가 진단을 해 본 뒤 임신 4개월임이 들통 나 버리고 가비타는 불리한 상황에 처하게 된다. 수술자는 3개월 이후부터는 낙태가 아니라 살인이 된다고 가비타에게 잔인하게 이야기한다.

수술자는 자신의 유리한 위치를 한껏 활용하여 두 여대생이 감당하기 힘든 큰 부담과, 그보다 훨씬 더 큰 육체적, 정신적인 충격을 안겨준다. 영화가 배경으로 하고 있는 1987년의 루마니아는 차우셰스쿠 독재정권이 지배하던 시절로 낙태를 인정하지 않고 있던 상태였기에 더욱 그러하다. 이런 불법성으로 인해, 가비타는 음성적인 낙태를 할 수 밖에 없게 된다. 약자입장의 가비타는 불리한 조건에서도 어쩔 수 없이 낙태를 하게 되고 친구 오틸리아의 몸마저 버리게 된다. 이 영화에서 수술자가 택한 낙태수술은 채 5분도 진행되지 않고 빨리 끝나버린다. 허무할 정도로 간단한 수술에 어이없어 하는 오틸리아와 가비타 앞으로 수술자는 몇 마디만 던지고 사라져 버린다.

수술을 받고 침대에서 누워있어야 하는 가비타를 내버려둔 채 오틸리아는 남자친구 어머니의 생일잔치에 참석하기 위해 이동한다. 친구 가비타의 낙태수술이 머릿속을 가득 메우고 있는 오틸리아에게 생일잔치의 분위기는 전혀 어울리지 않다. 오틸리아 주위 사람들이 하는 즐겁고 일상적인 대화는 단지 사치일 뿐이고 그녀에겐 관련 없는 일일 뿐이다. 남자친구에게 짜증을 한껏 낸 그녀는 다시 호텔로 힘겹게 돌아온다. 사산된 태아를 화장실에 두고 두려움에 떨며 침대에 누워있는 가비타를 본 오틸리아는 태아를 봉지에 싸서 한 아파트의 쓰레기통에 버린다. 오틸리아는 호텔로 돌아와 가비타와 함께 식사를 한다. 그녀들은 아무 일도 없었다는 듯이 식사를 하지만 얼굴의 어두움은 가시지 않는다. 주문을 받으러 온 웨이터가 고기를 내어 오는 것을 보고 두 사람은 역한 표정을 짓는다. 썰은 고기와 버려진 태아가 그들의 마음에서 동일화되었나보다.

낙태란

앞의 영화들과 같이 요즘 우리 사회에서 낙태는 음성적으로 성행하고 있다. 하지만 많은 사람들은 낙태의 위험성을 모를 뿐만 아니라 낙태의 법적 허용선 조차 모르고 있다. 그렇다면 우리사회의 낙태의 실태와 법적 허용범위는 어떠할까? 이에 대해 알아본다. 낙태란 자궁 내에서 발육중인 태아를 분만에 앞서 중절을 하고 꺼내는 일이다. 즉, 태아가 모체 외에서 생명을 유지할 수 없는 시기에, 자궁 내의 태아를 죽여 임신을 중단시킬 목적으로, 태아를 모체밖으로 배출시키는 행위이다. 현재 우리나라에서는 연간 낙태 건수를 정확하게 통계내기 힘들다. 이는 낙태수술을 한 병원이 공식적으로 수술을 하도록 체제가 정비되어 있지 않고 있으며 대부분의 비합법적인 낙태는 의료보험 대상에서 제외되고 있기 때문에 의료보험제도로도 파악이 되지 않으며 낙태수술을 받은 사람들은 자신의 낙태사실을 밝히기를 꺼려하고 있으며, 낙태수술을 한 산부인과 또한 자신의 병원에서 수술한 횟수를 밝히기를 거부하기 때문이다.

최근 보건복지부가 실시한 '전국 인공 임신중절 실태조사' 결과에 따르면 연간 낙태수술 건수는 약 35만 건으로 추정된다. 그 중 10건 중 4건은 미혼 여성이 받고 있는 것으로 나타났다. 또한 낙태수술의 약 95% 이상이 불법으로 행해지고 있다고 판단된다. 여성들의 낙태 수술 당시 96%가 임신 12주였으며, 10대의 경우 12%가 12주가 지난 뒤 수술을 받았다. 이는 낙태를 시행하는 여성들이 자신의 임신 사실을 숨기다가 뒤늦게 낙태를 받기 때문이다. 15~44세 여성의 연간 낙태건수는 1,000명당 평균 29.8명이며, 이는 네덜란드(6.5건) 독일(7.6건) 미국(22건) 등 다른 OECD 국가들보다 훨씬 높은 것이다. 연령별로는 20~34세 연령층이 전체의 69%에 달했는데, 미혼 여성의 경우 20~24세(51%), 기혼 여성은 30~34세 연령층(34%)의 낙태수술이 가장 많았다. 앞서 제시한 영화들에서도 거의 미혼여성이 임신을 한 경우에 낙태를 감행하는 경우를 나타내었고, 그 중 대부분이 20대라는 것을 확인할 수 있었다. 이처럼 현재 우리나라의 낙태율은 선진 국가들에 비해 높게 나타나고 있다. 그렇다면 왜 낙태가 이루어지나?

낙태의 이유는 미혼 여성과 기혼 여성에 있어 차이를 나타내고 있다. 미혼 여성의 경우 주로 미혼, 미성년자, 경제적 어려움 등 사회·경제적 이유로 낙태를 하는 경우가 95%인데 반하여 기혼 여성의 경우는 자녀를 원치 않거나, 자녀 간 터울 조절 등 가족계획의 이유로 낙태를 하는 경우가 75%를 나타냈다. 일반적으로 낙태의 원인을 크게 3가지로 나눌 수 있다.

우선 첫 번째 원인으로 혼전관계와 미혼모의 증가로 볼 수가 있다. 사회가 서구화됨에 따라 성 개방이 급속도로 진전이 됐다. 성 개방은 혼전관계를 만연하게 만들었다. 또한 피임에 대한 무지한 상태에서의 혼전관계는 대부분 원치 않는 임신을 초래했다. 이렇게 하여 임신한 다수의 미혼모들은 낙태를 통해 문제를 해결하려고 한다. 영화 '더 월'의 세 번째 이야기에서는 시대가 변해 성적으로 개방된 사회에서 살고 있는 대학생인 크리스틴이 가정이 있는 교수와의 혼전관계를 통해 원치 않는 임신을 하게 되고, 이를 낙태라는 방법을 통해 해결하려고 하는 모습을 보여주고 있다. 여성가족부가 실시한 '미혼모 현황 및 욕구조사'에 따르면 미혼모의 66%가 '교제 중 원치 않게 임신'을 한 것으로 가장 높게 나타났고, 16%가 '피임에 실패해서'로 나타났다. 이것은 미혼모들이 대부분 아이를 원하지 않는 상황에도 불구하고 피임을 하지 않았거나 피임 방법을 제대로 몰라서 피임에 실패했다고 볼 수 있고 이는 낙태로 이어진다.

두 번째 원인으로는 남아선호 사상을 들 수 있는데, 유교적 가부장제도 사회에 뿌리를 두고 있는 한국 여성들은 핏줄을 잇기 위해 아들을 낳는 데 의미를 두었다. 이는 과거에서부터 가통을 중시해왔기 때문이다. 가통은 부계를 통해서만 이어져 왔고, 생활 규범과 사회제도를 정착시켜 사회를 이끌어 가는 데 중요한 역할을 수행해왔다. 이에 따라 과거 여성들은 아들을 낳지 못하면 온갖 고초와 박대를 당하기 일쑤였다. 과거에는 아들을 낳지 못하면 씨받이를 받아들이는 것도 관행처럼 이어졌다. 이는 영화 '씨받이'를 보면 알 수 있다. 우리나라의 남아 출생 비율의 차이는 세계 최상위권이라 해도 과언이 아니다. 이는 전통적인 남아선호사상과 낙태 등에 의해서 선별적으로 남자 아이의 출산이 많기 때문이다.

우리나라의 여자아이 100명당 남자아이 출생 비율은 2002년에는 110.0명, 2003년에는 108.7명을 기록했다. 이는 세계 45개국을 조사한 결과 4위에 해당한다. 출생 순위별 성비는 첫째 아이와 둘째 아이의 남녀 성비는 여자아이 100명당 104.9명, 107.0명이었다. 그러나 셋째아이의 남녀 성비율은 136.6명이라는 기록적인 숫자를 나타냈다. 이는 첫째 아이와 둘째 아이가 모두 딸일 경우 아들을 낳기 위해 셋째를 출산하는 경우가 있고, 이 과정에서 낙태를 동원해서 선별적으로 남자아이를 낳았기 때문이다. 이는 아무리 시대가 바뀌어도 남아선호 사상이 뿌리 깊게 자리 잡혀 있기 때문이다.

세 번째 원인으로는 강간, 근친상간에 의한 임신 및 유전적 기형아 출산을 말할 수 있다. 영화 '더 월'의 첫 번째 이야기에서 형수와 시동생이 한차례의 잘못된 관계를 가짐으로써 임신을 하게 된다. 그리고 '사이더 하우스'에서도 로즈라는 흑인 노동자가 자신의 딸과 성관계를 맺고 딸을 임신시킨다. 이처럼 근친상간으로 임신하여 출산이 곤란한 경우나 강간과 같은 부정적인 임신으로 출산이 곤란한 경우 낙태를 수술하게 된다. 그리고 유전적으로 태아가 기형아로 판별될 경우 낙태가 수술된다.

위에서 제시한 것처럼 우리 사회의 낙태 비율은 매우 높다. 그렇다면 우리사회는 이런 낙태를 막을 법적 체계를 갖추고 있을까? 이에 대해 지금부터 자세히 들어가 보자. 현재 우리나라에서는 모자보건법, 형법, 의료법과 같은 불법 낙태에 대한 처벌법이 있다. 그러나 이러한 형법이 있는데도 불구하고 낙태가 성행하는 이유는 무엇일까? 이는 모자보건법의 낙태 허용 기준을 빌미로 삼아 법을 어떻게 해석하느냐에 따라 얼마든지 낙태를 실시할 수 있기 때문이다. 1962년 가족계획사업이 경제 발전의 필수 요건으로 인정되면서 1973년에 공표된 모자보건법은 인공적인 유산을 합법화하였다. 형법에 낙태죄를 명시하고 있지만 모자보건법으로 거의 대부분의 낙태는 허용이 되어 사실상 형법의 효용은 없는 것이나 다름없다고 할 수 있다. 과거 정부는 급격히 늘어나는 인구를 조절하기 위한 정책을 폈었다. 당시의 정책은 낙태를 유도했고 정부는 미성년자나 영세민이 원하지 않는 임신을 했을 때 낙태를 지원했다. 또한 정부는 셋째 아이를 출산할 때 의료보험의 혜택을 제외시켰다. 과거 이런 조치는 낙태를 조장하는 행위였다. 모자보건법 14조와 모자보건법 시행령 15조의 규정은 유전성 질환이나 전염성이 높은 질환, 근친 성관계에 의한 임신, 강간같은 경우 낙태를 허용하고 있다. 그러나 정상적인 임신도 강간처럼 사실 확인이 힘든 경우로 확대해석되어 이 법은 낙태가 정당화되는 데 악용되었다.

그렇다면 사람들은 과연 낙태에 대해 어떻게 생각하고 있을까? 낙태의 시각은 크게 두 가지로 나눌 수 있다. 하나는 태아의 생명보다 산모의 권리를 보다 더 중요시 여기는 경우이고 다른 하나는 그 반대이다. 우선 태아의 생명보다 산모의 권리를 중요시 여기는 찬성 입장에서의 면모를 살펴보도록 하자. '내배는 나의 처분에 속한다(Mein Bauch gehort Mir).'이는 진보적 경향을 가진 사람들이 극단적으로 외치는 구호다. 이들은 태아의 보호를 인정하기는 하지만 임산부의 권리 즉 임산부의 자기결정권이 태아의 생명보다 우선시 되어야 한다는 입장이다. 이들은 낙태는 원치 않는 임신의 결과로 생각하고 원치 않는 임신은 '생명'을 잉태한 상태가 아니라, '질병' 또는 '장애'로 인식한다. 의학적인 입장에서 보면 원치 않았고 계획에 없던 임신과 출산은 산모와 태아의 정신건강에 안좋은 영향을 끼친다. 즉 정서적으로 불안 상태를 초래한다.

또한 원치 않았던 임신은 막중한 부담감을 더해준다. 다시 영화로 들어가면 '더 월'의 두 번째 이야기에서 바브라 가족의 입장을 예로 들 수 있다. 영화에서 바브라는 계획에 없던 임신을 하게 되고 딸과 친구로부터 낙태를 제안받는다. 경제적 어려움 그리고 자신의 목표를 고려하여 낙태의 선택에 있어 고민을 하게 된다. 영화에서는 결국 낙태를 포기한다. 이런 상황은 사회에서 흔히 일어난다. 특히나 저소득층 여성이라든지 가족 수와 아동 수가 많은 여성, 아동이 이미 다 성장한 여성에게서 볼 수 있다. 그밖에 미혼여성이나 이혼 준비 중인 여성, 강간에 의한 임신, 불안정한 출산이 예정되는 경우 등에서 이와 비슷한 고민을 하게 된다. 이러한 처지에 처한 여성들은 낙태를 결정한다.

또한 공리주의와 페미니즘의 입장에서 낙태를 볼 수 있다. 공리주의적인 접근 방법은 우선 낙태를 하는 것과 행하지 않을 경우를 비교 평가하는 것이다. 아이를 출산할 경우를 살펴보면 아이를 출산할 산모의 건강은 악화될 수 있다. 그리고 태아는 가족의 경제적 부담감을 증가시키고 태아 역시 불행한 환경에서 양육된다. 그러나 낙태를 하면 위의 나쁜 결과를 피할 수 있다. 이처럼 공리주의적 입장은 낙태를 하는 것은 올바른 행위이며 무분별한 생명침해가 아니라고 판단하는 것이다. 페미니즘 입장에서는 태아의 책임을 여성 혼자서 지고 있다는 것이다. 원치 않은 임신은 여성의 자기 신체에 대한 권리를 제기하는 것이다. 이에 따라 페미니즘의 시각은 성적 자율권 확보의 차원에서 낙태를 허용하여야 한다는 것이다. 그러나 페미니즘 관점에서 낙태를 찬성하는 것은 결코 태아의 생명을 경시한 결과는 아니다. 페미니즘은 낙태를 성적 자율권 확보의 차원에서 접근하는 것이며 여성의 자기

결정권을 확보하는 것이 목표이지 무분별한 낙태를 허용하자는 것은 아니다. 영화에서의 낙태도 페미니즘 입장에서 바라볼 수 있다. '더 월'의 세 번째 이야기에서 미혼인 대학생 크리스틴은 기혼인 교수와의 관계를 통해 임신을 하게 되지만, 교수는 가정이 있다는 이유로 크리스틴을 피하게 된다. 크리스틴은 혼자 남겨져 원치 않은 임신에 대한 부담을 가져야 했으며, 이에 대한 크리스틴의 선택으로 낙태를 하게 되는데, 이는 태아의 생명을 경시하기 때문이 아닌 여성 혼자만으로 임신유지가 힘들기 때문에 결정할 수밖에 없던 여성의 선택권이라고 보는 것이다.

지금까지 낙태를 찬성하는 입장에 대해 알아보았다. 그럼 이제 낙태를 명백한 살인이라고 여기며, 산모의 선택보다는 태아의 생명을 중요시하는 사람들의 입장에 대해 살펴보기로 한다.'낙태는 살인이다(Abtreibung ist Mord).' 보수적인 입장의 사람들과 종교인들, 주로 기독교에서 낙태 반대 입장을 취하고 있다. 이들은 임신이 되는 순간부터 태아를 사람과 같이 하나의 생명으로 인정하고 보호하여야 한다고 주장한다. 또한 의학적인 문제점을 근거로 하여 낙태를 반대한다. 산모의 육체적, 정신적 건강의 문제점을 그 근거로 든다. 우선 산모가 낙태를 하면 단기적으로 여러 합병증을 유발하여 건강을 해친다. 예를 들면 자궁내막염이나 나팔관염, 난소염, 질염 등이 있다. 낙태는 일부러 자궁내막에 있는 태아를 강제로 긁어내므로 산모의 자궁에 많은 상처를 일으켜서 발생한다. 또한 장기적인 문제점이 발생되는데 임신실패율의 증가, 신생아사망률의 증가, 기형아출산율의 증가 그리고 태아사망률을 증가시킨다. 이런 육체적 문제점 외에도 낙태는 산모에게 정신적인 문제들을 일으킨다. 특히 낙태후증후군이라 불리는 스트레스성 장애를 일으킨다. 이 증상은 주로 낙태를 1회 이상 수술한 산모에게서 나타난다. 낙태를 경험한 여성들은 '더 월'에서 나타난 것처럼 낙태수술 후에 육체적으로 고통을 받고 있다. 또한 영화 '하얀 방'에서는 유산한 여성이 정신적인 고통을 받아 결국 극단적 방법인 자살을 선택하게 됨을 볼 수 있다. 따라서 이러한 이유를 근거로 들어 낙태를 반대한다.

그렇다면 이러한 증상들이 과연 여성들에게서만 일어날까? 답은 아니다. 낙태를 경험한 많은 여성들이 깊은 상처를 받지만 남편들 또한 이러한 상처로부터 자유롭지 못하다. 그들은 무력감·분노·죄책감·상실감 등으로 인해 자신의 감정을 잘 표현하지 못하고 때론 여성과 마찬가지로 우울증에 빠지기도 한다. 그들은 자신의 도덕성이 약했음을 깨닫고 책임감이 결여된 행동으로 인하여 감정 표현에 어려움을 겪는다. 자신의 가족을 부양하고 보호해야 하는 존재임을 깨닫고 그렇게 하지 않았다는 현실의 무게에 힘들어한다. 또한 앞에 나타낸 낙태 비율을 보면 알듯이 청소년의 낙태비율은 크게 증가하고 있다. 이처럼 청소년기에 낙태를 하면 성인으로 성장하는데 감정의 장애를 받는다. 특히 낙태후증후군들은 10대가 성장하면서 가장 흔하게 나타난다. 이런 증후군들은 장기간 지속되면서 그 치료는 쉽지 않다. 하지만 낙태에서 가장 큰 고통을 겪는 이는 여성 즉, 당사자이다. 낙태를 한 여성은 정신적인 고통뿐만 아니라 육체적 고통을 떠안게 된다.

결론

현재 우리나라는 과거에 비해 성관계에 있어 보다 자유로워졌다. 이와 더불어 혼전임신율이 과거에 비해 증가하였다. 이로 인해 많은 여성들이 극단의 조치로 낙태를 선택하고 있다. 그리고 남성들에 비해 여성들이 낙태에 대해 커다란 부담감 및 고통을 안고 있다. 또한 우리 사회는 전통적인 남아선호사상이 팽배하고 서구 문화의 유입으로 이기주의, 개인주의적 사고가 급격히 증가하고 있다. 이에 따라 산모의 건강에 조금만 문제가 생긴다든지 발달된 의학 기술의 보급으로 아이의 성별을 분간하였을 때 낙태를 하는 경우가 많다. 이러한 것은 남아선호사상이나 이기주의, 개인주의에 의해 일어나는 것이다. 이처럼 사회전반에 걸쳐 문제가 되고 있는 낙태의 해결방법은 어떠한 것이 있을까? 대안으로는 크게 예방적 차원과 사회적 차원으로 나눌 수 있다. 그렇다면 우리는 낙태를 어떻게 예방할까?

구성애의 성교육이라든지 최근 텔레비젼이나 학교 교육에서 성교육이 실시되고 있다. 이는 다소 늦은 감이 있지만 바람직한 현상이다. 그러나 어떤 성교육들은 너무 피상적이거나 원론적인 것을 추구한다. 그러나 이러한 방법 보다는 동기를 부여 받을 수 있도록 정확한 의학 정보를 제공하며 현실에 입각하여 성교육을 실시해야 한다. 또한 남성들은 가부장적인 성의식을 버리고 자신 또한 임신에 있어서 책임의식을 가져야 한다. 정확한 성교육은 원치 않는 임신을 감소시키고, 남성들의 성의식 전환은 낙태 예방에 큰 힘이 될 것이다.

그러나 이런 예방 방법만으로 과연 낙태율이 눈에 띄게 줄어들까? 한 조사에 따르면 사회적 차원에서 보다 많이 지원한 나라일수록 낙태의 수술 비율은 낮게 나타났다. 그렇다면 세계에서 최고의 낙태율을 나타내는 우리나라는 어떻게 해야 할까? 사회적 차원으로 해결 방안에 대해서도 생각해 볼 필요가 있다. 우선은 미혼모를 보호하고 입양을 격려하여야 한다. 우리나라는 미혼모에 대해 매우 부정적이다. 많은 미혼모들은 이런 인식을 참지 못하고 낙태를 실시하고 있다. 그러나 미혼모들에게 관심을 갖고 아기를 낳고 기를 수 있는 환경을 만들어 준다면 낙태를 선택할 확률은 감소할 것이다. 영화 '주노'에서 보면 실수로 임신한 주노가 낙태하지 않고 입양하려고 애쓰는 모습이 보인다. 많은 선진국들은 입양에 대한 지원을 강화하고 있다. 따라서 제도적으로 입양에 대한 지원을 강화시켜야 하며 입양 또한 친자식 못지않게 소중하며 이들을 통해 하나의 가정을 꾸릴 수 있음을 인식하여 사회적으로 입양문화를 확산시켜야 할 것이다.

출산지원 또한 하나의 방법으로 제시할 수 있다. 현재에도 경제적으로 큰 어려움을 겪는 가정이 많다. 이들은 경제적 어려움으로 뜻하지 않은 출산을 고민하며 갈등하다 낙태를 선택하는 경우가 다소 있다. 이처럼 경제적 어려움 때문에 낙태를 고민하는 가정에게 정부는 재정적 지원을 해주어야 한다. 적극적으로 가정을 보조함으로써 낙태를 막고 한가정의 파탄을 막을 수 있다. 마지막으로 상담지원을 통해 낙태를 예방할 수 있는 방안이 있다. 미혼모의 다수는 원치 않는 임신을 할 경우 혼자서 전전 긍긍하다가 어떠한 도움을 받지 않고 낙태 수술을 하는 경우가 많다. 이는 수치심으로 인해 혼자만의 비밀로 하려는 심리 때문이다. 이런 여성들의 상담을 위한 시설은 극히 미약하다. 또한 많은 미혼모들은 이러한 시설이 있는지 조차 모르고 있다. 이에 미혼모들이나 기혼모들이 올바른 의사결정을 내리고, 안전한 의학적 조언을 들을 수 있는 상담 센터의 수를 늘리는 것이 필요하다. 이는 정부 차원에서 이루어져야 하며 많은 홍보를 통해 여성들이 쉽게 접근할 수 있게 해야 한다.

4

대리모 이야기

'씨받이' 라는 용어는 한국인에게 낯선 단어가 아니다. 조선시대에는 아들을 낳지 못하는 양반집에서는 은밀히 씨받이를 통해 아들을 낳았다. 이는 유교적인 사상 속에서 혈연관계를 중시하는 경향으로부터 나온 것으로, 현재 대리모라 불리는 것과 비슷한 역할을 하는 것이다. 다만 씨받이라는 것은 직접 수정을 하는 대리모로서의 성격이 강하다고 할 수 있다. 최근에 불법적인 대리모 거래에 대한 관심이 증가하면서 언론에서는 대리모 행위를 '생계형 자궁 임대' 라고 표현하였다. 이것은 금전을 위해 자신의 몸을 거래하는 행위이기 때문이다. 인터넷 포털사이트를 통한 매매는 지속적으로 일어나고 있고, 한 신문사의 취재팀이 대리모 지원자를 구하는 글을 올리자 하루에도 20여 명의 지원자가 메일을 보냈다. 지원하는 여성들은 대부분 아이에 대한 권리를 갖지 않겠다는 서약을 하지만, 많은 사례에서 나타나듯이 10개월간의 임신기간동안 대리모에게는 모성애가 생겨나게 된다. 이는 출산 이후에 의뢰 부부와 대리모 사이에 아이에 대한 권리 다툼이 생길 수 있는 요인으로 작용한다. 도덕적, 윤리적, 법적 문제와 밀접히 관련되는 대리모에 관해 살펴본다.

영화 이야기

씨받이

때는 죽은 자가 산 자보다 우대받던 조선 시대이다. 대가집 종손 신상규의 어머니와 숙부 신치호는 신상규와 그의 부인 윤씨 사이에 자식이 없자 씨받이를 들이기로 결정한다. 그리하여 신치호는 씨받이를 간택하기 위하여 씨받이들이 모여 사는 옹문골에 가게 된다. 옹문골에서 신치호는 필녀의 딸 옥녀를 보게 되고, 옥녀가 아들을 낳을 상이라 어리지만 옥녀를 씨받이로 데려가려고 한다. 옥녀의 어머니인 필녀 역시 씨받이였기 때문에 씨받이의 생활이 어떤지 잘 알고 있어 옥녀를 보내려 하지 않지만, 결국 가난 때문에 옥녀를 보내게 된다. 옥녀는 옹문골에서 아들을 낳는 의식을 받고 눈을 가리고 가마를 탄 채 신상규의 집으로 가게 된다. 옥녀는 그곳 별채에서 씨받이 생활을 시작하는데, 처음에는 기름진 음식에 편한 생활에 좋아한다. 그러나 바깥출입이 금지되어 있어 시간이 갈수록 외로움을 느끼게 된다. 한편 신상규는 윤씨를 배신할 수 없다고 씨받이에 반대하지만, 어머니와 숙부의 회유와 꾸중에 결국 동의를 하게 된다. 옥녀는 아들을 낳기 위해 달의 정기를 흡수하는 호흡을 하는 등 많은 노력을 하고, 날짜에 맞춰 신상규와 합방을 하게 된다. 첫날밤 이후 옥녀에게 반한 신상규는 별채의 출입이 잦아지고, 이 때문에 옥녀는 신상규의 어머니와 윤씨에게 매질을 당한다. 그러나 신상규와 옥녀의 밀회는 계속 된다. 얼마 후 옥녀에게는 태기가 나타나고 윤씨 부인은 그 때부터 자신도 마치 아이를 갖은 것처럼 입덧 등 임신 징후를 연기한다.

옥녀는 임신을 하자 어머니 필녀를 불러달라 하여 필녀와 함께 생활을 한다. 필녀는 신상규에게 폭 빠진 옥녀에게 떠날 때까지 그 집안의 돌멩이 하나에도 정주지 말라고 하지만, 옥녀는 들은 척만 한다. 집안에서는 옥녀가 아들을 낳기 위해 아들 낳은 집의 탯줄에서 고추를 빼와 달여 마시게 하고, 아들을 많이 낳은 집의 식칼을 노리개로 만들어 옥녀가 지니고 다니도록 한다. 이 와중에도 옥녀와 신상규는 계속해서 만나게 되고, 다시 이일로 인해 아이를 가진 옥녀 대신 필녀가 물볼기를 맞게 된다. 산달이 다 되어감에 따라 윤씨부인도 배에 솜을 넣으면서 아기를 갖은 척 연기를 하고, 결국 옥녀는 아들을 출산하게 된다. 하지만 옥녀는 아기에게 젖을 물릴 시간도 없이 아기를 윤씨의 품에 빼앗기고, 사례금으로 땅을 받고 쫓겨나 집에 돌아온 지 1년 후에 나무에 목을 매달아 자살하게 된다.

웨이 오브 더 건(The way of the gun)

이 영화는 떠돌이 인생을 사는 남자 두 명이 한 대리모를 납치한다는 내용을 중심소재로 삼고 있다. 그들은 바로 이곳저곳 돈을 찾아 떠도는 삼류 인생 파커와 롱바우이다. 영화는 파커와 롱바우가 어떤 커플과 시비가 붙는 장면으로 시작되는데 여자는 옆에서 남자를 믿고 쉴 새 없이 욕설하고 남자는 짐짓 큰 싸움이 나지 않길 바라는 듯 했다. 그런데 이 콤비는 다짜고짜 여자의 안면에 주먹을 날리는 게 아닌가. 예상을 뒤덮는 이 행동은 두 인생이 얼마나 삼류인가를 보여주는 장면이다. 이 삼류 콤비는 돈이 되는 것은 무엇이든지 가리지 않아 병원에 피나 정자를 팔기도 한다. 그러던 중에 그들은 우연한 기회에 엄청난 재산을 가진 부호의 대리모가 된 로빈의 이야기를 듣게 되고 그녀를 납치해 거액의 몸값을 뜯어내겠다는 생각으로 그녀를 찾아 나선다. 경호원 둘을 끼고 있는 대리모 로빈을 납치하기 위하여 호시탐탐 기회를 노리던 그들은 삼엄한 경비하에 그녀가 병원에 온 것을 발견하고 복면을 쓰고 급습한다. 경호원 두 명과 그들 간에 한바탕 총격전이 펼쳐지고 얼떨결에 그녀를 납치하는 데 성공한다. 그 후 이들은 멀리 가던 도중에 여자가 매우 아파하는 것을 보고 불안해 하여 의사를 부르는데, 그가 바로 엘렌 페인터이다. 험악한 분위기 속에 엘렌 페인터는 그녀의 상태를 진찰하고 파커와 롱바우는 그로부터 태아의 아버지가 거액의 재산을 가진 단순한 사업가가 아닌 돈 세탁업계의 대부 치덕이라는 사실을 알게 된다. 그러나 이후 로빈은 파커와 롱바우에게 자신이 대리모가 아니라는 사실과 그의 배우자가 페인터라고 밝힌다. 또한 자신과 페인터가 사랑하는 사이였고 자신이 대리모 행세를 통해 돈을 뜯어내자고 제안했다는 사실을 토로한다.

영화는 관계가 복잡하고 서로가 서로를 의심하는 상황으로 전개된다. 파커와 롱바우가 여자를 두고 어디로 가는 척 하면서 실제로는 근처 언덕 쪽으로 가서 숨는다. 멕시코 경찰과 숨어 있었던 마피아들 그리고 페인터와 경호원 두 명이 실랑이를 벌이던 찰나에 파커와 롱바우는 언덕쪽에서 이들을 향해 총격을 가한다. 한바탕 총격이 있은 끝에 경찰과 경호원 한 명이 죽고 페인터와 다른 경호원 한 명은 로빈을 데리고 남쪽 방향으로 탈출한다. 남쪽으로 탈출한 그들은 어떤 사막 마을에서 로빈의 분만을 진행시키려다 파커와 롱바우가 들이닥쳐 또다시 총격전이 벌어진다. 결국 파커와 롱바우는 돈가방을 챙기려다 총에 맞고 피투성이가 된 채 쓰러진다. 그리고 로빈은 마을 방 안에서 페인터의 도움으로 무사히 출산하고 영화가 끝난다.

파이어라이트(Firelight)

이 영화의 첫 장면은 1837년 겨울, 프랑스 북부 노르망디의 한적한 호텔에서 시작된다. 멀리 영국으로부터 건너온 두 남녀가 그곳에서 만난다. 잊기 위해, 바닷가를 거닐기 위해서 온 것이 아니고, 아이를 만들고자 사흘 밤을 묵기 위해서 온 것이다. 영국인 지주 찰스 골드윈과 영국에서 가정교사로 일하는 스위스 여인 엘리자베스는 사흘 밤을 함께 지내기 위해 그 곳에서 만난다. 태어나자마자 어머니를 여읜 엘리자베스는 아버지의 빚을 갚기 위해 급히 돈이 필요했고, 찰스는 부유한 아버지의 유산을 상속받기 위해 대를 이을 자식이 필요한 상황이었다. 결혼 직후 찰스의 아내는 낙마 사고를 당해 식물인간이 되고, 찰스는 하는 수 없이 대신 아이를 낳아줄 여자를 구하게 된 것이다. 엘리자베스는 찰스의 신상에 대해 일체 알지 못한 채, 굴욕감을 참으며 첫 밤을 보낸다. 그러나 수치스러움은 시간이 지나면서 묘한 쾌락으로 바뀌고, 어느덧 엘리자베스는 찰스를 향한 애절한 사랑으로 괴로워하는 자신을 발견한다. 사흘 후, 영국으로 돌아가는 배 위에서 엘리자베스와 찰스는 작별 인사를 나누고 담담히 돌아선다. 엘리자베스는 찰스의 딸을 낳고, 아이는 곧바로 찰스에게 보내진다. 해마다 그 아이의 생일 때마다 엄마가 쓴 생일카드는 주소를 몰라 보내지 못하고 앨범에 거듭 봉인된 지도 일곱 해. 모정의 그리움만 숲에 눈 쌓이듯 쌓여만 갔다.

7년 후, 엘리자베스는 딸을 향한 그리움을 견디지 못하고, 찰스의 집을 수소문한다. 때마침 그 곳에서는 아이를 가르칠 가정교사를 구하고, 엘리자베스는 로리에라는 가명으로 교사로 채용되어 딸 루이자와 찰스가 살고 있는 영국 남부의 대저택으로 향한다. 찰스는 계약을 어긴 채 자신과 루이자 앞에 나타난 엘리자베스를 돌려보내려 하지만, 주위의 만류로 엘리자베스가 다른 일자리를 구할 때까지만 머물도록 허용한다. 어느새 일곱 살이 된 루이자는 고집스럽고 쌀쌀맞은 성격 탓에 가정교사를 수도 없이 내보내고 얼굴도 모르는 어머니에 대한 그리움으로 호숫가의 외딴 방에서 자기만의 세계에 갇혀 지낸다. 엘리자베스는 루이자와 상봉하지만 이미 미운 일곱 살 고집불통 망나니가 되어 버린 문제아가 생모를 알아볼 리 없다. 루이자는 "네 고향으로 꺼져 버려!"라고 일언지하에 거부 반응을 보이고, 찰스마저 비밀이 탄로 날까 두려워 전전긍긍한다. 찰스의 만류에도 아랑곳하지 않고 간신히 간청하여 얻어낸 한 달 유예 기간에 야생마 루이자를 길들이고자 힘겨운 나날을 보낸다. 처음엔 거칠게 반항하던 루이자도 시간이 흐르면서 열릴 것 같지 않던 마음의 문을 조금씩 열기 시작한다. 서서히 그림이 없는 카드의 글을 읽을 수 있게 되면서 배움에의 갈망도 커간다. 엘리자베스는 그런 루이자를 바라보며 다시는 떠나지 않겠다고 마음먹고, 루이자를 교육시키기 위해 힘겨운 나날을 보낸다.

병든 언니 대신 집안 살림을 꾸려 나가는 찰스의 처제 코니는 찰스에 대해 오래전부터 사랑을 품어오지만, 찰스는 오히려 엘리자베스를 향해 조금씩 타오르는 열정으로 괴로워한다. 급기야 두 사람의 가슴 속에서 솟아오른 열정은 격정적인 사랑으로 되살아난다. 엘리자베스를 향한 사랑이 깊어질수록 찰스는 지금껏 지켜왔던 아내와 가정에 대한 의무감이 조금씩 흔들리는 것을 느낀다. 그러던 중 목양업을 하던 찰스의 농장은 재정난으로 파산에 직면하고, 여전히 미동도 않은 채 시체처럼 누워있는 아내를 바라보며 찰스의 괴로움은 절정에 달하게 된다. 그리하여 어느 날 밤 찰스는 오래도록 미동도 않은 채 시체처럼 누워 있는 아내의 방에 들어가 난롯불을 꺼버리고 창을 열어놓아 이튿날 아침 아내가 싸늘하게 동사하게 한다. 장례를 치루는 동안 코니와 엘리자베스의 심정은 공범자의 심정으로 착잡하기 이를 데 없다. 그러나 부자인 아버지 유산을 기대했건만 유산은 커녕 방탕하게 일생을 보낸 찰스 아버지의 파산으로 그 집마저 내주어야하는 찰스는 비로소 과거로부터 자신을 탈피하며 자유로워진다. 아버지로부터의 부유한 재산을 바라던 그의 손에 엘리자베스의 사랑열쇠가 쥐어졌기 때문이다.

가정교사가 자기 생모임을 알게 된 루이자는 왜 자기를 버렸냐고 힐문하지만 엄마는 널 버린 게 아니라 팔았노라고 대꾸한다. 얼마에 팔았냐고 되묻자 내 평생 살 만큼의 돈이라는 대답을 듣자 루이자는 다행이라며 안심을 하고, 마침내 두 모녀는 서로를 꼭 끌어안는다. 루이자는 엄마의 사랑을 받지 못한 채 자라 엄마가 그리울 때면 호수 가운데 있는 정자로 가곤 했는데, 루이사의 입에서 새어나오는 엄마라는 소리는 얼어붙은 호수를 건너갈 때 깨진 얼음장 소리처럼 그동안의 앙금을 깡그리 걷어내기에 충분했다. 그렇게 단란한 한 가정이 되어버린 세 식구는 그 집에서 나와 눈 덮인 길을 떠나 마차를 타고 떠나면서 영화가 끝이 난다.

두 번째 사랑

영화는 장례식장에서 출발한다. 비통한 표정의 동양 사람들 사이로 한 금발의 백인여자가 보인다. 백인여자는 미국 사회에서 변호사로 성공한 한국인 앤드류의 부인인 소피이다. 앤드류의 아버지의 죽음을 추모하는 자리다. 앤드류의 어머니가 슬픔에 겨워 비틀거리자, 소피는 부축하려고 팔을 내민다. 하지만 시어머니는 그 팔을 모질게 내친다. 죄인처럼 고개를 떨구는 소피이다. 장례식장에서 돌아온 소피와 앤드류. 소피는 힘에 겨운 듯 의자에 주저앉는다. 그런 소피에게 와인잔을 내밀다가 앤드류는 갑자기 소피를 덮치며 성관계를 맺기 시작한다. 부부간의 성관계라기 보다 일방적인 성폭력에 가깝다. 게다가 앤드류는 자신의 아버지 장례식장에서 돌아와 슬픔에 잠겨있는 상태가 아닌가. 앤드류의 행동은 어떤 불안감, 속죄의식을 벗어나려는 몸부림으로 보이고, 소피는 그런 앤드류의 행동을 다 받아주며 자신보다 남편을 더 걱정하는 태도를 보인다. 소피는 아기가 생기지 않아 사랑하는 남편과의 결혼생활에 파경을 맞을 위기에 놓였다. 정작 문제는 남편에게 있는데, 주위의 시선 특히 시댁의 원망과 미움을 소피 혼자 다 받아야 한다. 불임클리닉의 진단결과 남편 앤드류의 정자가 건강하지 못하기 때문에, 소피가 임신을 할 수 없다는 것이다. 그럼에도 불구하고 시어머지는 '100일 기도'를 올리라는 등 소피에게 압력을 가하고, 손주를 보지 못하고 저 세상으로 가신 시아버지의 죽음을 마치 소피 책임인 것 마냥 밀어붙이고 있는 것이다. 그럼에도 불구하고 어떤 원망도 가지지 않는 소피이다. 남편과의 사랑을 지키기 위해, 다른 남성의 정자라도 받아 임신을 하고자 한다. 온갖 희생이라도 감수하고자 하는 것이다.

결국 소피는 남편을 꼭 닮은 불법체류자 한인남성 지하를 만나게 된다. 지하 역시 돈이 필요해 정자를 기증하려 하지만, 불법체류자인 신분 때문에 거부당한다. 소피는 지하를 찾아가 임신을 하게 해달라고 제의하며 관계를 맺을 때마다 요금을 지불하겠다고 한다. 매번 건조한 관계를 맺으며 양심의 가책을 느끼는 소피이다. 하지만 우연한 계기로 지하와 크게 말다툼을 벌이게 되며, 소피는 끝내 그동안 괴로웠던 심정을 폭발하듯 눈물을 보인다. 서로에게 서서히 마음을 열어가는 두 사람. 하지만 소피가 임신을 하게 되며, 지하와 소피의 관계는 끝이 나는 듯 보인다. 소피가 임신을 하자 앤드류는 자신의 아이를 마침내 임신했다라는 생각에 무척 기뻐한다. 소피에게 냉랭하던 시댁 식구들도 소피를 따뜻하게 대하며 임신 축하 파티까지 열어준다. 다시 남편의 사랑을 회복하고 가정의 평화를 찾은 듯 보이는 소피. 하지만 계속 지하의 모습이 마음 속에 맴돈다. 다시 지하를 찾은 소피. 서로를 그리워하고 있었던 두 사람은 격렬하게 관계를 맺는다. 여기서 소피의 태도에 변화가 보인다. 그동안 지하를 찾아 관계를 맺었던 것은 눈에 보이지 않는 압력 때문이었다. 아기를 원하는 앤드류와 시어머니 그리고 주위의 시선. 감정도 없는 관계를 맺으며 소피는 자신이 아닌 남을 위한 희생을 하고 있었던 것이다. 하지만 이번엔 아니었다. 이번엔 소피가 원해서 지하를 찾아갔으며, 자신이 원했기 때문에 지하와 관계를 맺었다. 그동안 자신을 위해 어떤 것이라도 할 줄 몰랐던 한 여성이 이제 자신이 원하는 것을 하게 되는 순간이다.

앤드류는 소피가 지하의 아이를 임신했다는 사실을 알게 되고 분노한다. 지하를 불법체류자 건으로 고소하고 소피에게는 낙태를 하라고 강요한다. "누구나 한번 실수는 할 수 있어. 그러니깐 처음부터 다시 시작하자. 그 아이를 지워." 소피는 그런 앤드류에게 침착하게 대응한다. "이 애는 당신 애가 아니야. 이 애는 내 아이야." 소피가 놀라운 변화를 보여주는 장면이다. 그동안 아이를 임신하고 출산하는 과정이 남편 앤드류를 행복하게 만들어주기 위한 것으로 여겼던 소피가 내 것을 주장하고 나선 것이다. 지하와의 만남도 자신이 원해서 이어 갔으며, 지하의 아이도 그 누구도 아닌 내 아이이기 때문에 소피 자신이 원하기 때문에 출산하겠다는 의지를 보여주는 장면이다. 영화는 바닷가에서 소피가 또 다른 아이를 임신 한 채, 3~4살로 보이는 아들과 한가롭게 시간을 보내는 장면으로 마무리된다.

솔로몬 형제(The brothers Solomon)

존 솔로몬과 딘 솔로몬은 연애를 무척이나 하고 싶어 하지만 매번 실패하는 어리숙한 형제이다. 영화는 이 솔로몬 형제가 채팅 사이트에 자신들의 프로필을 올리는 장면에서부터 시작한다. 두 형제는 연애에 참 서툴다. 마트에서 마음에 드는 여자를 만난 존은 무턱대고 여자의 장바구니를 계산한 뒤에 여자가 도망가지 못하도록 문을 막아서다가 경찰에게 붙잡히는가 하면, 채팅으로 만난 여자의 집에 인사를 간 딘은 여자의 아버지께 존경의 표시로 지나친 키스를 해서 쫓겨난다. 그러던 어느 날, 두 형제는 아버지가 위독하다는 충격적인 전화를 받게 된다. 병원에 도착한 두 형제는 의사로부터 아버지가 혼수상태에 빠졌다는 이야기를 전해 듣는다. 낙심해 있던 형제에게 의사는, 어떤 경우에는 환자가 간절히 원하던 것이 이루어지면 아주 상태가 나빴던 환자도 쉽게 회복할 수 있다면서 아버지가 마지막으로

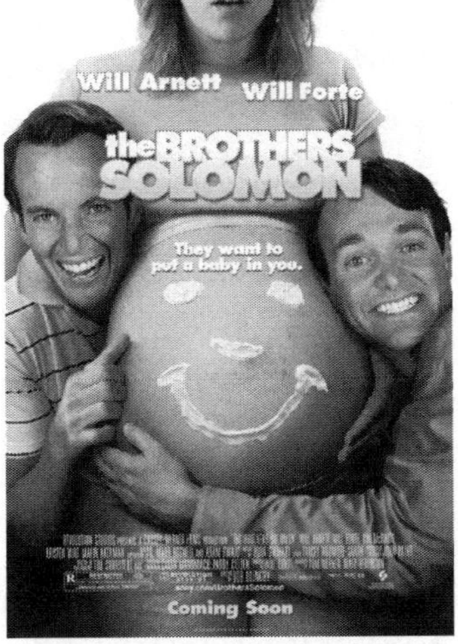

남긴 소망을 형제에게 전해 준다. 그것은 첫 손자를 보는 것이다. '아버지를 위해 아기를 만들자!' 라고 손 모아 외치며 본격적인 손자 만들기에 들어가는 두 형제. 닥치는 대로 선도 보고 만나는 여자마다 급하게 청혼도 해 보지만 역시나 서투른 그들은 번번이 실패한다.

두 형제는 최후의 수단으로 대리모를 구하는 광고를 인터넷에 올리게 되고, 다음 날 제닌이라는 여성에게서 연락이 온다. 하지만 20달러를 예상했던 존과는 달리 제닌은 대리모의 댓가로 10,000달러를 요구한다. 값을 흥정하려는 존에게 제닌은, 요즘 아기의 수요가 많다면서 가격을 흥정할 수 없다고 한다. 결국 흥정은 물 건너가고 10,000달러에 2,000달러를 더 지불하고 제닌에게 대리모를 부탁하게 된 솔로몬 형제. 며칠 후, 대리모 임신이 남녀 간의 직접적인 성관계에 의한 것인 줄 알았던 솔로몬 형제는 인공수정에 의해 이루어진다는 사실을 알고 크게 실망한다. 다음 날, 두 형제는 제닌과 함께 정자은행에 간다. 대리모 임신에 누구의 정자가 이용될지 궁금해 하던 존과 딘. 검사 결과 존이 정자 운동성이 없는 불임이라는 사실을 알게 되고 결국 딘의 정자를 이용하게 된다. 며칠 후, 대리모 임신은 성공적으로 이루어지게 되고 두 형제는 아버지의 소원을 들어드릴 수 있다는 사실에 무척이나 기뻐한다.

임신 첫 3개월. 두 형제가 아빠의 역할을 잘 해낼 수 있을지 무척이나 불안한 제닌은 두 형제에게 놀이터로 가서 함께 시간을 보낼 것을 권유하고 이에 두 형제는 놀이터로 가지만 서툰 행동으로 아동 성범죄자로 몰리게 된다. 이런 두 형제의 모습에 점점 더 불안해져만 가는 제닌. 다음 3개월 본격적으로 아빠가 될 준비를 하는 존과 딘은 아기 인형과 항상 생활하며 조금은 터무니없는 방식으로 육아 연습을 시작한다. 매트로 온 집안을 덮고 금속으로 된 엄청나게 튼튼한 아기 침대를 만드는 등 두 형제만의 방식으로 태어날 아기를 위해 최선을 다한다. 마지막 3개월 제닌과 함께 라마즈호흡 수업을 다니며 아기가 태어날 날만을 기다리는 존과 딘. 처음에는 두 형제를 불안해하고 이상하게 여겼던 제닌도 두 형제와 함께 지내는 동안 형제의 진심을 알고 좋아하게 된다. 출산을 얼마 앞두지 않고 분만호흡 교실에서 다른 산모를 만나게 된 제닌은 그 산모에게서 아이는 자신의 일부라며 첫 출산

때의 기분, 아이에 대한 애틋함을 들게 되고 자신이 아이를 얼마나 사랑하는지 알게 된다. 그래서 조심스럽게 두 형제에게 출산 후에도 가끔씩 아이를 돌봐주며 찾아와도 되겠냐고 묻지만, 제닌이 수고스러울까 염려 된 형제는 그럴 필요 없다고 말하고 이에 제닌은 상처를 받는다. 이 장면에서 두 형제는 앞으로 아이를 볼 수 없을지도 모르는 제닌에게 작은 배려로 초음파 사진을 액자에 넣어 선물한다.

며칠 후, 형제에게 제닌으로부터 편지가 도착한다. 편지의 내용은 자신은 아이를 너무나 사랑하기 때문에 출산 후에 아이와 헤어져야 한다는 사실을 받아들일 수가 없어서 아이를 데리고 떠난다는 것이다. 청천벽력과도 같은 소식에 두 형제는 제닌을 찾아 헤매지만, 결국 실패하고 둘은 크게 다툰다. 다툼도 잠시, 두 형제는 금방 화해를 하고 제닌을 찾기 위해 공중 광고를 내게 된다. 광고의 내용은 제닌과 아이를 떼어 놓을 생각은 전혀 없었으며, 함께 아이를 기르자는 것이었는데 형제가 낸 광고의 내용에, 'Look at the JENINE' 을 외쳐 달라는 것이 있다. 신기하게도 동시에 주변 사람들이 이 말을 외치기 시작하고 제닌은 이 광고를 보고 두 형제 곁으로 돌아오게 된다. 우여 곡절 끝에 제닌은 아들을 낳게 되고, 아버지의 이름을 따서 아이의 이름을 에드 솔로몬이라 짓게 된다. 에드가 첫 마디로 '할아버지' 라고 하는 순간 기적처럼 솔로몬 형제의 아버지는 눈을 뜨게 된다. 이로써 진정한 솔로몬 가족이 탄생한다.

폰

잡지사 기자인 지원은 원조교제 폭로기사로 인해 집요한 협박전화를 받는다. 그러나 이 범행자는 자기의 잘못을 뉘우치지 않고 이 여주인공 지원에게 핸드폰으로 자꾸 갖은 협박을 가하게 된다. 그러자 지원은 핸드폰을 바꿔야겠다고 결정한다. 그런데 그 핸드폰 센터에서 011-9998-6644 외에 다른 번호가 선택되지 않는 이상한 일이 발생하고, 그녀는 별 수 없이 그 번호를 사용하게 되나 번호를 바꾼 후에도 지원에게 끊임없이 걸려오는 괴전화가 생기고 이것은 지원을 더욱 불안하게 만든다. 동시에 우연찮게 친구 호정의 딸 영주는 무심히 지원의 전화를 받은 다음부터 이해할 수 없는 행동을 하기 시작한다. 성공한 사업가 창훈과 현모양처 호정, 그리고 티없이 맑은 딸 영주. 세상에서 가장 행복한 이들의 가정이 딸 영주의 이상한 변화로 갈등을 겪기 시작한다. 한편 지원은 그녀를 노리는 협박범의 집요한 추적으로 위험에 처하게 되는데 이때 지원의 핸드폰에 걸려온 잡음섞인 소녀목소리의 괴전화를 무심코 받아든 협박범은 극도의 공포에 사로잡혀 심장발작을 일으키며 숨을 거둔다. 계속되는 의문의 죽음과 핸드폰 번호에 무언가 관련이 있다고 감지한 지원은 자신의 핸드폰번호 이전 소유자들을 추적하게 된다. 전 소유자 3명이 의문의 죽음을 당했고, 그중 여고생 한 명은 실종상태임을 알게 된 지원은 실종된 여고생을 중심으로 사건을 조사하기 시작한다.

지원은 친구 호정의 딸 영주 대리모였다. 친구 호정은 불임으로 인해 친구 지원에게 수정란을 제공하여 지원이 대리모의 역할을 한 것이다. 그래서 친구 호정의 딸 영주를 볼 때마다 항상 그냥 아는 사람이 아닌 따뜻한 시선으로 보게 된다. 잡음 섞인 소녀목소리는 옛날 호정의 남편과 어떤 애증의 관계를 가졌던 여고생의 목소리로 밝혀지게 된다. 그러나 이는 원조교제로서 이뤄질 수 없는 관계였다. 그래서 호정의 남편은 그 여고생과 헤어지게 되고 호정은 이 여고생을 죽인다. 그러고서는 그 시신을 자기집 벽에 묻어 버리고 만다. 이로서 왜 그 귀신이 호정의 딸 몸속에 들어가 그 가정을 괴롭힌 이유를 이해할 수 있게 된다.

대리모

대리모는 아기를 낳을 수 없는 부부의 의뢰를 받아 대신 아기를 낳아주는 여성이다. 다시 말해 대리모는 타인의 아기를 낳아주는 여자이다. 넓은 범위로는 씨받이도 대리모라고 보고 있으나, 순수한 의미의 대리모란 성관계 없이 타인의 아이를 낳아주는 여자이다. 남편의 정자와 아내의 난자를 시험관에서 인공수정시키고 나서 아내 아닌 다른 여인의 체내로 이식하는 경우와 남편의 정자를 아내 아닌 다른 여성의 난자로 수정시키는 경우가 일반적인 대리모의 유형이다. 단순히 자궁을 빌려주고 아이만 출생시키면 대리모의 역할이 끝나는 것으로 볼 수도 있다. 그렇지만 한 생명이 탄생하기까지는 유전형질만큼이나 임신과정 그 자체도 중요하기 때문에 단순한 문제가 아니다. 대리모와 유전적으로 관련이 없는 부부의 정자와 난자를 이용한 수정란을 대리모에 착상시키면 유전적으로는 부부의 아이라고 할 수 있다. 그렇지만 임신과정 10개월 동안 대리모에게는 모성애가 생겨나게 된다. 또한 현행법에서는 대리모를 인정하지 않는다. 따라서 병원에서 주는 출생증명서에는 낳은 사람이 엄마가 된다. 그렇지만 대리모가 불법임에도 불구하고 아이를 낳지 못하는 부부에게는 유일한 선택이 되기도 한다.

다양한 여성질환으로 불임이 되는 경우는 세 가지로 나누어 볼 수 있다. 첫 번째, 난소기능은 정상적이지만 자궁이 없거나 선천성 자궁기형으로 임신을 유지하지 못하는 경우이다. 두 번째, 치명적인 유전질환을 갖고 있는 경우이다. 세 번째는 난소가 없거나 조기 난소부전증, 또는 유전질환이 함께 있는 경우이다. 그러면 대리모가 왜 존재하는가? '씨받이'에서 필녀는 집안이 너무 가난해 입에 풀칠하기가 힘들어 어쩔 수 없이 딸 옥녀를 대리모로 내놓게 되었고, '파이어라이트'에서도 엘리자베스는 아버지의 빚을 갚기 위해 급히 돈이 필요해서 대리모를 지원하게 된 것이다. 이처럼 대리모를 지원하는 사람들은 대부분 경제적 이유 때문이라는 것을 알 수 있다. 그럼, 대리모 수술 과정을 간략히 살펴본다.

대리 임신을 하기 전에 대리모 지원여성은 완전한 신체검진과 더불어, 여성의 난소가 얼마나 잘 기능하고 있는지 평가받는다. 이때 대리모는 상대적으로 젊어야 하며, 부작용없이 임신을 성공적으로 수행한 경력이 있으면 더욱 좋다. 또한 태아의 건강을 위협하는 요소(흡연, 음주, 마약, 위험한 성생활, 당뇨, Rh감작 질환 등)를 가지고 있지 않아야 한다. 감염여부에 대한 검사도 부부와 대리모가 될 여성에게서 필요하다. 남성배우자 정액의 질도 분석된다. 그리고 아기를 낳고 싶은 부부의 정자와 난자를 제공받아 체외수정을 시킨다. 그 다음 대리모는 배아를 이식하는 데 적당한 자궁 환경이 될 수 있도록 호르몬을 주입받는다. 마지막으로 부부로부터 유래한 수정란을 대리모의 자궁에 착상시킨다. 이렇게 대리임신의 과정에는 대리모의 희생이 절대적으로 필요하다. 따라서 대리임신 여성의 신체적, 정신적 고통에 대한 대가가 발생한다. 영화 '웨이 오브 더 건'의 사건 시작도 바로 이 대가로부터 일어난다. 또한 대리임신을 하는 여성의 심리적 치료의 불충분함도 문제이다. 영화 '씨받이'에서 옥녀는 계약 조건대로 대가를 받기는 했지만, 아이를 제대로 안아보지도 못한 채 쫓겨나게 되었다. 대리모가 아이에 대한 애정이 생겨 친권을 주장하는 심적 변화 사례가 가장 대표적이다. 처음 대리모가 나타나면 그 대가가 얼마이든 그 여성에 대해 고마워하지만, 출산 후에는 대리모의 존재 자체를 부정하고 싶어지기 때문이다. 부부가 모든 일을 마치고 나면 대리모를 거부하게 되고, 고통은 고스란히 대리모 여성에게 돌아가게 된다. 자신의 마음을 표현못하고 돌아서서 쫓겨 가야만 했던 옥녀처럼 말이다. 그렇다면 대리모에게 충분한 금전적 대가와 심리적 치료 등을 해주어 신체적으로 정신적으로 문제가 없게 되었을 때는 어떠한 문제가 또 있을까? 바로 여성의 존엄성이 하락하는 문제이다. 영화 '아일랜드'에서 커다란 공장에서 질서정연하게 놓여있는 인간복제 비닐 주머니처럼, 여성의 자궁은 아이를 생성하는 공장으로 전락해 버린다.

그러면, 대리모의 윤리적 문제에 대해 살펴본다. 현재의 법에 따르면 대리모가 낳은 아이의 법적 어머니는 대리모 여성이다. 따라서 대리모가 친권을 주장하는 경우가 발생한다. 인간발달에 있어서 임신 기간 동안 어머니와의 교감은 굉장히 중요한 것이다. 그리고 열달 동안의 시간에서 여성에게는 모성애가 만들어진다. 이것은 아이를 건강히 지키기 위해 어머니란 존재를 강하게 만드는 역할을 하게 된다. 따라서 대리모가 출산을 하고 나서 아이에 대한 애정이 생기고 친권을 주장하는 경우가 있다. 영화 '폰'에서도 대리모의 문제를 간접적으로 드러내고 있는데, 영화 속 주인공의 친구가 대리모를 해준 경우이다. 친구가 아이를 바라보는 눈빛에서 그 인물이 한 가족과 분리되는 단순한 제 3자가 아님을 감지할 수 있다. 그래서 대리모를 통해 아이를 갖게 된 여성의 불안 심리가 나타나다. 아이가 대리모를 해준 친구를 더 좋아할 것 같은 불안감, 다른 이의 난자와 자궁을 통해 아이를 갖은 부부간의 갈등, 부부간의 갈등 속에서 비롯된 아이에 대한 사랑의 결핍이 나타난다. 대리모로 인하여 이러한 가족공동체의 혼란이 야기되고 이것이 큰 파경으로 이어질 수 있다는 것이 영화의 메시지이다. 영화 '씨받이'에서 옥녀는 아이에 대한 모성애와 아이의 아버지에 대한 그리움으로 아이를 낳은 1년 뒤에 자살하게 된다. '파이어 라이트'에서도 대리모였던 엘리자베스는 딸에 대한 그리움으로 매년 딸의 생일 때마다 생일카드를 쓰게 되고, 결국은 찰스의 집에 찾아가 딸의 가정교사를 함으로써 딸에 대한 그리움을 채우고 결국은 딸인 루이사와 아버지인 찰스와 함께 사는 것으로 이야기를 맺게 된다. 이처럼 영화에서도 대리모를 경험했던 여성은 아이를 낳고 난 후에 아이를 잊지 못해 자살을 하게 되던지, 아이를 찾아가는 모습을 보여주었는데, 대리모의 아이에 대한 관계가 아이를 낳음과 동시에 끝나지 않음을 알 수 있다.

친권주장과 관련하여 또 문제가 되는 것은 대리모가 양육에 대한 간섭을 하게 되는 것이다. 대리모의 모권논쟁 사례인 '베이비 M 사건'의 판결에서 보더라도 당시의 법원에서는 대리모에게 아기를 만날 권리를 갖도록 결정했다. 베이비 M 사건(The baby M Case)은 다음과 같다. 불임 부부를 대신해 아이를 낳아주고 돈을 받기로 했던 대리모가 막상 아이를 낳자 아이에게 정이 들어 아기를 포기하지 않으려고 했다. 아기를 원하는 양측의 소망은 결국 법정까지 가서야 결론이 났고, 당시 법원은 부부가 친권을 갖고 대리모가 아기를 만날 권리를 갖는 것으로 판결했다. 1984년 생화학자인 윌리암 스턴과 소아과 의사이며 만성질환인 다발성경화증으로 임신할 수 없었던 부인 엘리자베스 스턴은 뉴욕 시에 있는 한 불임연구소에 찾아가 그곳의 알선으로 메리 벳 화이트헤드을 만나서 변호사의 개입하에 대리모 계약을 했다. 10,000달러를 받기로 하고 인공수정을 통하여 1986년 3월에 딸을 낳았다. 그런데 대리모인 화이트헤드는 출산 후 심경의 변화를 일으켜 10,000달러를 포기하고 아기를 자신이 키우겠다고 하여 문제가 되기 시작했다. 화이트헤드 부인은 스턴부부가 이를 거절하자 아기를 몰래 데리고 잠적, 스턴부부에게 전화하여 '아기를 포기하느니 차라리 함께 죽겠다'고 위협했다. 이렇게 되자 스턴부부는 경찰과 사립탐정에게 의뢰하여 아기를 찾아 왔고 화이트헤드 부인은 이에 맞서 법원에 제소하였다. 뉴저지 가정법원에서 열린 이 재판의 쟁점은 첫째로 대리모 계약의 법적 유효성과 둘째로 아이의 양육문제였다. 이 재판은 1987년 1월에 시작하여 거의 2년간 지속되었다. 재판장은 판결문에서 "화이트헤드는 아이의 감정을 이용하고 거짓말을 하는 등 아이의 장래에 대한 문제보다 자신의 욕심에만 치중했다. 그리고 대리모 계약은 법적으로 유효하므로 이 아이의 아버지는 윌리암 스턴씨이고, 엘리자베스 스턴은 법적 어머니이다. 화이트헤드는 계약에 따라 10,000달러를 받아야 한다. 아기의 장래를 고려할 때 안정적이고, 재정적으로 건실한 스턴부부가 보다 적절한 부모의 자격을 갖고 있다"고 판시하고 화이트헤드의 친권주장을 기각했다.

태아의 정체성 관련 문제도 빼놓을 수 없다. 아이가 성장하여 대리모 출산의 사실을 알게 된 경우 자신을 낳아준 어머니가 누구인지 때문에 많은 혼란을 겪는다. 또 아이에 대한 부모나 친지들의 심리적인 문제도 발생한다. 따라서 단지 부부의 만족심과 행복을 위해 대리모가 행해지는 일은 일어나서는 안 될 것이다. 또한 대리모는 금전 매매의 윤리적 가치 문제가 발생시킨다. 대리모는 수술과정 동안 신체적 정신적인 스트레스를 감수해야만 한다. 그래서 이에 대한 일정한 댓가를 지불하게 된다. 순수한 의도의 대리모가 매매의 수단으로 전락할 수 있다. 경제적으로 부유한 부부는 출산의 고통을 제3자에게 미룰 수 있다. 그들은 더 젊고 건강한 여성을 고용하여 대신 임신과 출산을 하게 할 것이다. 이에 비해 가난한 여성들은 대리모로 생계를 꾸려나갈 것이다. 앞서 제시한 영화에서도 가난한 여성들이 생계를 위해 어쩔 수 없이 대리모를 선택하는 것을 볼 수 있었다. 인간이 아기를 얻기 위한 수단으로 이용됨으로써 인간의 존엄이 저하된다. 즉 대리모가 노예적 착취구조로 작용할 수 있다.

또한 대리모가 기형아를 출산한 경우에는 심각한 문제가 발생한다. 대리모의 죄책감 뿐 아니라, 부부는 대리모에게 책임을 떠맡길 수도 있다. 그렇게 되면 아이의 친권을 서로 맡지 않으려 하고 하나의 생명체는 태어나자마자 버림받게 될 것이다. 의뢰부부가 임신기간 동안 계약을 파기할 경우도 발생한다. 계약파기 시점에 따라 많은 차이가 있을 수 있지만 대리모와 아이 모두에게 문제가 생긴다. 계약을 파기하는 의뢰부부는 계약서대로 물질적인 보상을 하면 그만이지만 대리모와 아이의 인생을 모두 처음으로 되돌릴 수는 없기 때문이다.

그러면 대리모의 법적 상황에 대하여 알아본다. 대한의사협회 윤리지침에는 대리모에 대하여 '금전적 거래 관계에 있는 대리모에게 인공수정 수술을 시행하여서는 안 된다.'고 규정하고 있다. 금전적 거래 외의 대리모의 출산은 가능하다는 암묵적 가능성이다. 현행 가족법에서는 출산한 여성에게 모권이 있다고 명시되어 있다. 즉 대리모를 통해 아이를 출산했다면 법적으로 아이의 엄마는 대리모 여성이 된다. 이것은 대리모 여성이 후에 아이에 대한 권리를 주장할 수 있는 법적 요인이 될 수 있다. 민법 제 103조에서 선량한 풍속이나 사회질서 위반행위에 의거, 대리모 계약 자체를 무효로 보고 있다. 그러면 각국의 대리모 입법상황은 어떠할까?

영국에서는 대리모를 사적으로 또는 비상업적으로 이용하는 자는 처벌의 범위에서 제외한다. 그러나 대리모를 상업적 목적으로 수술하는 자 및 기관에 대해서는 형사처벌한다. 독일에서는 대리모에 의한 인공수정이나 배아의 이식행위를 처벌하고 있다. 그러나 인공수정수술자나 배아이식수술자는 처벌되나 대리모 자신이나 출생을 위탁한 부모는 처벌 대상이 아니다. 스웨덴에서는 당사자와 관계가 없는 정자나 난자를 제공받는 일이나 대리모가 인정되지 않고 있다. 프랑스에서는 대리모출산 계약은 무효. 즉 타인에 의한 생식 또는 임신에 관한 모든 합의는 무효이다. 호주에서는 대리모에 관해서는 각 주마다 독립적인 법을 지니고 있는데 상업적인 형태는 물론 모든 대리모의 행위 자체를 금지하고 있다. 미국의 경우 베이비 M 사건 이후 각주에서 규제법의 제정이 추진되었다. 켄터키주, 미시건주는 대리모를 금지하고, 알라스카주, 워싱턴주는 대리모의 알선을 금지하며, 뉴욕주에서는 대리모 계약은 무효로서 강행할 수 없으며, 네브라스카주, 유타주는 유상의 대리모 계약을 무효화하며 무상의 대리모계약도 강행할 수 없으며, 플로리다주는 무상의 대리모계약을 유효화하며, 뉴햄프셔주는 법원의 사전 승인에 의해 대리모를 합법화한다. 이스라엘은 국가의 특성상, 대리모계약에 관해 허용하고 있는 태도를 보이고 있다. 희망 부부는 법률적으로 혼인상태이어야 한다. 대리모계약 시 정자를 제공받아서는 안 되고 난자의 제공만이 허용된다. 대리모는 독신이거나 이혼한 상태로 희망부부의 친척이어서는 안되며 익명으로 관계가 이루어져야 한다. 종교도 고려사항이 되고 있으며, 대리모를 행하는 여성의 동의가 중요시 된다.

그렇다면 대리모가 필요한 이유는 무엇일까? 그것은 자신의 아이를 가지고 싶은 인간의 본성이 가장 큰 이유이다. 특히 한국은 부계 혈통주의이므로 다른 핏줄에 대한 배타성이 자리 잡고 있다. 따라서 입양을 경시하는 사회적인 분위기가 형성되어 불임부부는 대리모를 간절히 원하게 되는 것이다. 그러나 한국과는 다른 서구사회를 보면 입양의 사례가 많다. 만일 입양문화가 적극적으로 변화한다면 불임부부의 해결책이 대리모가 아니다. 한국의 입양실태를 살펴보면 2001년 국내외 입양아의 수는 국내 입양 1,770명과 국외 입양 2,436명으로 총 4,206명이다. 입양이 보편화 된 독일에서는 1999년에 입양가능한 아동의 수가 5,337명이었는데, 입양을 원하는 대기자의 수는 14,524명이었다. 이렇게 입양을 원하는 부부의 수가 입양될 아동의 수를 초과하는 것은 서구 사회에서 보편화된 현상이다. 한국과 독일의 GDP를 기준으로 비교해 보면, 서독에서 국민 1인당 GDP가 6,749달러였던 1976년에도 입양가능한 아동의 수는 2,994명이었고, 입양대기자의 수는 17,909명이었다. 반면 한국 사회에서는 국민 1인당 GDP가 10,636달러에 이른 1996년에도 여전히 전체 입양아동 3,309명 중 2,080명의 아동을 해외에 입양시키고 있다. 핏줄을 중시하는 한국사회가 한국인의 핏줄을 지닌 수많은 아이들을 외국으로 입양 보낸다는 것을 어떻게 해석해야 할까?

입양을 가로막는 요소를 사회적인 부분과 개인적인 부분으로 분류해 보면 다음과 같다. 우선 사회적인 요소에는 부계혈통주의가 가장 크고 이것은 2008년 전에 있었던 민법으로 인해 더욱 고취되었다. 민법에서는 입양가족의 희망과 의사를 외면한 채 양자가 양부의 성을 따를 수 있는 길을 막고 있었다. 또한 이러한 사회적 분위기로 인해 다른 핏줄을 지닌 아이에 대해 배타성이 생겨나고 곧 국내 입양의 활성을 저해시키는 결과를 초래한 것이다. 다음으로 개인적인 요소를 살펴본다. 부모는 아이의 혈통이나 유전병을 알지 못한다는 것에 불안함을 느낀다. 또 입양한 아이를 친자처럼 사랑할 수 있을지에 대해 자신없어 한다. 그 외에도 아이가 성장하여 생부모를 찾아 갈 것, 아이가 입양되어진 사실을 알게 되었을 때의 충격, 아이를 입양하고 싶어도 경제적으로 여건이 안 되는 것 등 개인적 요소가 작용하게 된다.

대리모에 관한 고찰

대리모제도는 불임여성의 기본적인 갈망이 채워지고, 부모 자신의 유전자를 물려받는 아이를 갖는다는 측면도 있다. 하지만 대리모의 건강에 문제가 생겨도 대리모가 보호될 수 있는 장치가 미비한 점, 태어난 아이가 기형아일 때 발생되는 문제점, 출산 과정 중 의뢰부부의 이혼 등의 생각지 못한 환경변화에 따른 문제점 등 대리모의 부정적 측면이 있다. 또 대리임신 과정에서 대리모의 희생은 절대적으로 필요하다. 여기에서 중요한 점은 인간이 아기를 얻기 위한 수단으로 이용됨으로써 인간의 존엄이 사라지게 되는 것이다. 해외에서는 불임부부가 아이를 입양하는 것에 익숙한 반면 국내에서는 입양하는 것이 특별한 것으로 받아들여지고 있다. 이제는 대리모 임신보다는 입양이 권장된다.

5

인간유전체연구 이야기

인간유전체연구의 완성은 20세기 과학의 역사에서 원자폭탄의 개발이나 아폴로 11호의 달 착륙보다 더 큰 사건으로 기록될 만하다. 1953년 왓슨, 크릭이 DNA의 이중나선 구조를 밝히면서 출발한 분자생물학은 반세기만에 놀라운 성과를 일구어냈다. '인간이라는 책의 모든 내용을 밝히기 위한 대장정' 이라 불린 이 프로젝트는 온 세계를 들뜨게 했다. 온갖 난치병이 예방 또는 치료되고 노화가 극복되어 수명이 연장되는 화려한 미래가 펼쳐지리라 예상했기 때문이다. 그러나 세상에 존재하는 모든 것에는 양면이 존재한다. 양이 있으면 음이 있듯이 인간유전체연구에도 어느 누구도 간과할 수 없는 위험이 도래하고 있다. 과학과 사회는 떨어져서 존재할 수 없다. 과학의 발전은 인간의 생활을 보다 편리하게 충족시키기 위해서이고, 사회는 그러한 인간들이 살아가는 터전이기 때문이다. 그렇기 때문에 과학기술은 단순히 연구 결과만을 중시할 것이 아니라 사회에 미치는 영향도 고려해야 한다. 인간유전체연구도 예외라고 할 수 없다. 그러한 측면에 입각해 인간유전체연구에 의해 발생하는 여러 종류의 문제점들에 대하여 살펴본다. 먼저 인간유전체연구의 의미를 정립한 후 인간유전체연구의 유용성에 대해 알아볼 것이며, 그러한 유용성 이면에 존재하는 윤리, 법, 사회에서 나타나고 있는 문제들에 대하여 알아본다.

영화 이야기

게놈프로젝트 2(Genome project 2)

한 남자의 집이다. “벌써 다섯 번째 알람입니다. 이번에도 안 일어나시겠습니까?” 알람이 말을 한다. 단순히 녹음된 소리를 내는 것이 아니라, 인공지능 알람인 것이다. 주인공 토플러 또한 알람에게 말을 건다. 이 알람, 조지에게 목욕물의 온도와 모닝커피를 주문하는 것이다. 토플러가 “TV 켜”라고 말만하면 조지가 자동으로 TV를 켜고, 원하는 채널까지 맞춰준다. 그러자 사회운동가 매들린이 X-Change사에 시위하고 있는 현장이 뉴스에 나온다. 매들린과 아는 사이인 듯 혼잣말을 하더니 토플러는 출근을 한다. 회사 건물에 들어서자마자 화상 모니터로 사장실로 오라는 지시를 사장은 내리고 있다. 사장의 방으로 들어가자 사장이 열심히 러닝머신을 뛰고 있고, 모르는 사람이 사장실 의자에 떡하니 앉아 있다. 하지만 사실 러닝머신을 뛰고 있는 사람은 사장이 아니다. 사장실 의자에 앉아 있는 사람이 정신이동을 한 것이다. 이 시대는 인간유전체연구가 완성되어서 염색체에서 DNA서열에 따른 기능들이 다 밝혀진 시대이다. 이 유전체연구의 결과 중 하나는, 바로 정신을 지배하는 유전자가 있다는 것이다. 몸과 정신은 따로 이기에 이 특정 유전자만을 다른 사람과 바꾸면 서로 정신이 교환되는 것이다. 이 기술을 만들어 낸 것이 X-Change사이고, 이 회사에서는 일정 금액만 지불하면 원하는 사람과 일정 기간동안 몸을 바꿀 수 있다. 사장은 자신을 대신하여, 자신의 몸을 키워줄 사람을 찾아서 정신 이동을 한 것이다. 그래서 자신의 정신은 힘들지 않도록 다른 사람의 몸에서 쉬고 있고, 돈을 받은 다른 사람은 사장의 몸을 만들기 위하여 열심히 운동을 한다. 그러고는 다시 정신을 바꾸면, 사장은 그저 쉬기만 했지만, 근육질의 몸을 가질 수 있게 되는 것이다. 이런 상황을 너무나도 탐탁찮게 여기는 토플러는 자신은 절대로 정신이동을 하지 않겠다고 말한다.

하지만 선택의 여지가 없는 상황이 생긴다. 뉴욕지사 대표인 스캇이 암살되었다는 것이다. 스캇이 죽었기 때문에 그의 장례식에 참석해야 하고, 그의 아들이 후계인이 되는 자리에 대변인으로 참석해야 하는 것이다. 하지만 장례식까지는 2시간 밖에 남지 않았고, 그 시간 안에는 절대로 뉴욕으로 갈 수가 없다. 정신이동을 해서 가지 않으면 해고해 버리겠다는 사장의 엄포에, 토플러는 절대로 하고 싶지 않았던 정신이동을 하기로 한다. 정신이동을 하기위해 X-Change사로 향하던 도중, 그는 우연히 공사장 인부들의 대화를 듣게 된다. X-Change사에서는 단순한 정신이동뿐만 아니라, 인조인간을 만들기도 하는 것이다. 인조인간의 수명은 2~3일로 매우 짧지만, 인조인간의 몸을 빌려서 매우 힘들 일을 하고는 인조인간은 버려지고 다시 자신의 몸으로 돌아와서 힘들지 않게 일을 하고 있다는 것이다. X-Change사에 도착한 토플러에게 회사는 두 가지만 하면 된다고 말한다. 혈액채취와 계약서에 사인을 하는 것이다. 그리고 직원들은 간단한 설명을 해준다. 원래 규칙상으로는 36시간 이전에 주문을 하여야만, 적합한 상대를 찾을 수 있는데 이번 토플러의 경우는 너무나도 촉박하게 주문하여서 상대의 몸이 마음에 들지 않을 수도 있다는 것이다. 교환은 5시간을 보증하며, 3일간 유효하다. 이런 설명을 들은 뒤, 직원들은 어떤 버튼을 누르고, 컴퓨터 모니터 상에는 토플러의 유전자 한 부위와 어떤 사람의 유전자가 바뀌고 있다는 표시가 뜬다. 이렇게 수 초 후, 토플러는 눈을 뜨지만 이미 다른 사람의 몸, 그리고 런던과는 먼 뉴욕에 와있다. 그리고 스캇의 장례식장으로 간다. 낯선 몸이지만 자신을 토플러라고 소개하고 사람들과 인사를 나눈다. 그런데 스캇의 아들 퀘일이 자신을 알아본다. 장례식을 마치고, 토플러는 샌프란시스코의 한 클럽에 놀러가 본다. 사람들이 흥청망청 놀고 있는데,

이곳은 몸을 바꾼 사람들이 와서 서로 하루를 즐기는 곳이다. 이곳에서는 자신의 몸이 아니기 때문에 예전에는 해보지 못했던 것을 마음껏 하면서 논다. 토플러도 남의 몸을 빌려서 처음으로 담배를 펴보기도 한다.

한편, 뉴욕에서 토플러의 몸으로 다니던 이 남자는 신분증을 요구하는 경찰을 총으로 쏴버린다. 그리곤 이 경찰의 신분증을 뺏는다. 토플러와 몸을 바꾼 이 남자는 매우 위험한 사람이었던 것이다. 한편 토플러는 그 클럽에서 처음 만난 사람과 남의 몸이니까 너무나도 쉽게 성관계를 갖는다. 꿈같은 하룻밤을 보낸 토플러는, 꾀나 기분 좋게 다시 몸을 교환하기 위하여 X-Change사로 향한다. 하지만 직원들의 이상한 반응이다. 상대편이 약속시간까지 돌아오지 않은 것이다. 더군다나 문제는 그 사람이 지금 토플러가 가진 몸의 주인이 아니라 정신이동을 이미 한 채로 숨기고 불법적으로 2차 정신이동을 수행했다는 것이다. 토플러가 가진 이 몸은 원래 주인에게 돌려주어야만 하고, 토플러의 몸은 실종되어 버렸고 토플러의 정신은 갈 몸이 없어져 버렸다. 그래서 그는 인조인간의 몸에 들어가야만 하는 상황에 놓인다. X-Change사의 직원들이 토플러에게 말한다. “어떤 몸이든, 정신이 당신이라는 것이 중요합니다.” 하지만 자신의 몸이 없는데 정신만이 무슨 소용이 있는가. 더군다나 인조인간의 수명은 길어야 7일밖에 되지 않는다. 그 이후에는 3일간 6번씩 정신 이동을 해야 하는데, 몸의 수명이 다하기 전에 몸을 찾지 못하면 인조인간의 몸과 함께 토플러의 정신이 죽는다는 것이다. 토플러의 몸을 가지고 도망을 간 자는 이미 작정을 하고 신분증을 버려서 추적도 못하게 한 채로 도망을 갔기 때문에, 마냥 기다려 봤자 자신의 몸을 찾을 수 없다고 생각한 토플러는 인조인간의 몸을 가지고는 X-Change사를 탈출하여 스스로 그를 찾기 시작한다. 토플러에게 주어진 시간은 2일이다. 2일 안에 뉴욕에서 자신의 몸을 찾아야 한다.

그는 FBI에게 이 사실을 알린다. 여기서 알게 된 충격적인 사실은, 그의 몸을 빌려간 피스크라는 사람은 FBI가 체포하기 위하여 2년을 쫓아다닌 테러리스트였다는 것이다. 절망한 토플러는 FBI 또한 자신의 몸을 제시간에 찾아줄 수 없다는 것을 깨닫는다. 그리고는 무작정 매들린을 찾아간다. 매들린과는 과거에 연인사이였지만, 토플러와 매들린의 생각이 너무나도 달랐고, 토플러는 정신이동을 반대하는 매들린을 버리고는 성공을 위하여 X-Change사와 밀접한 관계가 있는 회사에 취직을 한 것이었다. 매들린에게는 차마 자신이 토플러라고 밝히지 못하고 그저 자신이 이런 상황에 놓였다고 도와달라고만 하지만, 몇 마디 나누어 보고는 매들린은 그가 토플러라는 사실을 눈치 채고 만다. 매들린과 토플러는 서로 힘을 합쳐서 몸을 되찾기 위해 필사적으로 노력한다. 이 영화는 인간유전체연구가 완성된 후에 일어날만할 일을 보여주고 있다. 지금까지는 염기서열분석이 완성되었지만 향후 정신을 지배하는 유전자가 밝혀질지 모른다. 키를 조절하는 유전자, 지능을 조절하는 유전자 등도 알려질 수 있다. 연구자들은 인간유전체연구의 결과를 가지고 특정질병에 관련된 유전자를 찾아내고, 이를 이용해서 특정 질병의 예방과 치료를 하려 한다. 많은 유전자의 기능이 밝혀지면 단순히 질병의 치료만 할 것인가?

엑스맨(X-men)

이 영화는 인류의 급작스런 진화의 결과로 인해 초능력을 지닌 돌연변이 인간들이 나타남으로써, 기존의 인간들과의 사이에서 발생하는 갈등을 소재로 하고 있다. 유전자변형으로 인해 다양한 초인적인 능력을 가진 돌연변이들이 존재하게 된 미래의 사회. 인간들은 이런 돌연변이들을 자신들과 다르다는 이유로 두려워하고 가까이 하지 않는다. 돌연변이라 하면 우리는 흔히 외형적으로 나타나는 기형의 모습을 떠올리는데, 이 영화에서의 돌연변이는 외형적인 변화가 아니라 한두 종류의 초능력을 갖는다. 돌연변이화하여 얻어지는 초능력들은 걸어서 벽을 통과하는 능력, 다른 사람의 마음을 읽을 수 있는 능력, 눈에서 불을 발사하는 능력 등이다.

이와 같은 초능력자들이 사회에 존재함으로써 나타날 수 있는 문제점들을 우려하여 기존의 인간들은 의회에서 초능력자에 대한 등록을 의무화하는 법안을 마련하여 이들을 관리하려 한다. 당연히 초능력자들은 이에 반대하는데, 이들 중에도 두 그룹으로 나뉘어 대립하는 양상을 보인다. 한 그룹은 기존의 인류와 타협하려는 경향을 띤 집단이고, 또 다른 그룹은 인류를 전부 돌연변이시키려는 폭력적이고 극단적인 집단이다. 전자는 찰스 새이비어가 '돌연변이 영재학교'를 운영하여, 그들을 따로 격리하여 바람직한 방향으로 교육시키고 있다. 후자는 매그니토라는 사람이 우두머리인 집단으로서, 자신의 염력을 이용하여 인류를 모두 돌연변이로 만들려고 하고 있다. 즉 찰스의 평화적인 집단과 매그니토의 폭력적인 집단과의 대결이 이 영화의 주요 줄거리를 이루고 있다. 찰스는 다른 사람의 마음을 읽는 초능력을 가지고 있고, 매그니토는 그 이름에서도 나타나듯이 자기력을 마음대로 조절할 수 있는 초능력을 지니고 있어서, 염력을 이용하여 금속 물질을 마음대로 잡아당기고 움직이게 할 수 있다.

뉴욕의 자유여신상 근처에 있는 엘리스 섬에서 UN 국가들의 정상들이 모여서 세계경제, 무기조약, 돌연변이 문제 등을 논의하도록 예정되어 있었다. 매그니토는 국가 정상들의 모임이 있는 그 날 자유여신상 꼭대기에서 자신의 염력을 발산하여 엘리스 섬 전체에 퍼지도록 하여, 모임에 참석하고 있는 국가 정상들을 돌연변이화하려는 계획을 세웠다. 이 계획을 성공적으로 수행하기 위하여 필요한 초능력자는 찰스의 '돌연변이 영재학교'에 다니고 있는 젊은 초능력자 여성 로그였다. 로그는 상대방을 만지기만 하여도 상대의 초능력과 에너지를 빨아들이는 능력을 갖고 있었다. 매그니토는 자신의 염력을 엘리스 섬 전체에 퍼뜨리기 위하여 많은 에너지를 소모해야 하는데, 이때 자칫 자신이 위험해질 수도 있다는 것을 알고 있다. 따라서 이와 같은 위험성을 방지하기 위하여, 자신의 염력의 일부를 우선적으로 로그가 빨아들이게 하고 이를 증폭하여 엘리스 섬 전체로 내보내게 하는 방법을 채택하였다. 이를 위해 매그니토는 로그를 납치하여 자유여신상 위로 데려간 후에 자신의 계획을 실행에 옮기고 있었다. 이와 같은 매그니토의 계획을 막기 위하여, 찰스진영에서는 4명의 초능력자로 구성된 특공대를 파견하여 대항한다. 자유여신상의 꼭대기와 머리 부분의 안쪽 내부에서 각종 초능력을 이용하여 벌이는 이들의 결전이 이 영화의 클라이맥스를 이루고 있다.

이 영화에서는 자유여신상 내부공간과 꼭대기에서 펼쳐지는 초능력자들의 대결이 멀리 내려다보이는 뉴욕의 맨해튼 빌딩가와 현수교들을 배경으로 하여 일어난다. 이 대결에서 매그니토의 계획대로 그의 염력이 점점 확산되어 정상회의가 열리고 있는 엘리스 섬을 뒤덮으려 하는데, 결국은 염력의 확산이 섬에 당도하기 직전에 찰스쪽 특공대의 활약에 의해 그 시도는 무산되고 매그니토는 체포되어 자력을 이용한 초능력이 통하지 않는 플라스틱 감옥에 감금된다. 의회에서 돌연변이자의 등록법안을 주도적으로 추진하던 상원의원인 켈리는 이 법안의 지지를 철회하면서 돌연변이자들과 인류는 평화적인 관계를 모색하는 것으로 이 영화는 막을 내린다. 그러나 진짜 켈리 상원의원은 이미 죽었고, 매그니토의 부하 중 한 명이 켈리 상원의원으로 변신하여 돌연변이자 등록법안 철회를 한 것이라는 것을 짤막하게 보여준다.

쥬라기 공원(Jurassic park)

모든 생명체의 염색체와 유전자가 모두 밝혀진다면 우리는 호박 속에 묻힌 모기를 뒤져서 공룡을 재탄생시키는 일에 착수할지도 모른다. '쥬라기 공원'에서는 6400만 년 전 사라진 중생대의 공룡들이 스크린 위에 고스란히 부활하였다. 영화는 100년 영화 역사상 많은 사람들이 본 영화로 기록되었고, 공룡을 다시 살려내는 일이 과연 가능한가에 대한 열띤 논쟁을 불러일으켰다. 이 영화는 쥬라기 시대에 만들어진 화석에 갇힌 모기의 피에서 추출한 공룡의 DNA를 가지고 공룡이 복제되고, 복제된 공룡들이 일대 소동을 벌이는 내용의 SF 영화이다. 부유한 사업가 존 해먼드는 인젠과 손을 잡고 호박에 갇힌 공룡의 피를 빤 모기에게서 공룡의 DNA를 추출하여 코스타리카의 외딴 섬인 이슬라 누블라에 공원을 만든다. 이런 방법으로 6400백만 년 전의 공룡을 재현시킨다. 티라노 사우루스, 트리세라톱스, 딜로포 사우루스, 브론토 사우루스, 벨로시렙터 등 각종의 공룡이 모습을 드러낸다. 그러던 어느날 한 인부가 벨로시렙터의 공격을 받아 죽고, 안전성의 문제가 제기되자 투자자들은 전문가들로부터의 안전성 확인을 요구한다. 이에 따라 공룡학자인 그랜트 박사와 동료 고식물학자인 엘리 박사, 냉소적인 수학자 말콤 박사, 변호사 제나로가 쥬라기 공원의 정밀 안전진단 답사에 나선다. 어쩌다 공룡 화석 하나만 발견해도 기뻐하던 그랜트와 엘리는 진짜 공룡을 보고 까무러칠 지경으로 놀란다.

일행은 알에서 깨어나는 벨로시렙터를 그저 신기하게만 지켜보는 가운데, 말콤 박사가 공룡 통제에 대한 우려를 보이자, 염색체 조절로 모두 암컷으로 태어난 공룡들은 자연 속의 번식은 불가능하기 때문에 그 숫자를 통제할 수 있다고 주장한다. 밖으로 나온 일행에게 관리인 멀둔은 포악하고 위험해 가둬놓고 기르고 있는 렙터에 대해 설명한다. 가장 큰 놈이 8마리의 렙터를 잡아먹고 2마리만 남아있는데, 지능이 뛰어나다는 것이다. 일행은 인위적으로 창조된 공룡의 존재에 대해 우려의 빛을 보이는 가운데, 해먼드의 손자, 렉스와 티미가 쥬라기 공원 탐사에 합류한다. 자동으로 안내하는 무인 운전자동차를 타고 사나운 공룡들이 살고 있는 쥬라기 공원 외곽으로 나가는데, 티라노 사우루스를 보기 위해 염소를 미끼로 놔두기도 하지만, 시험적인 첫 관람이라 그런지 고압선 밖의 공룡들은 쉽게 모습을 나타내지 않는다. 공룡에 관심이 많은 티미는 아이를 싫어하는 그랜트 박사를 귀찮게 따라다니는 가운데, 트라세라톱스가 병으로 쓰러져 있는 것을 발견한 엘리는 더 연구하기 위해 남고, 일행은 쥬라기 공원 기지로 향한다.

한편, 시스템 관리자인 네드리는 공룡 수정란을 비싼 값에 빼돌리려는 계획을 세우고, 계획의 일환으로 쥬라기 공원의 컴퓨터 시스템을 일부 작동정지시킨다. 날이 어두워지면서 엎친 데 덮친 격으로 태풍까지 몰아닥치자, 일순간에 쥬라기 공원은 공룡들의 세상이 된다. 시스템의 정지로 인해 기지로 복귀도 못하고 비를 피해 차 안에 대기하고 있는 가운데 미끼로 놓아둔 염소가 사라짐과 동시에 거대한 티라노 사우루스가 모습을 드러낸다. 전기가 끊긴 고압선을 끊고 나온 티라노 사우루스는 아이들이 있는 차를 덮치고 그랜트 박사가 아이들을 구하기 위해 티라노 사우루스를 유인하지만 오히려 숨어있던 제나로가 한 입에 먹혀 버린다. 다른 한편에선 네드리가 구매자에게 수정란을 팔러 부두 쪽으로 가다가 공룡을 만나 죽음을 당한다. 기지에 먼저 돌아가 있다가 일행을 찾으러 온 엘리와 멀둔이 말콤을 발견했을 때 티라노가 달려들고, 자동차로 간신히 위기를 모면한다. 한편 그랜트 박사는 차가 절벽으로 떨어져 아이들과 함께 밀림 지대에 남게 되면서 아이들의 따뜻한 교감을 느낀다. 날이 밝아서, 그랜트는 자연 속에서 알이 부화된 것도 발견하고, 들판에서 떼 지어 달려오는 소형 공룡과 이를 잡아먹는 티라노 사우루스도 보게 된다. 정지된 시스템을 작동시키고자 창고로 향하던 엘리와 멀둔은 전기 담장이 꺼져 벨로시렙터가 우리에서 뛰쳐나온 것을 발견한다.

마침내 엘리는 시스템을 작동시키지만, 갑자기 나타난 렙터에게 쫓기고 정글에선 다른 렙터가 멀둔을 덮쳐 잡아먹는다. 그랜트가 엘리와 만나 무사히 안전한 곳으로 돌아오지만 티미와 렉스가 두 마리의 렙터에게 쫓겨 위험에 처하지만 천신만고 끝에 빠져나온다. 렙터가 문을 열고 들어오려는 죽음의 고비에서, 렉스가 보안시스템을 작동시켜 위기를 모면하지만 영리한 렙터가 계속 이들을 추적해 온다. 환기통을 지나 간신히 빠져나오지만 결국 렙터 두 마리가 이들을 둘러싼다. 렙터가 달려드는 찰나에 티라노 사우루스가 나타나 렙터를 잡아먹고 그 사이 사지를 빠져나온 이들은 지친 몸으로 헬기에 오른다. 대자연의 법칙과 생태계의 순리를 무시한 쥬라기 공원은 수많은 인명을 앗아가고 막대한 재산피해를 남기고 막을 내린다.

쥬라기 공원의 과학자들은 예기치 못한 공룡의 번성을 우려하여, 공룡탄생을 위한 유전자변형을 할 때 나름대로의 안전장치도 마련하였다. 즉 쥬라기 공원에서 태어나는 모든 공룡들은 염색체를 조절하여 암컷만을 부화시킴으로써, 공룡들이 공원 내에서 자연적으로 번식할 수 없도록 디자인하였다. 그러나 공룡에 쫓기며 도망치던 사람들은 공룡들 자신의 힘으로 부화한 알껍데기를 공원내에서 발견한다. 이는 과학자들이 공룡을 탄생시킬 때 자체번식을 우려하여 유전학적 제어장치를 마련했음에도 불구하고, 인공적으로 탄생된 생물체들이 자연적 변이에 의해 자신의 2세를 자체적으로 번식하게 될 지도 모른다는 경고성 메시지를 담고 있기도 하다. 이미 오래전에 멸종해 버린 공룡을 이 영화에서 재생시킨 방법은 공룡의 DNA를 확보함에서 비롯되고 있다. 유전자재조합 기술의 발달이나 복제양 돌리의 탄생으로부터 알 수 있듯이, 생명체의 모든 정보가 DNA에 들어있다는 과학적 증거들을 접하고 있다. 영화 '쥬라기 공원'이 처음 상영된 시기는 1993년으로서 복제양 돌리를 생산한 동물복제 기술이 개발된 1996년보다 3년 전의 일이다. 그런데도 이 영화에서는 동물복제 기술을 거의 유사하게 보여주고 있다. 영화 속에서의 공룡복제에 대한 상상이 현실에서 돌리복제로 실현된 셈이다.

닥터 모로의 DNA(The island of Dr. Moreau)

인간의 유전자 비밀을 밝히는 유전체가 해독되기 몇 년 전에 나온 영화로서 인간과 동물의 상이한 유전자들을 조합하는 과정이 전개되며 아메바와 알파벳이 얽히는 장면이 나타난다.

UN의 평화봉사단 일원인 영국 관리 더글라스는 공무 수행 차 남태평양 자바해 상공을 비행하다 추락한다. 그리고 그는 항해 중이던 몽고메리란 과학자에게 구조되고 조난 사실을 알리기 위해 몽고메리 일행을 따라 낯선 열대섬에 상륙한다. 섬 안쪽에는 노벨상을 수상한 유전학자 모로 박사가 살고 있었다. 더글라스는 그의 딸 아이사를 만나 이국적이고 아름다운 용모에 매혹된다. 그 날 밤 몽고메리는 더글라스를 방에 가둬버린다. 수상한 낌새를 눈치 챈 더글라스는 섬을 조사하기로 결심한다. 그가 찾아낸 것은 섬 안에 있는 무기력하고도 공포에 사로잡힌 신음소리가 들려오는 이상한 마을이었다. 그곳은 모로 박사의 갖가지 유전자접합 실험으로 인해 생겨난 짐승도 사람도 아닌 끔찍한 외모의 짐승인간들이 살고 있는 곳이었다. 모로 박사는 이 섬에서 완벽한 새 인종을 만들어내기 위해 17년째 은밀히 끔찍한 실험을 해왔었던 것이다. 그 실험은 바로 인간의 유전자와 짐승의 유전자를 섞어 생명을 탄생시키고 육식이나 폭동, 살인을 모르는 바람직한 새 인종을 만들어 내려는 것이었다.

충격이 가실 새도 없이 더글라스는 모로 박사와 그의 조수 몽고메리와 대면하게 된다. 석고같이 핏기 없는 얼굴에 검은 선글라스를 쓰고 있는 거구의 모로 박사는 그를 저녁 식사로 초대한다. 모로 박사는 더글라스에게 그가 추진 중인 프로젝트에 관해 설명해준다. 더글라스가 만난 짐승인간들은 모로 박사의 실험 중에 태어난 과도적인 창조물로서 박사는 동물과 사람의 유전자를 합성해 완벽한 인류를 창조하려는 야심을 품고 있었다. 모로 박사가 자신의 아이들이라 표현하는 짐승인간들은 몽고메리와 모로 박사에 의해 장치된 고통의 프로그램을 몸속에 안고 신음하며 살고 있었다.

그러던 중 몽고메리가 토끼를 죽이는 것을 본 짐승인간들은 모로 박사가 만든 살인 금지의 법도 깨질 수 있다는 사실을 깨닫고 감추어 둔 야수성을 드러내기 시작한다. 그러던 어느 날 돼지와 하이에나를 결합해 놓은 듯한 짐승인간이 우연히 자신의 몸속에 장치된 충격전달 전자칩을 제거한 뒤, 더 이상 고통이 재발하지 않는다는 사실을 깨닫게 되고, 이를 계기로 섬에는 짐승인간의 대반란이 발생한다. 아버지를 잃은 아이사는 더글라스에게 도움을 청한다. 하지만 아이사 역시 모로 박사가 만들어낸 창조물로 그가 원하는 인간 유형에 가장 근접한 상태였다. 하지만 약물에 중독된 몽고메리는 모로 박사의 죽음으로 충격을 입은 나머지 짐승인간들에게 지속적으로 주입해야 할 혈청을 파괴해 버린다. 혈청이 없으면 아이사는 물론 모든 짐승인간들은 다시 동물상태로 돌아가게 된다. 다급해진 더글라스는 남겨진 혈청을 찾다가 자신의 이름이 적힌 병을 하나 발견한다. 그것은 바로 몽고메리가 더글라스를 구조해 준 이유였다. 모로 박사의 최종 실험 대상으로 그가 선택됐던 것이다.

그 후 생명창조의 꿈은 몽고메리가 이어간다. 그는 스승 모로와는 다른 전략으로 짐승인간들을 다스리려고 한다. '율법 대신 사랑'을 내세우는 그는 고통을 주는 통제 대신 난잡한 섹스로 짐승인간들을 다스리려고 하는 것이다. 그리고 짐승인간들을 본래대로 되돌리기 위해 모로 박사에게서 채취한 유전자를 사용하려고 한다. 그러나 박사의 자리를 대신하려는 그도 걷잡을 수 없는 상황의 변화를 막을 힘이 없다. 그도 역시 폭동을 일으킨 짐승인간들에게 살해당하고 만다. 이후에 신이 되기 위한 짐승인간들의 피 튀기는 총격전으로 영화는 얼룩지게 된다. 죽을만한 것들은 다 죽고 섬에 찾아온 평화는 모로 박사가 원한 진화된 인간들의 상태가 아니었다. 겨우 평화가 유지될 정도로 상황은 악화되어 있었다. 겨우 탈출한 더글라스는 야수들을 뒤로 한 채 간신히 도망친다. 하지만 문명사회로 돌아온 그가 보는 인간세계 역시 피 터지게 싸우는 짐승인간들의 야수성을 닮아 있다.

울트라 바이올렛(Ultraviolet)

이해하기 힘들지도 모르는 세상에서 태어난 주인공 바이올렛. 바이올렛의 나레이션으로 영화가 시작된다. 21세기, 인류는 무한한 발전을 거듭하며 신세계를 창조하는 데 성공하고, 그 중심에는 과학자이자 권력가인 '덱서스'란 인물이 존재하고 있었다. 몇 년 전 덱서스는 HGV라는 의문의 바이러스를 발견하고, 그 바이러스를 통해 인간의 종을 변질시켜 엄청난 초인군단을 창조시키려는 계획을 세운다. 그러나 계획과는 달리 바이러스가 유출되면서 치명적인 전염병이 퍼져 돌연변이들을 발생시키고 만다. '흡혈족'이라 불리는 돌연변이들은 강한 육체적 힘과 엄청난 전투적 능력을 보유하게 되었고 이에 위기를 느낀 덱서스는 인간 세상의 평화를 주장하며 돌연변이들을 색출하여 멸종시키는 데 주력한다. 돌연변이들 또한 '너바'라는 지도자를 중심으로 조직을 이뤄 덱서스에게 저항한다. 어느 날, 돌연변이들인 흡혈족들에게 치명적인 무기를 개발하는데 성공한 덱서스는 이를 운반시키기 위해 최고의 비밀요원을 불러들이게 되지만, 비밀요원으로 잠입한 여전사에게 그 비밀 무기를 빼앗기게 된다. 돌연변이로서 뛰어난 전투력을 갖고 있는 의문의 여전사가 바이올렛이다. 너바의 요청으로 비밀 무기를 탈취한 그녀는 이송 도중 무기의 실체를 보게 되고 그 무기 속에 뭔가 거대한 음모와 비밀이 존재한다는 사실을 직감적으로 알게 된다. 무기의 비밀을 알게 된 바이올렛은 이 무기를 흡혈족에게서도 빼돌려 절친한 친구인 과학자 가쓰를 찾아가게 된다. 가쓰로부터 그 비밀 무기로 인해 이 지구상에 엄청난 혼란을 가져오게 될 것이라는 사실을 알게 된 바이올렛은 인간들과 돌연변이들로부터 필사적으로 그 무기를 지키려 한다. 덱서스의 최정예 부대와 돌연변이들은 서로 먼저 비밀무기를 손에 넣기 위해 그녀와 전쟁한다.

인간유전체연구란?

우리 인간의 몸은 약 60조 개나 되는 수많은 세포들로 이루어져 있으며, 이러한 세포의 핵 속에는 46개의 염색체가 있다. 염색체를 구성하고 있는 DNA는 4개의 염기가 수소결합으로 수없이 반복된 이중나선구조로 되어 있으며, 유전정보를 저장하고 있다. 인간에게는 이러한 염기쌍들이 약 30억 개가 있는데 이를 통칭하여 유전체라고 하며, 이러한 염기쌍들의 서열에 의하여 생명체의 다양성이 나타나게 된다. 즉 유전체란 한 생명체의 세포에 있는 DNA 전체를 의미한다. HGP란 Human Genome Project의 약자로서 인간유전체연구를 뜻한다. 인간유전체연구는 1980년대 말 미국 주도 아래 미 국립보건원과 유럽, 일본 등 선진국이 참여해 시작된 초거대 과학프로젝트이다. 이 프로젝트는 2005년까지 사람의 유전자 지도 및 사람의 DNA서열을 다 밝히는 계획이었으나 민간기업인 셀렐라와의 경쟁이 자극되어 2001년에 염기서열분석이 거의 다 완성되었다.

인간유전체연구의 결과로 질병의 정확한 이해, 새로운 진단방법, 정밀한 의약품의 처방이 가능하게 되어 향후 의학은 크게 진보될 것이다. 유전자에서 나타내는 변이는 개인들 간의 차이를 나타나게 하고, 개인간 질병에 대한 감수성의 차이를 나타내는 기본이 된다. 법적인 면에서 DNA 지문감식에 의한 용의자, 재해로 인한 희생자 및 혈연관계의 확인과 장기이식시 조직일치성의 확인에도 유용하게 활용될 수 있다. 인간유전체연구는 1800년대 말 원소주기율표의 발견에 견줄 수 있다. 유전체학은 생물학의 주기율표에 해당하며 과학자들은 CD 한장 분량밖에 안되는 인간염기서열로 많은 현상을 설명할 수 있다. 인류의 역사 역시 인간의 DNA에 기록되어 있다. 고대 페니키아 무역상들이 이탈리아 항구들을 드나 들면서 남긴 후손들의 DNA를 염기서열의 희귀한 차이점을 통해 식별해 낼 수 있다. 반투어를 사용하는 남부 아프리카의 렘바족이 2천 7백 년 전 중동에서 이주한 유대인의 후손이라는 근거도 뒷받침된다. 또 아일랜드 코노트 지방에서 사는 주민 가운데 98%가 4천여 년 전 아일랜드에 당도한 수렵인들의 후손이라는 자료도 있다. 따라서 인간유전체연구는 신비에 쌓인 인간의 생명현상을 원초적으로 규명할 수 있을 뿐만 아니라 암, 에이즈 등 각종 질병의 예방 및 치료가 가능할 것으로 전망된다.

이처럼 인간유전체연구가 우리 인류에게 가져다주는 혜택과 장점이 무궁무진하지만 이 프로젝트에는 긍정적인 면만 있는 것이 아니다. 다음과 같은 측면에서 인간유전체연구에 대해 생각할 수 있다. 윤리적 측면에서 볼 수 있다. 환자들은 수술이나 혈액검사에서 시료가 채취되어 혈액은행에 보존된다. 그런데 아주 적은 양의 혈액샘플조차 수백 번의 유전자 검사를 행하기에 충분한 DNA를 가진다. 이 검사는 태생이나 질병과 관련된 유전자 등 매우 민감한 개인적 정보를 포함할 수 있다. 그러기에 혈액은행에는 환자들의 사생활을 보호할 만한, 즉 정보의 비밀을 보장할 만한 장치를 가지고 있어야 한다. 누가 유전자정보를 입수해 이용할 수 있는 권리를 갖는지, 또는 어떤 종류의 검사를 행할 수 있는 지에 대한 제한선이 존재하여야 한다. 잘못하면 거대 규모의 혈액은행은 인간의 자유를 박탈할 위험이 있다. 바로 사생활 침해를 일으킬 위험성 있기 때문이다.

법적인 측면 또한 문제가 될 수도 있다. 특정유전자가 발견되어 특허로 등록되면 그 유전자를 사용하여 병을 진단할 때마다 특허료가 지불되어야 한다. 특허란 원래 존재하지 않던 새로운 물질이나 기술을 발명하는 행위에 주어진다. 그런데 인간의 유전자는 발명이 아니라 '발견'의 대상이다. 이미 존재하는 유전자의 구조와 기능을 밝히는 일이 특허의 대상이 되는지 생각해야 한다. 인간유전체연구의 완성으로 수만 개 유전자가 특허로 등록될지 모른다. 난치병 치료를 위해 유전자를 사용할 때마다 일일이 비싼 특허료를 부담해야 할 것이다. 따라서 인류의 공영을 위하여 시작된 프로젝트가 선진국 일부 기업에 큰 이익을 제공하는 결과를 낳을 수도 있다. 또한, 유전학적 지식이 보험과 고용부문에서 악용될 수도 있을 것이다. 기업체에서는 사원을 채용할 때 그 신입사원들의 유전자지도를 보고, 특정 유전병에 걸릴 위험성이 있는 사람은 채용을 기피할 것이고, 보험회사는 이런 사람들의 보험수가를 인상하려고 할 것이다. 예를 들어, 미국에서 한 남성은 고용 전 신체검사에서 '거짓말을 했다'는 이유로 일자리를 얻지 못하였다고 한다. 그는 건강했지만 신장병을 일으키는 유전자를 갖고 있었다. 또 다른 예로 한 여자는 신체검사에서 자신의 남매 목숨을 앗아간 유전성 질병에 양성 판정을 받았고 회사는 결국 그녀를 해고하였다고 한다. 이러한 유전자차별은 현재의 능력을 무시하고, 오히려 유전자만 가지고 미래를 예측하는 데 문제가 있는 것이다.

배우자의 선택에서도 유전자가 중요한 검토항목으로 떠오를 것이다. 결혼 적령기에 있는 사람들은 배우자 선택 시에도 상대방의 유전자를 확인하여 열성 유전자를 가진 사람과는 결혼하려고 하지 않을 것이다. 학력과 건강진단서 대신 유전자의 질을 파악하고, 상대를 선택하는 '유전자 궁합'의 시대가 펼쳐질지 모른다. 오늘날 만연하고 있는 학력차별, 인종차별 등이 유전자차별로까지 확대될 수도 있다. 이러한 면에서 본다면 미래의 사회는 우성 유전자를 가진 사람들과 열성 유전자를 가진 사람들로 양분되고, 우성 유전자를 가진 사람들이 지배하는 사회가 될지도 모른다.

인간유전체연구가 완성되었다고 해서 곧바로 인간의 질병이 완전히 치료되는 것은 아니다. 완성된 유전자지도를 바탕으로 병을 일으키는 유전자를 찾아내고, 유전자끼리의 상호작용이나 발현기전 등을 해명하는 연구 등이 남아있다. 과학자들은 인간유전체연구가 완성된 후 인간유전체에 대한 총체적인 이해가 이루어질 때까지의 기간을 '스핑크스의 침묵'이라고 부른다. 이 침묵이 끝나는 훗날에는 의사들은 환자의 유전정보가 담긴 DNA칩을 분석하여 환자가 특정한 병에 걸릴 가능성을 미리 알 수 있다. 그리고 환자 개인별 신체 특성에 맞는 맞춤의약품도 개발될 것이다. 인간유전체의 서열작업의 결과로 인류는 A, G, C, T 4가지로 이루어진 모든 유전정보를 얻을 수 있다. 하지만 이 정보 자체로는 아무 의미가 없다. 이 염기들이 어떤 기능을 수행할지 해석하지 않고서는 아무 것도 얻을 수 없기 때문이다.

그리하여 포스트유전체프로젝트가 진행되고 있다. 그 연구는 기능유전체 연구, 비교유전체 연구, 단백체학 연구, Junk DNA 연구, 생물정보학 그리고 유전자/단백질 칩에 관련된 분야이다. 우선 기능유전체 연구란 유전자들을 발굴하고 그 기능을 연구하여 질병의 원인을 규명해 내는 과정으로, 알고 있는 유전정보로부터 어떤 단백질이 만들어지는가를 추적하고 그 단백질의 구조와 기능을 밝혀내는 연구분야이다. 즉 염기서열이 어떻게 형질을 결정짓고 염기서열의 변이가 어떻게 나타날 것인가에 대한 연구이다. 인간의 경우 현재까지 밝혀진 10만 개의 단백질 가운데 기능이 제대로 알려진 것은 9천여 개에 불과하다. 따라서

9만 개가 넘는 나머지 단백질의 기능을 파악하는 것이 기능유전체학의 가장 큰 연구 주제로 남아 있다. 유전자의 비밀이 담겨 있는 DNA는 아데닌(A), 티민(T), 구아닌(G), 시토신(C)의 4가지 염기가 나열된 이중나선구조로 돼 있다. 사람의 경우 세포마다 대략 30억 쌍의 염기가 존재하는 것으로 추정되는데, 인간유전체연구는 바로 이 30억 쌍의 염기가 어떤 순서로 배열돼 있는가를 밝혀내는 작업이다. 염기 배열이 중요한 의미를 갖는 것은 각종 생리 현상에 관계되는 단백질의 생성 과정을 알아낼 수 있기 때문이다. 즉 유전자의 염기 배열 정보는 유전자와 구조가 비슷한 또 다른 유전물질 RNA로 전달된다. 그리고 이 RNA의 염기 3개에 맞춰 아미노산 하나가 만들어진다. 아미노산은 인체에서 다양한 생리현상을 주관하는 단백질의 기본 단위로 유전자의 염기 배열에 따라 궁극적으로 어떤 단백질이 만들어지는지가 결정된다. 염기 배열만 알면, 다시 말해 염기 3개의 성분이 무엇인지 알면 어떤 아미노산 1개가 만들어지는가를 알 수 있다. 단백질 합성과 세포 복제를 명령하는 유전자의 염기서열을 들여다보면 어느 부분이 손톱을 만들고 심장과 머리카락을 만드는 곳인지, 피부나 눈동자의 색을 결정하는 곳인지 알 수 있게 된다. 또 유전자에 어떤 변이가 생겨 세포가 구실을 못하고 결국 질병과 노화를 일으키게 되는지 그 기전을 이해할 수 있다.

두 번째로 비교유전체 연구가 있다. 이는 개인, 인종, 생물간 유전체 정보를 비교해서 차이점을 찾아 내고 이로 인한 생체 기능의 차이를 추적하는 연구 분야이다. 표현 형질과의 연관성을 통해 유전자 기능을 밝혀 내는 것이다. 즉 유전자 어딘가에 문제가 있다고 밝혀지면 자기 자신이 가진 유전형질에 대한 약의 반응을 알아서 그에 대한 처방을 하게 된다. 그런 연구의 결과로써 훗날의 맞춤의약품 시대를 준비하는 것이다. 즉, 비교유전체 연구는 '사람마다 모습이 다른 것은 어떤 유전자 때문인가?', '장수하는 집안과 단명하는 집안의 차이점은 무엇인가?'를 밝히는 연구 분야이다. 정상적인 사람들일지라도 염기 1천 개에 1개꼴로 차이가 있다. 차이가 난다고 해서 모두 유전병이 되는 것은 아니다. 어느 정도의 차이가 나야 유전병이 발생하는 지를 밝혀내는 일이 중요하다. 현재 알려진 유전질환은 5천여 종에 달한다. 하지만 이 가운데 관련 유전자가 분명히 밝혀진 것은 15%에 지나지 않는다. 생명과학이 매우 발달된 요즘에도 이러한 것을 밝히기 어려운 이유는 두 가지이다. 고등 생물에는 한 가지 기능을 수행하는 유전자가 여러 개 존재하는 경우가 많으며(중복성), 한 가지 유전자가 여러 기능을 수행하기도 하기 때문이다(다양성). 인간의 유전자배열은 거의 99.9%가 같지만 그 배열의 변이은 질병 발생 위험과 치료제에 대한 반응 그리고 치료법에 지대한 영향을 미친다. 따라서 이 유전자 배열작업이 완료되면 유전적 성격을 가진 모든 질병의 유전적 요인과 다발성 경화증, 암, 고혈압, 정신분열증 같은 복잡한 성격을 지닌 일반 질환의 원인을 밝혀낼 수 있을 것으로 전망하고 있다. 또 질병을 분자수준에서 이해하여 예방할 수 있을 뿐 아니라 질병마다 정확하고 개별적 요법을 설계할 수 있으며 개인차이에 따른 '맞춤 의약품'도 가능할 것이다.

세 번째로 단백체학 연구이다. 이는 단백질의 상호기능 지도를 작성하여 구조분석을 통해 궁극적으로 단백질과 이를 만드는 유전자의 기능을 동시에 밝혀내는 것을 목적으로 한다. 이 분야는 의학에서부터 농업까지 수많은 분야에 응용이 가능하다.

네 번째로 Junk DNA 관련 연구이다. 유전자의 필요 없는 부분으로 여긴다하여 Junk라고 한다. 현재까지 그 부문의 역할이 무엇인지 알려지지 아니하였지만 향후 그 역할을 밝혀내는 것이 중요하다.

다섯 번째로 생물정보학에 관련된 연구이다. 유전자서열로 얻어진 유전자정보를 컴퓨터 가공 처리 하여 유용한 정보를 알아내는 학문으로 유전자와 아미노산 배열정보, 단백질 간의 상호작용에 관한 정보 등을 가공하고 분석해 생물학적 의미를 추출하고 약물을 탐색하는 종합적인 과학분야이다. 이 분야는 생물학에 대한 지식뿐만 아니라 컴퓨터 지식이 결합되어서 최고의 효율을 보여준다. 마지막으로 유전자/단백질 칩이 있다. 이는 생물유전 정보의 발현 양상을 대규모로 검토하기 위한 새로운 기술로써 유전자의 기초연구나 각종질환에 대한 유전자 진단 등에 사용될 수 있다.

결론

인간유전체연구로부터 나온 결과들을 인류가 살아온 역사를 이해하고 생명현상을 근본적으로 이해하는 데 사용하는 것은 분명히 더할 나위 없는 현대과학기술의 극치인 것이다. 유전정보를 잘 이용하여 우리의 삶이 건강하고 윤택해지는 것은 인간유전체연구 결과의 유익한 면이다. 인간유전체는 심장병, 암, 알츠하이머, 심지어 에이즈에 이르기까지 유전자 이상으로 인한 각종 질병의 원인을 근본부터 밝힐 수 있게 해주어 의학과 약학을 포함한 생명과학의 새 지평을 열 것으로 기대된다. 즉 유전체해독을 통해 인간 유전자를 전체적으로 파악하면 이를 바탕으로 하여 각 유전자의 작용을 알아내 결함을 수정하고 기능을 강화하는 등 다양한 생명공학적 응용이 가능해진다. 그러나 유전체서열이 완성됐다고 해서 인간의 불로장생이 가능해지는 것은 아니다. 각 유전자의 기능을 밝혀내는 후속연구가 이루어져야 하며, 이런 기능연구작업은 지금까지 해 온 염기서열분석보다 훨씬 많은 연구 예산과 노력이 요구될 것으로 예상된다. 또한 이와 더불어 우리가 생각해야하는 것은 개인정보 노출과 같은 부작용은 막아야 한다. 문제해결을 위해 사회, 윤리, 법 측면에서의 충분한 논의와 대책을 마련할 수 있는 제도가 구비되어야 할 것이다. 인간유전체연구를 정확히 이해하고 선별적으로 이용한다면 우리의 미래는 무섭고, 파괴적인 것이 아니고 편안하고 평화롭게 될 것이다.

6

유전자검사 이야기

과거 영화에서나 볼 수 있었던 유전자검사가 현대사회에서 그 자리를 잡아가고 있다. 인간유전체연구의 실시와 더불어 유전자검사의 상용화가 눈에 띄게 증가되었다. 인간의 모낭이라든지 구강세포, 심지어 손톱 등을 이용하여 그 사람의 적성, 친자 확인, 그리고 범인을 잡는 등 그 활용도면에 있어서 다양하다고 할 수 있다. 하지만 유전자검사가 100%로 정확한 것은 아니다. 다른 과학들과 마찬가지로 유전자검사를 무턱대고 맹신할 수 없다. 또한 유전자분석을 통해서 소인(素因) 검사를 실시하고 있는 데 그 신뢰성은 약하다. 그렇다면 유전자검사란 무엇이고 어떤 분야에서 도입하는지 유전자검사 전반에 대해서 살펴본다.

영화 이야기

가타카(GATTACA)

영화 가타카(GATTACA)는 영화 제목을 보면 알 수 있듯이, 유전자 염기서열인 아데닌(A), 구아닌(G), 시토신(C), 티민(T)을 이용한 것임을 알 수 있다. 이 영화는 유전자검사를 통해 우성과 열성인자를 추려내 열성인자인 주인공이 차별적인 대우를 받으며 자신의 꿈을 이루기까지의 모습을 보인 영화이다.

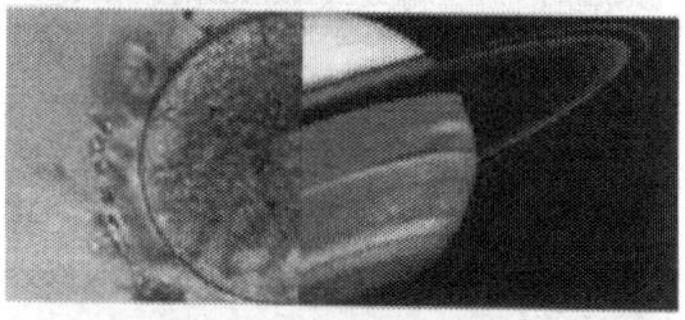

가타카는 우수한 유전자를 가진 자들만이 근무할 수 있는 항공 회사의 이름이다. 그리고 주인공은 이 가타카에서 근무하는 빈센트이다. 하지만 이 회사 내에서 그는 유일하게 우주 항공을 하기에는 적합하지 않은 열등한 유전자를 가지고 있다. 사람들을 우수한 유전자, 열등한 유전자를 가진 사람으로 분류하는 것에서 볼 수 있듯이 이 영화는 인간유전체연구가 완성되고 난 후 사람들의 유전정보를 모두 파악할 수 있는 시대를 배경으로 하고 있다. 영화 자막을 통해 이 시대를 가까운 미래라고 표현한 것으로 보아, 감독은 머지 않아 인간유전체연구 완성후 유전자와 단백질의 기능관계까지 모두 밝혀질 시대가 곧 올 것이라고 예상하는 것 같았다. 푸른 조명과 함께 모든 것이 기계화된 도시와 건물이 과학발달의 최고조에 다다른 찬란한 미래처럼 보였지만, 질서정연하게 로봇처럼 딱딱한 자세로 걸어 다니는 인간들의 모습이 사뭇 다르다. 회사에 들어가는 사람들은 자신의 신분을 증명받기 위해 신분증을 제시하지 않았다. 모두 손가락에서 혈액을 뽑아 혈액검사, 각막검사 그리고 소변 검사를 받아 자신의 신분을 증명하고 있었다.

빈센트가 상대적으로 열등한 유전자를 가지고 있었던 것은 그가 자연적으로 태어난 아이였기 때문이었다. 그의 어머니와 아버지는 유전자변형을 통해 태어난 아이를 원하지 않았고 그래서 유전공학자의 손을 빌리기 보다는 자연의 순리대로 첫 아이를 낳았다. 하지만 그 아이, 빈센트가 가진 유전적 결함은 인간 유전자변형이 만연한 시대를 살아가기에는 큰 장애가 될 수 밖에 없었다. 빈센트가 태어나자마자 간호사는 유전자검사를 통해 그가 앞으로 살아가면서 겪을 질병의 확률과 신체적 결함 그리고 수명에 대해 말해 주었기 때문이다. 빈센트는 평균 30.2세를 살 것으로 측정되며, 심장질환을 겪을 확률이 99%인 것이다. 유아 시절부터 빈센트의 신체적 결함은 잘 드러났다. 하지만 그가 가입할 수 있는 보험사는 존재하지 않았다. 그의 열악한 유전자 조건을 보고 모든 보험회사들이 그를 거부하고 있었다. 그가 만진 손잡이, 우편 봉투에 바른 침, 떨어진 머리카락들이 그의 유전적 결함을 과학적으로 증명해 주었고 그를 회원으로 삼았을 때 보험회사의 손익을 수리학적으로 계산할 수 있었다. 심장질환을 앓고 있는 빈센트는 당연 보험회사의 도움을 받아 마땅할 사회 구성원이다. 하지만 그의 열악한 유전자 정보노출이 보험회사로 하여금 회사의 손익을 계산하도록 유도하였다.

현실의 벽이 너무나 버거웠던 탓인지, 빈센트의 부모는 유전변형을 가한 아이로서 빈센트의 동생을 가지기로 결정하였다. 이렇게 해서 태어난 아이가 빈센트의 동생 앤톤이다. 앤톤은 확실히 빈센트보다 눈에 띄게 우수한 형질을 드러내었다. 어릴 적 둘은 수영 내기를 하였다. 그럴 때면 어김없이 동생 앤톤은 심장이 좋지 못한 형 빈센트를 이겼다. 그런 동생을 보며 빈센트는 좌절감을 맛보았지만 그의 꿈만은 포기하지 않았다. 그의 꿈은 일등 조종사가 되어 우주에 가는 것이다. 그리고 도전했다. 그 도전을 가능하게 한 것은 자신의 꿈을 향한 의지와 자연의 힘에 대한 믿음이었다. 그래서 그는 포기하지 않았다. 어느 정도 성장한 뒤 빈센트와 동생이 수영 시합을 하게 된다. 하지만 그날은 다른 날과 달랐다. 심장이 약한 빈센트가 유전학적으로 완벽한 동생을 이긴 것이다. 그리고 이 사건 이후 그는 우주조종사에 대한 자신의 꿈을 펼쳐 나가기로 결심을 한다.

그 날 이후 빈센트는 집을 나와 가타카에 들어간다. 그는 우선 청소부로 근무를 하게 된다. 그가 청소부에서부터 시작한 것은 그가 우주 지식이 다른 이에 비해 부족해서가 아니다. 차별은 과학적으로 이루어 졌다. 그의 열악한 유전자가 그를 청소부에 머물 수밖에 없도록 만들었다. 그의 현실은 청소부였지만 그의 미래는 우주조종사였다. 청소부로써 그는 가타가 건물을 돌아다니며 틈틈이 정보를 수집하였다. 이뿐 아니다. 밤이 되면 집에 돌아와 책을 보며 우주에 대한 공부를 하고, 또 체력을 기르기 위해 거꾸로 천장에 매달려 두꺼운 천체창공술에 대한 책을 들고 복근 운동을 하였다. 자신의 노력만으로 목적을 달성할 수 없다는 것을 알게 된 빈센트는 새로운 도전을 감행한다. 자신과 비슷하게 생기고 우수한 유전자를 가진 사람과 거래를 하기로 결정한 것이다. 가타카의 입사 조건은 실력을 직접적으로 검사받는 것이 아니라, 유전자검사를 거쳐 자신의 우수성을 입증한다. 따라서 빈센트는 제롬이라는 우수한 유전자를 가진 사람과 거래하여 그의 혈액과 오줌, 털을 제롬의 생계유지비를 충당하는 것으로 공급받도록 계약하였다. 빈센트는 이제 더 이상 빈센트가 아니라 제롬으로 존재하였다.

여기서 등장하는 제롬이라는 사람으로 인해 인간은 유전자의 집합체 이상이라는 것을 알 수 있었다. 그는 무척이나 우수한 유전자를 가졌다. 빈센트와는 달리 제롬은 건강한 몸을 갖고 있을 가능성이 높은 유전자의 소유자다. 양쪽 시력이 모두 2.0에 빈센트가 그토록 갖고 싶어 하는 탄탄한 심장을 가졌으며 키도 6피트 1인치였다. 하지만 그는 현재 휠체어에 의지한 채 살아가고 있었다. 물론 젊었을 때 그는 우수한 수영 선수로서 대회에서 우승을 거두기도 하였다. 하지만 그의 뛰어난 천재적 유전자는 그를 맨 정신 상태에서 차로에 뛰어 들게 했으며 다리가 불구자인 상태로 살아가게 하였다. 빈센트는 그 날 이후 제롬이 되었다. 머리 스타일, 키를 비롯한 신체의 특징을 모두 제롬과 같이 만들었다. 특히 작은 키를 2인치 키우기 위해 무릎 수술을 받았다. 그는 그런 고통을 수반하면서까지 자신의 꿈을 이루고 싶어 했다. 그의 꿈을 향한 갈망은 열성 유전자에서는 찾아 볼 수 없는 그의 내면의 힘이었다. 역시 인간은 유전자발현 결과의 산물 이상이었다.

가타카에 출근하는 빈센트의 모습은 분주하다. 그는 제롬의 유전자를 몸에 지니기 위해 많은 장치를 몸에 달아야 했다. 혈액검사를 위해 제롬의 피를 손에 올린 후 피부 조직으로 덮었다. 소변 검사를 위해 제롬의 소변이 담긴 주머니를 몸에 달았다. 회사 어디에 떨어질지 모르는 자신의 각질을 모두 제거하고 제롬의 각질을 몸에 뿌렸다. 제롬의 유전자를 빌린 빈센트는 가타카에서 더 이상 청소부가 아니었다. 그는 우주조종사로서 우주를 비행할 수 있는 자격이 있는 우수한 사원이었다. 그의 업무처리 능력은 제롬의 우수한 유전자에 걸맞을 정도로 천재적이었다. 하지만 그의 신체적 결함, 약한 심장은 그가 제롬의 유전자 없이는 가타카에서 일할 수 없도록 막고 있었다.

그러는 동안 빈센트는 회사에서 자신의 동생 앤톤과 만나게 된다. 앤톤은 자신보다 열악한 유전자를 가진 빈센트가 우주조종사의 자격을 가진 것을 보고 놀란다. 그리고 다시 수영시합을 한다. 이날 둘은 그 어느 때의 수영시합보다 멀리 헤엄을 쳤다. 출발한 해안선이 보이지 않고 반대편의 해안선에 다다를 만큼 헤엄을 쳤다. 승리는 빈센트에게 돌아갔고 힘이 빠진 동생 엔톤은 빈센트를 의지한 채 돌아온다. 그리고 그의 형에게 질문을 한다. 어떻게 성공을 할 수 있었어? 어떻게 그렇게 멀리 헤엄을 칠 수 있었어? 빈센트는 대답한다. 다시 돌아갈 힘을 저축하지 않았어. 빈센트는 결국 우주조종사로서 우주에 가게 된다. 하지만 마지막 소변검사에서 그는 제롬의 소변이 아닌 자신의 소변을 검사관에게 의도적으로 준다. 제롬의 유전자 없인 우주조종사로 우주를 비행할 수 있는 자격을 가질 수 없는 자신에 대한 환멸 때문이었을 것이다. 소변검사 결과 그의 신분은 제롬이 아닌 빈센트로 판명이 났지만 검사관은 태연한 표정으로 그를 제롬으로 인정하며 그를 우주선에 탑승시키게 한다.

코드 46(Code 46)

영화 배경은 멀지 않은 미래로, 전체적인 사회의 모습은 지금과 크게 다른 모습을 보이지 않는다. 다만 인간복제가 일반화되고 사람의 마음을 읽는 바이러스를 가진 인간이 존재하고, 인간의 등급이 정해져 도시 외부로 나뉘어져 살아가는 사람들의 삶은 극적으로 상반된

다. 지문인식 프로그램이 일반화되어 있으며, 복제인간이 일상적인 것으로 받아들여짐으로서 사람들의 기억을 제어하고, 행동을 지시하는 것도 자연스레 허용된다. 이렇게 사람들은 일종의 통제를 받아가며 살아가지만, 주어진 환경에 대항하거나 정부에 불만을 표출하는 사람들은 없다. 정부의 통제가 당연시 여겨지는 세상, 자신의 운명이 정해진 세상에서 사람들은 살고 있다. 그러면 이 영화의 제목 '코드 46'이란 무엇일까? 코드 46의 내용은 다음과 같다. 누구든 서로 같은 인자를 공유하면 유전적으로 동일인으로 간주된다. 때문에 형질의 다양성이 훼손되지 않도록 근친교배의 억제가 필요하다. 첫째, 예비 부모들은 임신 전에 유전자검사를 받도록 한다. 서로 25% 이상 유전자가 일치하면 임신을 금한다. 둘째, 불가피한 임신의 경우 태아를 검사한다. 부모와 25% 이상 유전자가 일치하면 즉각 낙태한다. 셋째, 부모가 유전자 문제를 방관하면, 코드 46의 위반이 더이상 없도록 의료진의 개입을 허용한다. 넷째, 유전자 문제를 알고도 임신을 했다면, 그것은 형사 범죄에 준하여 처벌한다.

영화의 주인공인 윌리엄 겔드는 시애틀의 한 보험회사에서 일하고 있다. 그는 사람의 마음을 읽을 수 있는 바이러스를 지닌 사람으로 꽤 좋은 대우를 받으며 살아가고 있었다. 어느 날 그는 위조보험증 사건 조사차 상하이로 간다. 윌리엄은 보험증 제조사에서 종사하고 있는 직원들 중 용의자 선상에 올라온 사람들과 이야기를 나누고 한눈에 마리아 곤잘레스가 유력한 용의자임을 알아본다. 그러나 그는 마리아에게 첫눈에 반하고, 그녀와 위험한 사랑에 빠진다. 더욱 위험한 것은 그녀는 윌리엄 어머니의 복제인간인 것이다. 윌리엄의 아이를 가진 마리아는 결국 코드 46 위반으로 중절수술과 기억 삭제를 당한다. 그래도 그녀를 포기할 수 없는 윌리엄은 결국 마리아와 함께 '밖'의 세상으로 탈출을 감행한다. '밖'의 세상에서 윌리엄을 거부하는 유전자가 인식된 마리아가 그에게 무의식적으로 심한 육체적 거부반응을 보이지만 그런 제약을 극복한 채 다시 사랑을 나눈다. 다음날 아침, 그녀는 자신이 코드 46을 위반했음을 신고한다. 윌리엄은 마리아와 도피를 하지만 중간에 사고가 났고, 그는 기억을 삭제당한 채 일상생활로 복귀하였고 마리아는 기억이 삭제되지 않지만 '밖'으로 추방당하여 방랑자 생활을 하게 된다.

영화 자체의 스토리 전개는 주인공들의 사랑이야기에 초점을 맞춘 듯하다. 그런데 영화 배경에 생각해봐야 할 문제들이 여러 가지가 있다. 일단, 이들이 존재하는 시기는 인간복제가 허용된 사회라는 것이다. 윌리엄이 마리아의 머리카락을 채취해 유전자검사를 할 때, 검사자는 아무렇지도 않게 마리아가 복제된 23명의 인간들 중 하나이며 게다가 그의 어머니 유전자와 100% 동일한 인물임을 서슴지 않고 말한다. 복제인간은 이미 인간이 태어나는 여러 가지 수단 중에 하나일 뿐이고, 윌리엄 자신도 시험관에서 배양되어 태어났음을 거리낌 없이 말한다. 코드 46에 의해서 자연분만은 오히려 많은 제약을 받고 인간이 만들어낸 인공적인 기술로 태어나는 것이 더 존중받는 시대인 것이다. 인간이 만들어 낸 기술이 인간을 제어하는 세상인 것이다. 코드 46의 비인간성도 이루 말할 수 없다. 단지 형질의 다양성과 진화를 추구하기 위해서 이미 잉태한 태아를 무자비하게 중절시켜 버린다. 이것을 통해 이미 인간은 생명체로서 존중받는 대상이 아니라 하나의 도구가 되어버렸음을 알 수 있다. 남녀의 유전자가 25% 이상만 동일하더라도 세상에 존재하는 것이 철저하게 배재된다.

인간의 존재 자체에도 제약을 주는 사회는 아예 사람의 등급을 정해놓고 도시의 내, 외부를 만들어 사람들을 격리수용한다. 흔히 '안'이라고 불리는 곳에서는 보험증이 발급된 사람들이 살아가며 인간으로서 누려야 할 기본적인 삶의 존중을 받을 뿐 아니라 넉넉한 생활도 보장받는다. 이와는 반대로 '밖'에서 살아가는 사람들은 지금의 난민들과 같은 생활을 한다. 끼니를 근근이 이어가며 마땅한 거처도 마련되지 않아 방랑하며 '안'으로 진입하는 이들에게 잡동사니를 팔기 위해 달려든다. 안으로 들여보내 달라고 진심어린 눈빛으로 말하는 사람에게서 그들의 생활이 얼마나 비참한지 가늠할 수 있다. 게다가 그들은 '보험증'을 발급받지 못하기 때문에 다른 어디로도 옮겨갈 수가 없다. 사회로부터 철저하게 배척당하는 삶, 그들의 삶 또한 유전자에 의해서 결정이 난 것이다. 영화 곳곳에서 인간의 존엄성이 지켜지지 않는 장면이 자주 등장한다. 정부는 본인의 의사와는 상관없이 주인공의 기억을 지우고, 병원에 격리수용하기도 하며, 낙태수술을 행하기까지 한다. 결국 인간의 탄생이란 사람의 필요에 의해서 행해지는 일종의 생산행위로 격하된 것이다.

살인의 추억

이 영화는 경기도 화성의 연쇄 살인 사건을 바탕으로 만든 작품이다. 1986년 경기도 화성에서 나이 어린 여자가 심하게 강간을 당하고, 강간으로 끝난 것이 아니라 살해당한 시체로 발견된다. 2개월 정도 후에 수법이 비슷한 강간살인사건이 발생하게 된다. 그래서 이 때문에 사건이 주목을 받기 시작하고, 이 화성 일대는 연쇄적으로 살인이 일어난다는 사실에 대해, 그리고 자신이 희생자가 될지도 모른다는 생각에 범죄 공포에 빠진다. 그래서 사건 발생지역에 수사본부가 설치된다. 이 수사본부는 구희봉 반장을 중심으로 박두만 형사, 조용구 형사로 구성되고, 이 사건을 위해서 서울에서 온 서태윤 형사가 한 팀을 이루어 사건의 실마리를 하나하나씩 풀어 나가게 된다. 그런데 이 영화에서 육감으로만 사건을 해결하려고 하는 박두만은 그 동네 일대의 양아치들을 때리고, 협박하여 자백을 강요한다. 이에 반해서 서울에서 온 서태윤 형사는 사건의 서류들을 꼼꼼히 검토하여 사건의 실마리를 풀어 나가려고 애를 쓴다. 이 영화에서 이렇게 사건 해결의 스타일이 다른 두 사람은 팽팽하게 신경전을 벌인다.

얼마 후, 이 강간살인 사건의 용의자가 검거되었다. 그래서 사건의 끝이 보이는 듯하였다. 그러더니, 여러 방송사에서 몰려든 현장 검증의 상황에서 용의자라고 주목됐던 사람이 범행사실을 완강하게 부인한다. 이로써 사건은 다시 원상복귀 되고, 구희봉 반장은 파면 당한다. 이 형사들이 이 범인을 잡을 수 없었던 까닭은 형사들이 그 범인이 누군지 조차 생각할 수 없게끔 정말로 범인 자신의 흔적을 절대로 남기지 않았기 때문이다. 결박한 상황이나 살해하는 순간에 모두 피해자가 착용하거나 사용했던 물품을 이용한다. 더 기가 막힌 것은 강간으로 사람이 죽었을 경우, 보통의 경우 피살자의 몸에 하나쯤은 실수로 떨어뜨렸을 법한 음모 조차도 단 하나 발견되지 않는다는 점이다. 구희봉 반장이 파면 당하고 나서 활력을 잃었던 사건 수사본부는 새로운 후임인 신동철 반장이 오게 됨으로써 수사가 다시 활기를 띠기 시작한다. 박두만 형사는 현장에 털 하나 남기지 않는다는 점을 착안하여, 심지어 근처의 절과 목욕탕을 뒤지며 무모증인 사람을 의심하여 찾아다닌다. 범행 당시의 사건 파일들을 꼼꼼하게 검토하던 서태윤 형사는 비오는 날에 빨간 옷을 입은 여자가 범행대상이라는 공통점을 발견하게 된다. 그리하여 형사들은 비오는 날 밤 여경에게 빨간 옷을 입히고 함정 수사를 벌이게 된다.

이렇게 옷을 입히기까지 해서 함정을 팠지만, 다음날 다른 사람의 시체가 발견된다. 그 시체 질 안에 이물질들을 많이 있었다. 이 형사들은 박현규가 범인이라고 굳게 믿고 있었다. 그래서 시체 질 내에 있는 범인의 유전자를 검사하고 박현규의 유전자를 검사한다. 그런데 이게 웬일일까. 범인이라고 철썩 같이 믿고 있던 박현규의 유전자가 아니라는 결과가 나오게 된다. 이렇게 되자 서태윤 형사는 열이 받아 박현규를 때리고, 박두만 형사는 말리면서 영화는 막을 내린다.

크림슨 리버(Crimson river)

크림슨 리버는 고립되었다고 생각되는 한 공동체 안에서 벌어지는 우생학의 실태와 그것을 풀어가려는 형사들의 이야기이다. 양쪽 손목이 절단되고 눈까지 도려내어진 채 태아의 자세로 웅크려 얼려진 끔찍한 사체가 차가운 눈보라로 뒤덮인 알프스지역 산 정상에서 발견된다. 이 시체의 주인공은 그 지역 게르농대학의 교수 겸 사서로 일하던 32세의 남자, 레미임이 밝혀지고, 사건의 심각성을 깨달은 프랑스 경시청은 이 방면의 전설적인 인물인 니먼 형사를 그 지역에 파견한다. 조사를 시작해 나가던 니먼은 게르농대학의 학장이 중세의 영주처럼 마을을 다스렸으며 교수들은 귀족들처럼 권력을 누리며 살아 왔다는 것과 오래 전부터 근친상간을 통해 우성인재만을 양성해 나가고 있었다는 소름끼치는 사실을 알게 된다. 마을을 지배해온 게르농대학, 나찌의 우성 생식학, 태아의 자세로 죽어간 시체, 사라진 두 손과 안구, 시체 내부에 있던 산성 빗물. 여러 가지 단서를 조합하던 니먼은 시체를 처음 발견한 빙산 전문가 파니에게 도움을 청해 시체가 있었던 산 정상으로 올라가게 되고 그곳에서 특유의 직감으로 전과 같은 방식으로 죽어간 또 다른 시체를 발견하게 된다.

한편, 알프스와 멀리 떨어진 '사작'이라는 곳에서 의협심에 불타는 초보경찰 막스가 10세 소녀의 묘지 훼손 사건을 조사한다. 그러나 좀처럼 사건이 진행되지 않자 소녀의 고향인 알프스의 외딴 마을까지 찾아간다. 그곳에서 목격자의 증언으로 묘지를 훼손시킨 자가 필립 서티스라는 사실을 알게 되고 필립의 집에서 조사 중이던 니먼과 만나게 된다. 니먼은 10세 소녀의 묘지 훼손사건이 게르농대학과 관련되었다는 것을 알아내고 사건을 원점으로 돌려 다시 수사하기 시작한다. 여태껏 풀지 못했던 수수께끼를 하나 둘씩 풀어가며 사건의 핵심적인 단서를 잡지만 곧, 세 번째 희생자가 나타나고 범행 현장에서 범인을 놓치고 만다. 이제 잔혹한 연쇄 살인마의 정체가 파니로 드러난다. 니먼과 막스는 파니를 추적하며 알프스 산 정상으로 향한다. 막스가 파니를 쏘면서 눈사태가 나 상황이 종결된다.

사건초반에 죽은 시체로 발견된 레미는 아주 착실했다고 한다. 게르농대학 근처에서 태어나 학교를 다니고 교수도 하는 등 공동체 안에서 성실한 생활을 하였다. 그러나 레미의 방에서 발견된 레미의 박사학위 논문에는 '우리는 주인이자 노예이다. 우리는 어디서나 혈통을 지배한다.'라는 내용이 있었다. 논문에는 올림푸스 신화의 운동선수, 베를린 올림픽의 운동선수 모습이 인용되어 있었다. 완벽한 인간을 만드는 이야기였다. 육체와 지능의 결합을 통해 나치의 우생학의 개념을 주장하는 논문이었다. 폐쇄된 환경에서는 대를 이어올 수록 열성의 아이들이 많이 생긴다. 그래서 우수한 혈통을 얻기 위하여 산부인과에서는 아이를 바꿔치기하는 것이고 바뀌친 것이 들통나지 않기 위하여 손목이 잘려진 것이다.

유전자검사

DNA, 우리가 흔히 알고 있는 이중나선의 모양을 띤 유전자이다. 이는 조상으로부터 자손 대대로 그 얼굴의 생김새나 피부, 머리카락 색깔, 외형적인 특징들 혹은 내적인 특징들을 대물림하는 정보이다. 유전자는 부모의 생식세포를 통해서 전달이 되며 일정한 순서를 가진 암호라 할 수 있다. 인간 유전체의 한 세트에는 30억 개의 염기쌍을 지닌 정보가 있다.

유전질환은 염색체의 이상이 있거나, 염기배열 수준에서 이상이나 변종된 경우 생긴다. 이러한 유전자의 이상 유무를 검사하여 우리 신체의 질병을 진단하고 발병을 예측하는 형태의 검사를 유전자검사라 한다. 유전자검사는 질병이 발생하기 이전에 그 발병 가능성을 예측한다든지 질병을 조기에 진단하는 데 목적이 있다. 또한 유전자검사는 환자의 가족들에게 같은 질환이 발생할 가능성을 알려줘 그들이 대처하는 등 파급효과가 큰 검사이다.

그러면 실제로 유전자검사가 어떻게 활용되는지 하나씩 살펴본다. 우선 유전자검사는 암 진단에 쓰일 수 있는데, 암을 조기 진단하여 빨리 치료를 받을 수 있게 하고, 암이 되기 전의 상태에서 발견하여 암으로의 진행을 차단하고 억제하려는 데 목적이 있다. 암유전자의 변이를 한꺼번에 측정할 수 있는 DNA칩을 이용하여 암을 진단할 수 있다. 암으로 진단된 환자에서도 향후 진료를 위해 유전자검사는 도움이 되고, 암환자와 그 가족에서 유전성 암의 여부를 진단하는 데 매우 유용하다.

암 진단 이외에도 성인병 유전자검사를 할 수 있는데, 성인병은 주로 성인과 노인에게 많이 발생하는 주요 질환으로, 일반적으로는 40세 이상의 연령에 발병률이 증가한다.우리나라 사람들의 사망원인 중 약 60% 이상이 성인병으로 밝혀져 있다. 성인병 유전자검사는 심혈관계 질환(심장마비, 동맥경화, 고혈압)과 뇌졸증(중풍), 치매, 당뇨, 고지혈증의 발생 가능성을 예측할 수 있다.

세 번째로 친자감별 유전자검사를 할 수 있다. 친자검사란 부모와 자식의 DNA를 통해 혈연관계를 규명하는 검사이다. 모든 사람들은 부모로부터 각각 23개의 염색체를 물려받아 총 46개의 염색체를 지니게 된다. 즉 부모의 유전자가 자식으로 전달되므로 부모와 자식의 유전자검사를 통해 혈연관계를 알 수 있다. 검사 시료는 혈액 혹은 혈액이 묻은 휴지 및 속옷, 머리카락, 타액, 칫솔, 뼈, 정액 및 기타 타액이 묻은 휴지나 천, 손톱 및 발톱, 기타 인체의 세포가 묻은 모든 것으로 DNA를 추출한 후 검사가 가능하다. 친자감별 유전자검사는 명확한 혈연관계 규명을 위해 친부확인이 필요할 경우, 병원 및 기타 장소에서 아기가 바뀌었을 가능성이 있을 경우에 사용된다.

네 번째로 DNA 프로필 검사가 있다. DNA 프로필 검사란 개인의 유전자 감식을 통해 불의의 사고 시 신원 확인에 이용할 수 있으며, 유아일 경우 미아 발생 시 찾을 수 있는 강력한 식별력을 지닌 검사이다. 최근 유전자검사를 통해 20여년 전 잃어버린 아이의 부모를 찾은 경우가 크게 보도된 바 있다. 유아의 경우, 어릴 때 잃어버리면 모습이 바뀌어 실제 찾았다 하더라고 의심이 갈 수 있는데, 유전자검사를 받아 유전정보를 알고 있으면 확실하게 신분을 밝힐 수 있다. 유전정보는 아무리 세월이 흘러도 변하지 않는 그 사람의 고유한 정보이기 때문이다.

다섯 번째로 유골의 DNA 분석이 있다. 유적 발굴현장의 고분들에서 발견되는 유골과 그 파편 속에 포함된 DNA를 분석하여 유골과 유골사이의 생물학적 연관 관계를 규명할 수 있다. 또한 DNA변이 분석을 통해 인류의 역사적 비밀을 푸는 것은 인류학적, 고고학적, 사학적으로 큰 의미를 가지게 된다. 세계의 역사연구 흐름도 DNA 분석을 통한 규명에 초점에 맞추어지는 것이 세계적 추세이다.

유골의 DNA분석을 통해 유골의 성별확인, 유골과 유골 사이의 관계확인, 유골 파편과 파편 사이의 관계규명(유골 파편들이 한 인물의 것인지 여러 사람의 것인지를 판정), 인류 발전의 분석(변이가 많은 DNA의 염기서열을 분석해 현대인과의 유연관계를 분석)을 할 수 있다. 검사가능 시료는 유골, 미라, 치아, 혈흔, 피부 조직 등이다.

유전자검사가 적용될 수 있는 유전병의 종류에는 여러 가지가 있는데, 대표적으로 네 가지를 알아본다. 첫 번째로 헌팅턴 병은 뇌의 신경세포가 퇴화되면서 발생하는 중추신경계 질병이다. 어릴 때 발병할수록 유병기간이 길고 치매를 동반하는 경우가 많다. 주로 30~40대 연령층에서 많이 발생하는데, 대부분 발병 후 15~20년 이내에 사망한다. 미국과 유럽에서는 인구 10만 명당 4명 정도의 빈도로 발생하며, 한국도 이와 비슷할 것으로 추정하고 있다. 헌팅턴 병은 뇌의 신경세포가 퇴화되면서 정신병 증세와 함께 몸에 경련이 나타난다. 정상적으로 걷거나 말하거나 생각하지 못하며 인지 및 정서장애가 나타난다. 또한 배뇨장애나 발기부전, 손발의 다한증 등이 나타날 수 있다. 현재 약으로 증세가 나아지게 할 수는 있지만 치료는 불가능하다.

두 번째로 페닐케톤뇨증이 있는데, 혈액 및 조직 중에 페닐알라닌과 그 대사산물이 축적되어 지능 장애와 담갈색 모발, 흰 피부색, 멜라닌색소결핍증 같은 증상을 보인다. 다음으로 겸상적혈구빈혈증은 흑인에게서 볼 수 있는 유전성 질환이다. 적혈구의 구조에 이상이 있는 것으로 적혈구가 낫 모양으로 변형한다. 이 겸상적혈구는 파괴되기 쉬우며, 혈전증이 나타나기 쉽다. 이에 따라 장기에 순환장애가 생기며, 임상증상이 다양해 빈혈·황달·백혈구증가·복통·심장비대·신경증상·골변형 등이 일어난다. 네 번째로 다운증후군은 가느다란 안열, 눈꼬리가 위로 치켜 올라가 있고, 양쪽 눈시울 사이에 군살주름 등의 증세를 나타내는 병이고 정신지체의 한 특수형이다. 정신증세로는 지능장애가 현저하고, 백치 ·치매가 많다. 침착성이 없고 호기심이 강하며, 누구에게나 잘 따르며 어울리기를 좋아한다. 나이가 많은 초산부(35세 이상)에서 흔히 이런 아이가 태어나며 600~700명에 1명꼴로 있다. 감염에 대한 저항력이 약하기 때문에 병에 걸리기 쉽다. 이런 병으로 의심이 되면 유전자검사를 받아야 확실한 진단을 내릴 수 있다. 서양에서는 이와 같은 용모가 몽골인을 닮았다하여 이 증세를 '몽골리즘'이라고 하기도 한다.

그렇다면 유전자검사는 어떠한 점이 기존의 진단법에 비해 장점인지 알아본다.

- 기존의 진단법은 질병의 증상이나 징후 등 나타난 현상을 보고 진단하는 데 비해, 유전자검사는 질병의 근원이 되는 유전자이상을 파악하여 진단한다. 따라서 질병이 나타나기 전에 진단할 수 있으며, 발병 여부를 예측하는 것도 가능하다. 그 결과 암이나 성인병, 선천성 기형 등의 치명적 질환을 조기에 치료하거나 예방하는데 큰 도움이 된다.
- 환자의 가족들한테서 같은 질환이 발생할 지 여부를 정확하게 예측할 수 있으므로, 그 파급효과가 매우 크다.

- DNA는 단백질보다 안정적이어서 검사하기 편리하며, 증폭이 되므로, 몇 방울의 혈액 등 극소량의 검체로도 검사가 가능하다.
- 최근의 발전된 DNA칩을 이용하면 한꺼번에 다수의 유전자검사가 가능하다. 따라서 기존 검사보다 정확도가 더 높으며, 특히 다수 유전자 이상에 의해 발생하는 암이나 성인병의 진단에 유용하다.

그러나 많은 사람들이 유전자검사기관의 부정확한 결과로 인해 예상치 못한 피해를 입기도 한다. 질환은 여러 가지 유전적 요인과 환경적 요인이 복합적으로 얽혀 발병한다. 유전자검사기관들이 한두 가지 검사결과로 질병을 예측한다는 것은 점치는 확률과 비슷하다. 또한 개인정보의 무분별한 유출이 문제이다. 또한 친자확인이나 혈통, 계통확인 문제에 있어서 유전자검사가 많은 역할을 하는데, 이러한 검사의 결과로 인해 자식을 둘러싼 이혼, 가정파탄등 의도하지 않은 문제와 갈등까지 나타나고 있다. 유전자검사에 따른 사회차별 또한 무시하지 못할 현실이다. 좋은 유전자, 나쁜 유전자, 양극화에 따른 일종의 계급사회로 변질될 우려가 있는 문제이다. 처음에 소개한 1997년 앤드루 니콜이 감독한 영화 가타카가 우리 사회 속에서 유전자와 관련된 현실을 보여준다. 그 사회는 바로 유전자 계급사회로서 충분히 현실성이 있다. 유전자검사에 따른 가정이나 집단에서의 갈등, 개인의 유전자 정보의 유출, 검사결과에 따른 유전자 차별 등 윤리적 문제가 뒤따라 온다.

결론

과학의 발전으로 유전자검사는 이미 현실화 되었다. 미래사회에서도 필수불가결한 상황일 것이다. 그러나, 우리는 검사결과를 100% 맹신해서는 안 된다. 병의 진단에 있어서도 진단으로 끝을 맺을 것이 아니라 예방에 초점을 맞춰야 할 것이다. 게다가 무분별한 친자확인 유전자검사가 가정파괴를 초래하는 것을 막기 위해 동의요건을 강화하고, 부모의 동의를 얻고 친권확인 유전자검사를 하도록 함으로써, 가정파괴 방지 및 미성년자 보호의 목적을 충분히 달성할 수 있는지에 대한 깊이 있는 검토가 필요하다. 마지막으로 유전자정보 또한 자신의 소중한 재산이며 개인정보라는 것을 알아야 한다.

7

유전자치료 이야기

다가올 미래에는 태어나기 전에 아기의 유전자를 분석하여 어떤 병이 어느 정도의 가능성을 가지고 발병할 것인지 예측할 수 있고 나아가 유전자를 수정하는 기술을 통하여 병의 발병가능성을 낮추거나 없애는 것이 가능해 질 수 있다. 이렇게 질병을 유전자 단위의 관점에서 접근하고 그것을 치료하는 것을 유전자치료라 한다. 과거에 인간을 괴롭히던 결핵, 장티푸스 등의 무서운 질병은 현재의 의학 기술로 쉽게 치료가 가능하고, 약이나 수술 등으로 간단하게 치료되는 질병이 많아졌다. 그러나 아직도 백혈병, 암 등 현대의학으로 완벽한 치료가 불가능한 난치병도 많은 실정이다. 이런 질병들은 기존의 방법으로는 치료가 힘들기 때문에 유전자를 투입하는 치료쪽으로 연구를 많이 하기 시작했다. 유전자치료는 간단히 정의하면 정상 유전자를 치료가 필요한 사람의 세포 속에 넣어주어 치료를 하는 것으로 유전질환이 있는 사람의 치료를 목적으로 사용하였으나 현재는 종양, 심혈관, 후천성면역결핍증의 치료 등에 적용하고자 시도하고 있다.

하지만 이런 기술이 실현되면 과연 아무에게나 제공될까? 부유층이 우선 이 치료를 받을 것이다. 또한 유전자를 다루면서 단순히 치료범위를 넘어서 좋은 형질생물체를 만드는 단계로 나아갈 수 있다. 사람에 적용한다면 우생학적으로 유리한 사람들만이 살아남고 도태되는 사람들은 사회에서 버림받거나 아니면 마치 인간 청소를 목적으로 쫓아낼 수 있다. 인간의 능력이 유전자수준에서 차별될 수 있는 부정적인 면이 우생학의 개념으로 우리 생각속의 한 부분을 차지하게 될 수 있다. 언제나 새로운 기술은 그것을 소유한 자와 소유하지 못한 자를 구분하는 경계선을 형성한다. 모든 인간에게 이득이 돌아가는 것이 불가능하기 때문이다. 그래서 유전자치료는 다른 치료행위보다도 현실성이 있기 때문에 윤리면에서 신중하게 접근하는 것이 필요하다.

영화 이야기

레지던트 이블 3(Resident evil 3)

레지던트 이블 3의 이해를 돕기 위해 1,2의 내용을 요약하면 다음과 같다. 레지던트 이블의 배경은 라쿤시의 엄브렐라사의 지하 건물이다. 이 엄브렐라사는 질병치료를 하는 규모가 엄청 큰 국제적인 대기업이다. 이 회사는 전 세계에 지부들을 심어놨으며 라쿤시에는 엄브렐라소속의 엄청 큰 연구시설이 있으며 보안이 매우 철저한 곳이다. 문제는 엄브렐라사가 T바이러스를 연구하고 있었는데 그것이 유출되어 버린 것이다. 이 T바이러스는 급속히 퍼져 나갔으며 건물 내 모든 사람들이 T바이러스에 감염된다. 이 바이러스에 감염될 경우 오직 식욕만이 남아 다른 생명체를 먹으려는 성격을 띠게 된다. 이 건물안의 대부분의 사람들은 감염되어 건물 곳곳에 감염된 좀비들이 도사리고 있으며 한 번이라도 물리게 되면 그들과 똑같은 좀비가 되고 마는 것이다. 결국에는 회사 사람들 중에서 앨리스와 매트는 살아 남는다. 이들 앨리스와 매트는 특이하게도 바이러스에 걸리고도 감염자의 증상을 보이지 않는다. 이 영화에서는 미인인 앨리스와 남자답고 책임감 강한 매트라는 두 주인공에 초점을 맞췄으며 그들의 활약상이 두드러진다. 어째서 앨리스와 매트만이 다른 사람들처럼 바이러스에 노출되고도 별다른 반응을 보이지 않는 것일까? 그것은 앨리스와 매트에 돌연변이가 생겨 T바이러스라고 하는 항원에 저항할 수 있었던 것이다. 반면 다른 사람들은 T바이러스에 대한 저항성이 생기지 않았던 것이다. 엄브렐라사의 부주의로 바이러스는 건물 밖으로 나와 라쿤시 전체에 퍼지게 되며 도시 전체를 아수라장으로 만들어 버린다. 엄브렐라사는 바이러스가 다른 도시로 퍼지는 것을 막기 위해 도시의 유일한 통로를 막아버리게 된다. 이 때 회사에서 고용한 경비요원들과 경찰까지 모두 도시에 갇혀 버린다. 한편 연구실에서 깨어난 앨리스는 홀로 텅빈 연구소를 나와 도시로 나오게 되는데 도시는 완전 황폐화되었다. 도시에 갇혀버린 회사소속의 몇몇의 생존자들은 도시속에서 좀비에 맞서 살아남기 위해 사투를 벌이게 되며 주인공 엘리스를 만나 위기를 넘기게 되지만 몇몇은 죽기도 한다.

여기서 T바이러스라고 하는 무서운 병원체의 생산 배경을 알아본다. 엄브렐라사소속의 이슈폴드 박사는 선천적으로 다리가 불구인데 딸에게 유전되어 딸도 앉은뱅이로 평생을 살아야 한다. 자기는 괜찮지만 딸을 염려한 박사는 딸이 일어설 수 있도록 연구를 하는데 이때 T바이러스를 이용한다. 즉 이 T바이러스는 죽지 않고 엄청 생명력이 강한 세포의 성격을 띠고 있기 때문에 이 T바이러스를 이용해 딸의 장애를 극복하려 한 것이다. 한편 회사의 간부는 바이러스를 이겨낸 앨리스의 신체능력에 놀라워하며 앨리스를 회사소속으로 하기 위해 유혹하지만 앨리스는 동의하지 않는다. 간부의 제안을 거절한 앨리스는 동료들과 함께 헬리콥터를 타고 라쿤시를 빠져나오려 하지만 핵폭풍에 의해 결국 추락하게 된다. 바이러스의 확산을 염려한 엄브렐라사는 결국 라쿤시를 없애버리기 위해 핵까지 떨어뜨린 것이다. 그러나 바이러스는 급속하게 전 세계에 퍼졌다. 공기를 통해 전염되지는 않지만 감염될 경우 인간이 다른 인간을 먹기 위해 움직이기 때문에 다른 바이러스보다 급속히 퍼진 것이다. 핵폭풍에 의해 앨리스는 죽지만 앨리스의 신체능력에 깊은 관심을 가진 엄브렐라사는 앨리스의 피를 이용해 앨리스를 복제한다. 앨리스의 유전자를 연구하면 바이러스에 대한 항체를 만들거나 유전자치료를 통해 바이러스를 극복할 수 있기 때문에 엄브렐라사는 앨리스를 복제해 연구를 하고 있었다. 바이러스에 감염됐지만 이겨낸 엘리스는 자신을 수없이 복제해 연구해 온 엄브렐라사에 심한 복수심과 증오심을 불태우며 쳐들어갈 것을 결심하며 영화는 끝이 난다.

돌연변이가 일어난 앨리스의 몸을 연구하려 하는 엄브렐라사의 태도는 유전자치료와 관련있는 것이다. 영화에서 박사는 딸의 불치병을 치료하려고 하는데 이 과정이 유전자치료에 해당한다. 딸은 박사와 똑같이 다리가 불구인데 이것은 유전된 것이고 치료하기 위해 유전자치료가 필요한 것이다. 박사가 딸을 치료하기 위해 이용한 유전자 전달체는 T바이러스일 것이다. T바이러스의 죽지 않는 강한 생명력이 딸의 치료와 관계가 있는 데 그 T바이러스의 성질이 딸의 다리를 치료할 순 있겠지만 공중에 퍼짐으로서 사람들을 감염시키는 것이다. 이런 이유로 T바이러스같은 전달체는 그 안전성이 매우 중요한 것이다. 영화속에서는 T바이러스에 대한 연구가 끝나지도 않은 시점에서 잘못된 사고로 유출되었기 때문에 항체도 없는 막연한 상태로 끔찍한 일을 초래했다고 볼 수 있다. 그래서 엄브렐라사는 T바이러스를 이겨낸 앨리스의 유전자를 연구하고 혈액을 채취할 필요가 있었던 것이다.

FLY 2

이 영화는 제목 자체에서 알 수 있듯이 전편 영화인 'FLY'의 후속 작품이다. 일단 이 영화의 내용을 이해하기 위해서 전편의 내용을 이해하는 것이 좋다. 본편의 주인공인 과학자 세스 브런들은 물체전송 프로그램을 연구한다. 그는 이 프로그램을 이용하여 무기물을 다른 장소로 옮기는데 성공하고 나중에는 유기체도 아무런 변화 없이 이동시키길 성공하기에 이르렀다. 그는 원숭이를 이동시키는 실험에 성공한 뒤 인간의 전송 또한 성공시키기 위해서 자신이 직접 피실험자가 된다. 자신이 직접 전송 장치 안에 들어간 뒤 다른 전송장치로 이동하는데 성공하였으나, 전혀 예상치 못한 문제가 발생했다. 그가 전송장치 안으로 들어갔을 때 파리가 같이 들어가게 되어 그의 유전자와 파리의 유전자가 뒤섞이게 된 것이다. 그래서 그는 점점 흉측한 파리 괴물의 몰골로 변해간다. 두 종의 유전자가 뒤섞인 결과는 이것도 저것도 아닌 외계 생명체나 다름없는 말 그대로 몬스터이다. 그는 자신이 원상태로 돌아가기 위한 치료법이 다른 사람의 유전자와 자신의 유전자를 뒤바꿔야 하는 것임을 알게 된다. 그러나 이 방법은 무척 잔인하다. 한 사람의 유전자와 완전히 뒤바꿔야 하는 것임으로, 그 대상자는 희생양이 되는 것이다. 주인공인 세스 브런들은 자신이 사랑했던 여인을 그 희생양으로 삼으려 했다. 그러나 결국 그녀에 의해 세스 브런들은 죽음을 맞이하게 된다. 그녀가 총으로 그를 쏘아 죽이고, 그는 괴물로서 한 생을 마감한다. 그리고 그녀에게는 죽은 브런들의 아기가 자라난다.

'FLY 2'는 전편의 내용에 이어, 죽은 브런들의 아들인 마틴이 태어난 뒤 그의 생애의 관한 영화이다. 그는 파리인간의 아들답게 범상치 않게 태어난다. 모체에서 밖으로 나온 아이는 흉측한 큰 껍데기에 둘러싸인 채로 세상의 빛을 보게 된다. 수술자들이 큰 껍데기 안을 파고 들었을 때 평범한 인간의 모습을 한 채로 아기는 발견되었다. 모체는 끔찍한 자신의 아이에게 놀라 심장마비로 죽는다. 그렇게 비정상적으로 태어난 마틴은 비정상적으로 자라난다. 돌연변이 유전자에 의해 굉장히 빠르게 성장하는 조기성장증에 걸린 마틴은 5살에 이미 성인의 모습을 갖추게 된다. 외양만 성인의 모습이 아닌 지능과 정신도 함께 성장하여 어른으로서의 면모를 갖춘다. 마틴은 파리유전자와 혼합된 인간으로서 의도적으로 만들어낸 인공 인간이다. 의도에 부합하게도, 마틴은 굉장히 뛰어난 지능을 가지고 태어난다. 그의 지능은 복잡한 미로의 출구를 한눈에 알아맞힐 정도로 평범한 인간의 지능을 훨씬 뛰어넘는다. 그리하여 의도했던 대로 마틴은 뛰어난 지능을 가지고 전송 장치에 관한 연구에 착수하기에 이른다.

결국 그는 결국 살아있는 생명체의 전송을 성공하였고 그가 연구실에서 만난 베스와 사랑을 나누게 된다. 그렇지만 그에게 주어진 시간은 얼마 남지 않았다. 그의 몸은 점점 이상반응을 나타내기 시작하고 형체가 변형되기 시작한다. 마틴은 점점 흉측한 모습으로 변화하기 시작한다. 치료법을 알아내기 위해 마틴은 자신을 사랑해주고 아껴주는 베스와 함께 아버지의 친구를 찾아간다. 그리곤 그에게서 정상인과 함께 전송장치에 들어가 그 사람과 유전자를 뒤바꿔야만 자신이 살아날 수 있다는 말을 듣게 된다. 그는 자신이 보통의 인간으로 돌아갈 방법을 찾기 시작한다. 파리인간으로서 굉장한 힘을 가지게 된 그는 회사의 안전요원을 그저 아무런 자비를 베풀지 않고 무참하게 죽인다. 본래의 뛰어난 머리뿐 아니라 사람을 능가하는 힘을 가지게 된 파리 괴물은 아무도 저지할 힘이 없어 보인다. 그렇지만 사람의 모습일 때의 기억을 가지고 있는 그는 자신에게 소중한 것들은 지켜주고 손을 대지 않는다. 어렸을 때 개를 좋아했던 그는 자신을 잡으러 온 개에게 아무런 해를 끼치지 않고 오히려 쓰다듬어 주었다. 베스 역시 마찬가지이다. 그를 끝까지 지켜주려고 했던 연인인 베스를 그는 괴물의 모습이면서조차 사랑하고 그녀를 아낀다. 생명의 위협에서부터 베스를 구할 뿐 아니라 베스에게는 손도 대지 않는다.

그는 결국 자신이 아버지처럼 따르던 바톡이 오히려 자신을 흉측한 괴물인간으로서 태어나게 하여 그를 하나의 실험 대상, 자신의 욕망을 실현시키기 위한 도구로 이용당했음을 깨닫고 그에게 복수를 하기 시작한다. 결국 마지막에는 바톡과 괴물 모습의 마틴이 함께 전송장치에 들어가게 되었고 베스가 그들을 전송시켜 서로의 두 유전자가 뒤바뀌게 만들어 버린다. 다른 전송장치의 문이 열리고, 연기 속에서 기어 나온 두 사람, 아니 생명체의 몰골은 끔찍하다. 마틴은 자신의 본래의 모습을 되찾게 되었다. 보기만으로도 역겨운 살 뭉치 속에서 인간으로서의 마틴의 모습이 나타난다. 그러나 바톡의 모습은 끔찍하다. 그가 전에 전송장치 실험을 하는 도중 유기체 전송에 실패하여 흉측한 괴물로 변해버린 개와 흡사한 모습으로 변하게 되었다. 영화는 그렇게 비인간적이고 이기적인 바톡에게 벌을 줌으로써 끝이 난다.

유전자치료의 관점에서 이 영화의 내용을 살펴본다. 파리인간이 된 마틴의 치료법은 전송장치에 다른 정상인 사람과 같이 들어가 서로의 유전자가 뒤바뀌어 본래의 모습을 찾는 것이다. 따라서 마틴은 평범한 사람의 모습으로 돌아오지만 다른 사람은 비참한 괴물의 모습을 띠게 된다. 자신이 살기 위해 다른 사람의 삶을 망쳐놓는 행위인 것이다. 이 영화는 20년이 지난 영화이다. 하지만 그 시절에도 유전자변형과 같은 문제가 사회적 이슈가 되었다. 이 영화의 전송장치라는 것은 두 생명체의 염색체를 교환하고 그 교환으로 인해 더 이로운 쪽으로 변하기도 하고 더 해로운 쪽으로 변하기도 한다. 이러한 것은 그 시절에 생각해 낸 미래의 유전자치료의 과정을 나타낸 것으로 볼 수 있다.

나는 전설이다(I am legend)

2009년, 캐런 박사의 유전자치료법의 실패로 인간은 멸종되고 어둠의 추종자라 불리는 돌

연변이들이 인간을 잡아먹는 시대에 살고 있는 네빌의 이야기이다. 영화는 혁신적인 유전자치료법의 개발을 소개하는 뉴스에서 시작한다. 여기에서 소개되는 유전자치료법은 자연 상태에서 어떤 것을 추출하여 몸에 이롭게 작용하도록 조정하여 유전자 수준에서 개발된 바이러스를 이식하는 것이다. 임상실험 결과 100% 성공. 그리고 3년 후, 아무도 살지 않는 뉴욕 거리에서 자신이 키우는 개 샘과 무언가를 열심히 쫓는 네빌. 네빌은 집에 도착하자마자 모든 불을 끄고 문을 걸어 잠그기 시작한다. 3년 전, 기적의 치료법이라 불리던 캐런 박사의 유전자치료법 개발의 기쁨도 잠시, 바이러스는 인체 내에서 돌연변이를 일으켜 인간들이 서로 잡아먹는 괴물로 되고, 이로 인해 뉴욕은 국제적 합의에 의해 격리지역으로 선정되어 감염자들을 제외한 모든 사람들은 급기야 뉴욕을 탈출하기에 이른다. 뉴욕에 살던 네빌의 가족도 예외는 아니었다. 공군이었던 네빌은 가족들을 대피시키고 자신은 뉴욕에 남아 치료제를 개발한다. 네빌이 가족과 헤어지는 이 장면에서 함께 가자는 부인에게 네빌은 말한다. "여기는 그라운드 제로야. 내 구역이라고. 아직은 희망이 있어. 치료제를 개발해야 돼." 그러고 나서 가족들을 헬리콥터에 태우고 몇 분도 채 되지 않아 네빌의 가족을 태운 헬리콥터는 다른 헬리콥터와 충돌하고, 네빌은 가족을 잃게 된다. 목숨을 내놓으면서까지 치료제를 개발하려는 네빌이다. 네빌은, 처음에는 학자로서의 의무감과 군인으로서의 책임감 때문에 이 위험한 곳에 홀로 남아 치료제를 개발하려고 했을지도 모르지만 직접적이든 간접적이든 간에 변종 바이러스로 인해 가족을 잃었고, 이로 인한 슬픔과 분노가 네빌을 끝까지 뉴욕에 남아있게 하는 힘이 되었다.

매일 매일 쥐를 통해 자신이 개발 중인 치료제를 시험해 보고, 가끔은 뉴욕에 사는 어둠의 추종자들을 붙잡아 인체실험을 하는 네빌. 그러던 어느 날, 한 시약이 치료제로서의 가능성을 나타내고 네빌은 한 줄기의 희망을 발견한다. 이 영화에서 네빌이 키우는 개 샘은 정말 충실히도 자신의 역할을 한다. 네빌이 어둠의 추종자들이 놓은 덫에 걸려 죽을 뻔 했을 때, 네빌을 지키기 위해 온 힘을 다해 어둠의 추종자들과 싸운다. 그러나 이로 인해 바이러스에 감염되어 결국은 네빌의 손에 죽는다. 네빌에게 있어서 샘은 죽은 가족 대신이었을 것이다. 그래서 네빌은 샘이 죽었을 때 가족을 두 번 잃은 슬픔을 맛보았다. 그래서 네빌은 자포자기의 심정으로 어둠의 추종자들이 활보하는 어두운 밤에 일부러 차를 몰고 나가서 그들과 싸우다가 죽을 위험에 처하기도 한다. 네빌은 매일 같은 라디오 방송을 한다. "제 이름은 로버트 네빌입니다. 전 뉴욕에 살고 있는 생존자입니다. 모든 AM 주파수로 방송하고 있습니다. 매일 정오가 되면 사우스스트리트 항구에 있습니다. 해가 가장 높이 떠 있는 시간에요. 누군가 밖에 있다면, 누구든 있다면 제가 음식도 제공하고 지낼 곳도 제공하고 안전도 보장해 줄 수 있습니다. 누군가 밖에 있다면, 누구든 있다면 제발, 당신은 혼자가 아닙니다." 이 장면에서 네빌이 얼마나 고독한지를 알 수 있다. 네빌은 매일 뉴욕의 고층 빌딩에 올라가 골프를 치거나 항구에 가서 라디오 방송을 한다. 결국, 이 라디오 방송을 듣고 안나와 이든이 네빌을 찾아오게 되고 이들은 네빌에게 생존자 구역인 버몬트로 함께 갈 것을 권유하지만, 네빌은 치료제 개발을 이유로 이것을 거절한다.

안나와 네빌이 다투는 장면에서 2009년 사태의 심각성을 알 수 있다. 60억의 인구 중 90%인 54억의 인구가 바이러스로 죽고 1%만이 면역을 가지고 있으며 1200만 명의 건강한 사람이 남았다. 남은 5억 8800만 명은 어둠의 추종자로 변해버렸고 이들은 배가 고파지면 모든 사람을 먹어 치우고 있다. 결국, 네빌의 피 냄새를 맡고 어둠의 추종자들이 몰려오고 네빌, 안나, 이든은 네빌의 지하 실험실로 대피한다. 이 때, 네빌은 자신의 시약이 치료제로서 확실히 효능을 발휘하는 것을 목격하게 되고 궁지에 몰리게 되자 안나와 이든에게 치료제를 쥐어주고 자신은 수류탄을 들고 어둠의 추종자들 속으로 자폭한다. 영화에서 후대의 사람들은 네빌을 이렇게 소개한다. 2009년 치명적인 바이러스가 우리 문명을 불태웠다. 인류는 멸종 위기까지 몰렸었다. 로버트 네빌 박사는 인류의 구원과 치료제를 찾는데 사활을 다했고 2012년 9월 9일 오후 8시 49분경에 치료제를 발견했다. 그리고 오후 8시 52분 그는 치료제를 보호하기 위해 목숨을 바쳤다. 그가 남긴 것이 우리이고 이것은 그의 전설이다.

흑협(Black mask)

유전자를 변형시켜서 한 단계 업그레이드된 인간으로 다시 만들어진 701부대. 하지만 이 중 가장 뛰어나다고 평가받던 창평이란 전사가 도망친다. 그러자 이 부대의 최고 권력자인 제우스는 량을 만들어서 창평의 뒤를 쫓는다. 창평은 자신이 유전자변형되었다는 것을 끔찍이 싫어하여 정상으로 돌아가고자 한다. 그래서 세계적으로 유명한 유전학자들을 찾아다니며 해독제를 만들어 달라고 부탁하려는 계획을 세운다. 하지만 이 계획을 알아낸 제우스는 량을 시켜서 창평이 찾아갈 만한 유전학자들을 모두 죽이라고 명령한다. 각자 임의로 유전학자들을 찾아다니던 창평과 량은 일본의 한 연구소에서 마주친다. 창평은 분명 뛰어난 개조인간이지만, 량은 그가 가지지 않은 한 능력을 가지고 있어서 량과의 전투는 쉽지 않다. 바로 개조된 눈이다. 안경 같은 장치를 눈에 장착하여 동물처럼 열을 감지하여 사물을 볼 수 있으며, 신체 중에 어느 부분에 힘이 가해지고 있는지 알 수 있어서 다음에 그 사람이 움직일 신체부위가 어디인지도 꿰뚫어 볼 수 있다. 이 전투에서는 결판을 내지 못하고 일단 도망가는 창평. 그리고 창평은 계속해서 해독제를 만들어 줄 사람을 찾다가 홍콩의 유명한 여의사에게 몰래 자신의 혈액 샘플을 건넨다.

같은 시간, 홍콩의 대형 레슬링경기장에서는 서양에서 온 유명한 레슬링선수 '저승사자'와 홍콩의 레슬링선투 '이구아나'의 경기가 준비 중이다. 경제적 이익에 눈이 먼 한 과학자는 인간에게 파충류의 유전자를 주입하여 인간에게 파충류의 능력을 심어주는 유전자변형을 실시한다. 자신이 키우는 레슬링 선수들에게 유전자변형의 위험성에 대해서는 경고하지 않고, 단지 장점과 경제적 이익만을 내세워 여러 선수들에게 파충류와 다른 동물들의 유전자를 삽입한다. 이렇게 유전자변형을 한 개조인간들이 일정시간 이후부터는 스스로 정신과 육체를 통제하지 못하는 것이다. 이성을 잃을 뿐만 아니라, 몸의 형태가 주입된 동물들의 형태로 점점 바뀌어 나가는 것인데, 바로 이 경기 날, 이구아나가 자신을 통제하지 못하게 되어버린다. 그래서 상대편은 물론 자신의 동료들과 관중들을 향해 무차별 공격을 가하게 되고, 점점 이구아나의 모습으로 변해 괴물이 되어버린다. 이렇게 괴물이 되어서 상대편 선수의 아들을 납치하여 죽이려 하는데, 검은 가면을 쓴 남자가 나타나더니 아이를 구하고 이구아나와 싸운다. 검은 가면을 쓴 이 남자는 바로 업그레이드 된 인간, 창평이다. 자신의 신분을 숨긴 채 자신의 힘을 남을 구하는데 쓰고 있는 창평은 이구아나가 단순한 괴물이 아니라 유전자변형된 인간이라는 것을 알아챈다. 그리고 건물에서 떨어지려 하는 이구아나의 손을 잡아 구해주려고 하는데, 이구아나는 스스로 떨어져 죽음을 선택한다.

이구아나의 연인이었던 여성레슬러 카멜레온은 심각한 충격을 받고, 자신들에게 유전자변형 수술을 받을 것을 권유했던 킹이라는 레슬링 개최자를 찾아가 그를 죽이려 하고, 그녀뿐만 아니라 다른 레슬러들도 모두 격분한다. 자신이 원하면 언제든 일반인의 모습으로 돌아갈 수 있다고 그들을 속였다는 것을 이제야 알게 된 것이다. 하지만 사실 킹도 자세한 내막은 하나도 모른다. 유전자변형에 대한 내막을 알고 있는 것은 그가 아니라 과학자, 몰록이다. 그 사이 창평은 자신이 구한 꼬마의 보호자인척 하며 그 여의사가 있는 병원에 들어온다. 그리고는 그 여의사에게 다시 자신의 혈액 샘플을 건네며, 얼마 전 샘플을 보낸 사람이 자신이라는 것을 밝힌다. 그런데 이 병원에는 죽은 이구아나의 시체가 연구실에 있었다. 이구아나가 조사되어 자신들의 정체를 알려질까 두려웠던 몰록은 레슬러들을 시켜 이구아나의 시체를 가져오게 시키고, 이구아나의 혈액샘플 하나마저 찾기 위하여 창평과 함께 있던 여의사를 공격한다.

이 때 여의사는 이구아나의 샘플을 지키기 위해 방금 받은 창평의 혈액샘플을 이구아나의 혈액인 것처럼 속여 넘긴다. 이것이 이구아나의 것이라고 생각하고 철수한 레슬러들은 몰락에게 이 샘플을 넘기는데, 몰락은 이것이 이구아나의 것이 아님을 알아챈다. 그리고는 이 혈액은 업그레이드 된 인간의 혈액인데 이 인간이 레슬러들보다 훨씬 유전자변형의 완성도가 높다는 것을 알아채서, 레슬러들에게 그들을 치료하기 위해서는 창평이 필요하다고 말하며 그를 잡아들일 방법을 고민한다. 그래서 그들이 생각해 낸 방법은 검은 마스크를 쓴다하여 실제 흑협이라 불리는 창평을 똑같이 흉내 낸 레슬러를 만들자는 것이다. 관객들이 속는 것을 두고 볼 리 없는 흑협의 심리를 이용하는 것이다. 그들이 흑협이라는 레슬러를 만들어 내서 TV에 광고하기 시작한 얼마 후, 흑협은 킹의 사무실에 찾아온다. 그리고 흑협이 묻는 것은 이구아나에게 무슨 짓을 했냐는 것이다. 킹은 몰록이 유전자변형을 유발하는 약물을 투여했다는 것을 말하며 또 다른 개조 레슬러들이 있다는 사실을 다 말한다. 이렇게 킹과의 대화에 몰두해 있는 창평을 몰래 지켜보고 있던 몰락은 미리 준비한 사자의 유전자가 포함된 약물을 창평의 목에 주사해버린다. 아주 잠깐이었지만 약물이 투입되어버린 창평은 조금씩 유전자가 변형되는 것을 느낀다. 외모도 바뀌고 거대한 소리도 지른다. 그래서 그는 다시 여의사를 찾아가 해독제를 만들어줄 것을 부탁한다. 그리고 지난번 레슬러들의 공격이후 경찰의 보호를 받고 있는 여의사를 납치한다.

한편, 카멜레온은 몰락의 컴퓨터를 뒤지다가 처음부터 제어되지 않은데도 불구하고 그들이 유전자변형되었다는 사실과 그들의 남은 시간은 약 40시간 정도라는 것 또한 알아낸다. 몰락을 찾아가 따지며 원래대로 돌아오게 만들 것을 요구하지만, 몰락은 이리듐이라는 재료가 없어서 불가능하다며 그들에게 이리듐을 구해올 것을 또 명령한다. 여의사 또한 치료제에는 이리듐이 필요하다는 것을 발견하여 창평도 이리듐을 구하러 간다. 이리듐이 오늘 수입된다는 정보를 얻은 레슬러들과 창평은 모두 항구로 출발한다. 사람들을 무차별적으로 죽이며 이리듐을 손에 넣은 레슬러들. 하지만 그들의 한계시간이 이미 다가왔고 그들은 점차적으로 외모도 변하며 이성을 잃기 시작한다. 이리듐을 손에 넣은 그들과 큰 싸움을 벌이게 된 창평. 결국 이리듐을 손에 넣고, 그들에게서 이기지만 그 또한 사자로 점차 변해간다. 최대한 빨리 집으로 돌아와 여의사에게 해독제를 요구하지만 완성된 해독제는 아직 없었을 뿐더러, 그는 이미 이성을 거의 잃은 상태였다. 기기를 부수고 여의사를 공격하는 창평. 그러나 눈에 띄는 약을 집어 주사하지만 그것은 해독제가 아니었다. 창평과의 스킨십으로 몸이 굳어져버린 여의사는 아무런 대응도 하지 못하다가 겨우 마지막으로 검사 중이던 해독제를 창평의 목에 주사한다. 하지만 그 고통에 몸부림치던 창평은 베란다에서 난간 밖으로 떨어져 버리고 또다시 자신의 주사로 한 사람을 잃었다는 죄책감에 시달리며 여의사는 어찌할 줄 몰라 한다. 하지만 죽게 둘 수 없다며 그를 찾아 건물 밑으로 뛰어 내려갔을 때는 이미 창평은 어디론가 사라진 후이다. 카멜레온이 그를 데려갔기 때문이다. 그녀는 자신의 연인이었던 이구아나를 죽게 만든 것이 흑협이라고 오해하고 있기 때문에 그를 공격하는 것이다. 하지만 흑협은 그때 이구아나가 했던 말과 이구아나가 직접 죽음을 선택했다는 것을 알려준다. 그리고 후회하기 전에 몰락으로부터 벗어나서 해독제를 찾으라는 충고를 해준다.

한편 몰락은 자신의 실험체인 레슬러들에게 약물을 주입하여 일단은 원래의 모습으로 되돌린다. 레슬러들은 몰락이 자신들을 치료한 것이라 오해하며 몰락이 자신들과의 약속을 지켰다고 생각한다. 반면 창평은 여의사가 있는 호텔로 돌아가고, 여의사는 창평이 무사한 것을 보고 너무 기뻐하며 둘은 뜨거운 키스를 나눈다. 처음 창평과 이구아나의 싸움은 레슬링을 중계하려고 모였던 기자들에 의하여 전 세계에 알려졌는데, 이 장면을 본 제우스는 인간의 유전자를 변형하는 과학자가 있다는 것을 알게 되고 그와 함께 연구하고자 량을 보낸다. 그리고 둘이 합심하여서 몰락이 가지고 있는 이리듐과 제우스가 가지고 있는 캘리포니엄을 합쳐 DNA 폭탄을 만든다. 이것을 터뜨리면 이 주변의 사람들 모두가 유전자변형을 당하는 것이다. 이 계획을 알게 되면 흑협이 반드시 나타날 것이 때문에 이를 이용하여 흑협을 잡으려는 계획이다. 사람들을 구하기 위해서, 자신도 위험하지만 흑협은 폭탄이 터지는 것을 막으러 나타난다. 그리고 제우스와 몰락의 두 집단에 속한 많은 사람들과 큰 결투를 벌이지만 그를 사랑하는 여의사와 연인을 잃은 카멜레온의 도움으로 그는 폭탄을 파괴하는데 성공한다. 그리고 유전자 변형된 인간들은 모두 그 자리에서 죽음을 맞이한다.

유전자치료

유전자치료는 1990년 9월 면역결핍증환자에게 유전자를 투여한 것이 그 효시라 할 수 있다. 미국 국립보건원에서 시도하였는데, 환자는 4세 여아로 유전자결핍에 의하여 면역체계에 손상이 있었다. 골수세포를 환자에게서 분리하여 유전자가 포함되도록 형질전환시킨 후 환자의 골수에 다시 주입하였다. 4년 후 이 어린이는 학교에 다닐 수 있을 정도로 정상적인 삶을 누리게 되었으며 의회에서 그녀의 경험에 대하여 증언하기도 하였다. 그 후 세계 각국에서 유전자치료를 시행하기 위한 노력이 진행되어 왔다. 수백 건의 유전자치료 임상실험이 다양한 유전질환을 치료하기 위하여 시도되었다. 그러나 그 결과는 부정적이었다. 중요한 이유는 새로운 유전자를 세포로 도입하는 효율이 낮다는 것이다. 많은 세포에서 형질전환이 이루어지지 않았고, 형질전환된 세포는 질환을 치료하기에는 효과가 충분하지 않았다. 현재 우리나라에서도 식품의약품안전청의 허가를 받은 유전자치료 임상실험이 진행 중에 있다.

그러면 유전자치료 대상질병은 무엇인가? 생명현상에는 필수적으로 유전자가 관여하므로 실제적으로 거의 모든 질환이 유전자치료의 대상이 된다고 해도 과언이 아닐 것이다. 초기 유전자치료의 개념이 도입될 때는 한 개의 유전자가 결핍되어 생기는 유전병, 즉 대사이상 질환을 치료하는 것이 목적이었으나 현실적인 면에서는 환자수 및 기존치료의 한계점 등에 기인하여 암과 AIDS 등이 주된 치료 대상이 되어왔다. 최근에는 기존치료법에 비해 치료효과 면에서 상대적 우위를 지닐 수 있는 순환기 질환, 면역계 질환, 내분비 질환, 신경계 질환 등에 대한 치료법도 많이 개발되고 있다. 더 나아가 환자의 삶의 질을 높여줄 수 있는 것, 예를 들어 관절염 치료 등에도 유전자치료가 도입되고 있다. 또한 질병예방의 백신목적으로도 유전자 전달이 이용되기도 한다. 유전자치료의 원리는 무엇인가? 유전자 치료는 원하는 유전자를 세포 안에 넣어 형질을 발현시켜 잘못된 유전자의 기능을 대신하거나 잘못된 유전자를 대치하는 것으로 기존의 좋은 치료 방법이 없거나 어려울 때 이용되고 있다. 유전자치료는 체세포 유전자치료와 생식세포 유전자치료로 나누어진다. 체세포 유전자치료는 유전되지 아니하고 당대에만 유전자발현이 되도록 체세포에 유전자를 전달시키는 것이다. 시험관 내에서 생식세포이외의 세포에 정상 유전자를 넣고 배양한 후 사람에게 다시 주입하는 것이다. 생식세포 유전자치료는 넣어진 유전자가 후손에 전달되도록 생식세포(수정란이나 발생 초기의 배아)에 유전자를 넣는 것으로 그 원리는 체세포 유전자치료와 거의 유사하나 새 유전자가 생식세포에 삽입되어 있으므로 일생동안 체내에 존재할 뿐만 아니라 그 이후 자손들에게 지속적으로 발현된다.

유전자치료가 수행되면서 생길 수 있는 윤리문제가 무엇인지 알아본다. 첫째, 어떤 질병에 대해 유전자치료를 할 것인가? 불치병이다. 암이나 에이즈 같은 치명적인 질병에 유전자치료는 필요하다. 반면에 인종이나 피부색 등을 변화시키기 위한 유전자치료는 사용하지 말아야 한다. 지적능력(예: 기억력) 향상, 노화방지, 신체기능 향상 등을 목적으로 유전자치료를 사용하는 것은 윤리적으로 허용되지 않는다. 생명윤리 및 안전에 관한 법률에는 유전자치료에 대해 규정하고 있다. 이 법률에는 유전질환, 암, 후천성면역결핍증 그 밖에 생명을 위협하거나 심각한 장애를 초래하는 질병의 치료, 현재 이용 가능한 치료법이 없거나 유전자치료의 효과가 이용 가능한 다른 치료법과 비교하여 현저히 우수할 것으로 예측되는 치료에 유전자치료를 할 수 있다고 규정하고 있다. 그리고 정자, 난자, 배아 또는 태아 등 생식세포에 대해서 유전자치료를 해서는 안 된다고 규정하고 있다. 자칫 잘못하면 우성형질 유전자를 치료해서 유전자 변형된 인간이 태어날 수 있기 때문에 유전자치료의 범위를 체세포로 한정하고, 또 현재 치료가 어려운 질병에 유전자치료를 허용하고 있다.

둘째, 이 질병들을 치료하기 위한 다른 치료방법이 있는가? 대안이 있을 때, 유전자치료를 권해서는 안 된다. 유전자치료는 아직 실험단계에 있고 효과를 정확히 예측할 수 없다. 이미 유전자운반체에 대한 부작용이 나타난 만큼 대안이 없는 병에 한해서만 실행되어야 한다.

셋째, 유전자치료에 따른 예상되는 신체적 손해는 어떤 것인가? 이 질문을 달리 표현하면, 유전자치료의 안전성은 확보되었는가 하는 점이다. 당연히 임상실험 전에 세포배양과 동물실험을 통해 유전자치료의 안전성을 확보해야 한다. 특히, 바이러스를 유전자 운반체로 사용하기 때문에 부작용을 충분히 검토한 후에 실시되어야 한다.

프랑스 파리에 있는 네케르 어린이병원에서 실시된 유전자치료의 결과가 2000년 4월 〈사이언스〉에 발표되어 세상을 놀라게 하였다. 유전자치료를 한 지 약 1년, 중증복합면역부전증을 갖고 태어난 아이의 몸 안에는 면역 시스템이 생기고 통상적인 어린이와 다르지 않은 생활을 할 수 있게 되었다. 그러나 이후 치료받은 11명의 소년가운데 2명에 백혈병이 발생하였다. 그리고 그 이전 1999년 9월 미국 펜실베니아 대학에서 발생한 유전자치료 사고가 있었다. 당시 18세의 제시 겔싱어는 유전질환인 OTC 결핍증 (신체에 암모니아를 증가시키는 질병)을 가지고 있었다. OTC 결핍증은 식이요법으로도 생명을 유지하는데 지장이 없음에도 불구하고 제시는 일부러 유전자치료 임상시험에 자원하여 펜실베니아 대학에서 유전자치료를 받았다. 그는 OTC 유전자가 포함된 아데노바이러스를 가지고서 치료를 받던 중 치료 시작 후 4일 만에 호흡 곤란으로 사망하였다. 사망원인은 아데노바이러스 투여에 의한 면역 독성이었다. 투여된 아데노바이러스가 목표장기인 간뿐 아니라 다른 장기까지 침투되었던 것이다. 이로 인해 수 시간 내에 면역성이 증가되고 염증반응을 보여 환자 체온이 섭씨 40.3 도까지 올라 갔다. 다음날에는 혼수상태에 빠졌고 인공호흡기를 부착하였으나 폐는 흉수로 가득 찼고 더 이상 혈액을 산화시킬 수 없게 되어 결국 사망하였다. 이 사망사고의 경우에 전임상실험에서 두 마리의 원숭이가 죽었음에도 불구하고 사전에 통보하지 아니하였던 점이 후에 문제점으로 지적되었다. 사망사건이 벌어지자 미국 정부는 펜실베니아 대학이 유전자치료 임상실험의 감독을 제대로 못했다는 이유를 들어 펜실베니아 대학에서 시도되는 모든 유전자치료 임상실험을 중단시켰고, 펜실베니아 대학 당국은 사건이 발생한 유전자치료연구소에 대해 더 이상 유전자치료 임상실험을 하지 않고 앞으로는 기초연구와 동물실험에만 전념하도록 하는 내용의 조치를 취하였다. 이와 같이 유전자치료의 부작용을 고려해야 하는 것이다. 숙주 염색체 중 기능적으로 중요한 부위에 바이러스 유전자의 삽입으로 암유발 가능성이 있고 또한 다른 바이러스에 의해 암을 유발하는 원래의 성질을 갖게 될 수 있다.

넷째, 유전자치료 방법을 사용할 경우 예상되는 이득은 어떤 것인가? 만약 유전자치료가 환자에게 심각한 해를 가하지 않지만 환자에게 별 이득 또한 주지 않을 경우, 유전자치료는 허용될 수 있을까? 생명윤리의 여러 원칙중 하나인 선행의 원칙은 적극적인 선을 행하는 것이다. 즉, 하나의 판단이나 행위가 윤리적인 것이 되기 위해서는 선행이 필요조건으로서 만족되어야 한다, 이 원칙을 유전자치료에 적용해보자. 만약 유전자치료가 환자에게 심각한 해를 가하지 않지만 환자한테 별 이득 또한 주지 않는 경우 그 치료는 선행의 원칙에 의거하여 비윤리적인 것이 된다, 왜냐하면, 유전자치료가 윤리적인 행위가 되기 위해서는 그 치료가 환자에게 반드시 이득이 되어야 하기 때문이다. 예를 들어, 별 이득도 예상되지 않는 치료법을 단지 연구자의 지적 호기심을 충족시킬 목적으로 환자에게 행한다면 그것은 비윤리적인 행위가 된다. 따라서 유전자치료가 허용되기 위해서는 안전성이 확보되어야 할 뿐만 아니라 환자에게 이득을 줄 수 있어야 하고, 적어도 이득을 줄 가능성이 있어야 한다.

다섯째, 유전자치료를 받을 환자를 선정함에 있어서 공정성을 기하기 위해 어떤 절차를 밟을 것인가? 만약 유전자치료를 받기를 희망하는 자원자가 많을 경우 어떠한 기준에 의하여 환자를 선별해야 하는가? 예를 들어, 미국에서 행해진 뇌종양 유전자치료의 경우 계획서상 20명이 승인된 연구에 무려 1,000명이 신청했다. 누구에게 우선권을 줄 것인가? 먼저 신청한 사람에게? 병이 위중한 사람부터? 실험적 치료의 위험성을 이유로 어린이들을 제외할 것인가? 의학적 기준이외에 정치적, 경제적, 사회적 조건을 고려할 것인가? 이런 경우 환자선발위원회 같은 기구가 있다면 환자선발의 공정성이 확보될 수 있을 것이다.

여섯째, 유전자치료법을 사용하기 위해 의료진은 환자 또는 보호자에게 반드시 충분한 설명에 근거한 동의를 받아야 한다. 이를 위해 어떤 절차가 마련되어야 하는가? 환자의 동의는 유전자치료의 윤리문제에 있어서 가장 중요시되는 부분이라고 할 수 있다. 환자는 의료진으로부터 유전자치료에 대한 설명을 들은 후에 충분한 정보를 가진 상태에서 자발적으로 동의해야만 한다. 환자가 미성년자인 경우에는 부모가 대리로 동의할 수 있다, 이때 의료진은 환자에게 유전자치료의 장점뿐만 아니라 단점 또한 정확하고 공정하게 설명하여야 한다, 그리고, 환자에게 설명할 때에는 비전문적인 용어로, 필요하다면 반복해서 설명해야만 한다.

일곱째, 환자의 사생활권과 의료기밀을 어떻게 보호할 것인가? 환자의 사생활권 보장과 비밀 유지는 수술을 받는 환자를 보호한다는 측면에서 매우 중요하다. 특히, 유전자치료에 관한 보도는 언론 매체에 의해 크게 다루어지곤 하기 때문에 환자 보호를 위하여 환자의 인적사항이 함부로 알려지지 않도록 주의해야 한다. 성덕 바우만의 경우, KBS는 그의 사생활을 100% 공개했다. 어린 날의 입양시절부터 20살의 청년으로 자라나기까지 삶과 투병생활이 모두 방송되었다. 심지어 이복누나와 사촌누나까지 얼굴이 TV에 나왔다. 사생활을 침해한 방송은 성덕 바우만에게서 개인생활을 앗아갔다. 그는 백혈병 완치 후에도 많은 이의 시선을 받고 사생활을 유지할 기회를 잃어버렸다. 물론 골수기증자를 찾아야 했던 만큼 신분노출은 불가피 한 것이었으나 그의 병상기록, 화학요법으로 인한 불임, 치료 후 직장과 결혼, 가족관계 등이 모두 밝혀졌다. 그러므로 언론보도가 꼭 필요하다고 여겨지는 경우, 사전심의를 거쳐 연구자가 언론에 공개하는 것이 필요하다. 특히, 환자가 어린이인 경우 신분노출은 돌이킬 수 없는 결과를 가져올 수 있으므로 주의를 기울여야 한다.

유전자치료는 만병통치인가? 아직은 아니다. 1990년 유전자치료가 처음으로 시도된 이후 전 세계적으로 수많은 자금과 노력이 동원되었으나 성과가 미지수이다. 현재의 유전자치료는 동물을 대상으로 한 실험에서 어느 정도 효과가 인정되고 있으나 인간을 대상으로 한 실험에서 다음과 같은 문제점이 발견되었다. 첫 번째로 현재 사용하는 유전자전달체가 유전자를 암세포나 면역세포에 전달하는 효율이 낮다는 점이다. 두 번째로 암세포에 선택적으로 유전자를 전달할 방법 혹은 전달된 유전자가 정상조직에는 손상을 주지 않으면서 암세포에서만 선택적으로 작용할 수 있는 전략이 없다는 점이다. 따라서 아직은 충분히 검증되지 않은 단계에서 임상에 적용하기에는 이르며, 자칫 유전자치료는 불필요한 유전형질의 변화를 초래할 수도 있어 예상치 못한 부작용이 발생될 위험도 있어 조심스러운 접근과 장기적인 연구가 필요하다. 유전자 이입의 효율성 향상, 이입된 유전자의 적절한 발현 및 기능 유지, 부작용의 예방을 위한 안전성의 확보 등 해결해야 할 많은 과제가 있다.

결론

아마도 현대 의학에서 가장 떠오르고 있는 분야 중 하나가 유전자치료일 것이다. 유전자 변형 기술의 발달로 인해 유전자치료 연구가 활발하게 진행되고 그 성공가능성이 늘고 있다. 하지만 유전자치료가 우리에게 청신호만을 비추진 않는다. 유전자치료의 부작용이나 문제점을 생각해보지 않을 수 없다. 특정 질병에 해당하는 유전자만 정상 유전자로 바꾸는 것이 단순해 보이지만 그 운반체가 어떤 영향을 미칠지 모르며, 원하는 부위가 아닌 다른 부위에 유전자 이식이 되었을 경우의 문제점 등 기술적으로 부족하며 신체의 부작용이 심각할 수 있는 것이다. 영화 '레지던트 이블'은 선천적인 다리의 장애를 극복하기 위해 사용한 운반체의 잘못으로 인류에게 커다란 재앙이 닥침을 보여주는 영화로 유전자치료에 대해 시사하는 바가 많다. 따라서 유전자치료의 안전성에 관하여 많은 연구를 하여 안전성이 확보된 상태에서 환자에 임상실험을 할 필요가 있다.

뿐만 아니라 윤리 문제점도 빼놓을 수 없다. 유전자치료는 현재의 의료기술로 고칠 수 없을 때 사용하여야 할 것이다. 또한, 우생학적인 이유로 유전자치료 기법은 사용되지 말아야 할 일이다. 질병 외의 미용이나 능력향상 목적으로 쓰이는 유전자변형은 맞춤아기결과를 초래할 수 있다. 만약 그러한 일이 벌어진다면 모든 사람들은 최상의 유전자를 가지려고 노력할 것이다. 즉, 돈으로써 좋은 유전자를 사게 되고 그들은 좋은 유전자를 가지고 더 많은 돈을 축적할 것이다. 그러면서 자연스럽게 좋은 유전자를 가진 그룹과 일반적인 유전자를 가진 그룹으로 나눠지게 되고 시간이 지남에 따라 모든 사람이 획일화 될 것이다. 어느 생명체이든지 다양성이 확보되어야 이로운 것이며 어느 형질이 더 좋고 나쁘고를 따진다는 것은 무의미한 것이다. 그러므로 우리는 기술적인 면뿐만 아니라 유전자치료가 초래할 윤리 문제점까지 고려하여야 할 것이다.

8

유전자변형생물체 이야기

지구상의 생물체는 매우 다양한 종의 구성으로 이루어져있다. 우리는 다양한 생명의 조합과 그로부터 나오는 자연현상을 생물다양성이라고 부른다. 생물다양성은 무한의 가치를 지닌다. 인간은 생물다양성으로부터 식량, 연료, 주거, 건축자재의 공급을 받는 등 생활의 거의 모든 것을 얻고 있다. 생물다양성은 수십억 년에 걸쳐 진화된 산물로서 한번 파괴되면 다시 복구되기 어렵다. 그럼에도 불구하고 개별 종이 감소되고 있고, 멸종위기에 처한 종도 무려 식물이 34,000종, 동물이 5,200종이다. 인간은 많은 산업적 발전을 이루었지만 자연은 훼손되었다. 인간 활동으로 인해 오존층이 감소되었고, 기후가 변화하여 생태계의 붕괴와 소멸이 발생하게 된 것이다. 이러한 결과로 여러 가지 문제점이 발생하고 있는데, 그중 하나가 바로 생물이 지니는 원천적 유전자원의 감소이다.

요즘, 미디어에서는 유전자변형식품, GMO(genetically modified organism), LMO (living modified organism)등 유전자변형 관련 용어를 심심치 않게 볼 수 있다. 일반적으로 유전자변형작물을 가리켜 GMO라고 사용하는 경우가 많았기 때문에 위의 용어들이 농작물에만 관여하고 있다고 생각할 수도 있다. 그러나 이 용어들은 동물, 식물, 미생물까지 모든 생물에 대한 유전자변형을 나타내는 것이다. 무르지 않는 토마토, 병충해 걱정 없는 벼, 푸른 장미, 리소자임을 생산하는 염소와 같은 유전자변형생물 전체를 가리키는 단어이다. 과학자들은 유전자변형 기술을 이용하여 식량부족 국가에게 생산량이 증가한 쌀을 공급할 수 있는 장밋빛 미래를 예견하기도 한다. 그런데 왜 시민단체는 GMO 반대 시위를 하는 것일까? 이제 그 이유를 알아보기 위해 유전다양성 파괴를 일으킬 수 있는 유전자변형 기술의 정의와 그것이 야기할 수 있는 문제들을 살펴보도록 하겠다. 우선 유전자변형을 소재로 만든 영화를 감상한다.

영화 이야기

미믹(Mimic)

뉴욕에서는 원인을 알 수 없는 병원균의 확산으로 사람들이 죽어가고 있었다. 어린아이에게 특히 치명적인 이 질병은 바퀴벌레에 의해 균이 옮겨진다는 것만 밝혀질 뿐 치료약이 없는 상태이다. 바퀴벌레에 의한 확산을 막기 위해 뉴욕주립대 곤충학 교수인 수잔은 흰개미와 사마귀의 합성 유전자로 새로운 종을 만들어낸다. 그리고 이 새로운 종에게는 주다스라는 이름이 붙여진다. 이 생물체로 인해 바퀴벌레는 박멸되고 더 이상의 희생자가 나오지 않지만, 새로운 종의 창조는 하나님만이 할 수 있는 고유 영역이라고 생각하는 사람들에 의해

수잔은 도덕적으로 비난을 받는다. 그로부터 3년 뒤, 수잔은 동네 빈민층 아이들에게서 희귀한 벌레를 사게 되는데, 그 벌레가 바로 수잔이 전에 만들었던 주다스의 새끼임을 알게 된다. 주다스 종은 생식 능력이 없게 만들어졌고 수명도 기껏해야 6개월을 못 넘기도록 만들어졌기 때문에 새끼의 출현은 불가능했던 일로 알고 있었다. 수잔은 보건국에 다니는 남편 피터와 함께 주다스 종의 새끼가 나왔다는 지하철을 수색하려 하지만 지하철 경비인 래너드의 저지로 수색에 실패한다. 다음날 수잔은 하수구에서 이상한 생물체를 발견하고, 동료 박사인 게이츠에게 조사를 의뢰한 뒤 피터의 조수 조시와 함께 다시 지하철로 들어간다. 이들은 이상한 분비물을 발견하게 되고, 수잔은 괴물의 공격을 받아 납치되며 주다스의 정체를 확인하게 된다. 생식 기능을 없애 만들어낸 곤충이지만 그 곤충 스스로 진화하여 엄청난 번식을 하고 있었던 것이다. 특히, 곤충이 천적과 비슷한 방향으로 진화한다고 하는데 그 주다스는 바로 인간의 모습과 비슷하게 진화해 있었다. 주다스의 습격을 받아 수잔 일행은 뿔뿔이 흩어지지만 수잔이 번식의 원인인 한 마리의 수컷 주다스를 철로로 유인하여 죽이고, 남편 피터가 지하 가스관을 폭발시켜 나머지 암컷 주다스를 없애고 영화는 끝이 난다.

주다스는 생식 능력을 제거해서 번식력이 전혀 없게 만들어졌고, 수명도 기껏해야 6개월을 못 넘기도록 만들어졌기 때문에 새끼의 출현은 불가능했던 일이었다. 하지만 주다스는 죽어야 하는데 번식을 하고 있었던 것이다. 이 사실을 알고 난 수잔이 자신의 교수에게 해결방법을 가르쳐 달라며 조언을 구했을 때 교수는 “원하는게 해답인가? 아니면 면죄부인가?” 하고 묻는다. 그 뒤 교수는 다시 “자네 덕에 손자들이 숨쉬며 살고 있어. 내가 심판을 한다면 위선일 뿐이지.” 라고 말한다. 유전공학의 발전에 대한 양면적인 면이 드러나 있다. 새로운 종의 창조는 하나님만이 할 수 있는 고유 영역인데 유전자를 바꾸면서 신의 영역을 거스른 수잔은 도덕적 비난을 받을 만한 큰 죄를 지은 것일 수도 있다. 하지만 또 비난할 수만은 없는 것은 수잔 덕분에 많은 어린아이들이 죽지 않고 살았기 때문에 살게 된 어린아이들의 생명을 생각한다면 생명을 살린 그녀의 공로를 무시할 수는 없기 때문이다. 원래 곤충들은 폐가 없어야 하는데 주다스는 폐가 있었고, 분비액은 일반 곤충들과 똑같았다. 변종한 것이다. “세상은 하나의 거대한 실험실이야.” 라고 말한 교수의 말처럼 우리가 살고 있는 이 세상은 하나의 거대한 실험실과도 같다. 우리가 원하는 대로 유전자를 변형하여 생물을 만든다고 하여도 생물체는 진화를 통해 생존하기 때문에 돌연변이의 가능성도 있다. 돌연변이의 결과가 긍정적인 경우도 있지만, 이 영화에서 주다스가 인간과 천적 관계가 되어서 사람들을 공격하여 죽였던 것처럼 우리가 유전자변형을 통하여 만든 생물들이 나중에는 우리들을 위협하게 될지도 모른다.

스파이더맨(Spider man)

주인공인 피터 파커는 약간 소심한 고등학생으로 영화 초반부터 약한 모습을 보인다. 부모님은 없고 삼촌과 숙모의 집에서 살며 옆집에 사는 엠제이를 남몰래 좋아하는 그는 학교의 깡패들에게 괴롭힘을 당하기도 하며 다른 학생들에게도 무시당하며 생활한다. 시간이 흐른 후 피터는 콜롬비아대학 과학부에 견학가게 된다. 견학 중에 엠제이에게 말을 걸 구실로 사진을 찍던 피터는 연구소에서 거미들의 유전자로 합성한 슈퍼거미에게 물리게 된다. 그 다음날 피터에게는 희한한 일들이 일어난다. 안경을 썼던 피터의 눈이 갑작스럽게 시력을 회복하고, 볼품없었던 피터의 몸이 근육으로 근사한 몸이 되었다. 손바닥은 자석처럼 여기저기 붙을 수 있고, 손목에서 거미줄이 나오며 감지능력이 뛰어나 민첩하게 행동할 수 있게 되었다. 그러는 사이 피터의 친구 해리의 아버지인 노만은 발명품의 임상실험이 인증되지 않자 정부로부터 지원을 받지 못하게 된다. 결국 노만은 자신이 인체실험대상자가 되어 실험을 하면서 자기와 다른 고블린으로 바뀐다. 한편 피터는 엠제이가 멋진 차를 보고 좋아하는 모습을 본 후 차를 사기 위해 돈을 모은다. 마침 신문기사에 아마추어 레슬러에서

3분 동안의 챔피언을 이기면 3천 달러를 준다는 광고에 스파이더맨으로 출전한다. 철장 속에서 시작된 레슬러에서 스파이더맨은 자기의 힘을 발휘해 2분 안에 챔피언을 이긴다. 하지만 그 협회에서는 3분을 채우지 못했다는 이유로 100달러만 피터에게 준다. 피터는 억울한 마음을 가진 채 나오는 도중 그 협회에 강도가 들게 된다. 피터는 강도를 잡을 수 있는 기회였는데도 놓아주게 된다. 결국 그 강도는 피터의 아버지와도 같던 삼촌을 살해하게 되었고 피터는 자신의 어리석음을 깨닫고 삼촌이 말했던 강한 힘에는 책임이 따른다는 것을 지키기 위해 어려운 사람들은 돕게 된다.

시간이 지난 후 우연히 마주친 엠제이. 하지만 엠제이는 해리와 교제중이었고, 피터는 자신에게 알리지 않은 해리에게 야속함을 느낀다. 일자리를 찾던 피터는 스파이더맨의 사진을 찍으면 큰돈을 준다는 말에, 자신의 모습을 직접 찍으며 신문사에 사진가로 일자리를 얻는다. 노만은 경쟁사가 없어져 자신의 군수회사가 유리한 이점을 차지하자 자신을 비난하는 사진기사에 원한을 품어 축제에서 고블린으로써 횡포를 부린다. 스파이더맨이 자기와 한 팀이 되길 원했지만, 스파이더맨은 선을 택하게 되었고 결국 노만은 스파이더맨의 적이 된다. 노만은 피터가 스파이더맨인 것과 자신의 아들 해리와 교제중이였던 엠제이를 피터가 오래 전부터 사랑한다는 것을 알고 스파이더맨을 곤경에 처하게 만든다. 스파이더맨은 위기에 빠진 아이들과 엠제이를 구한 후 고블린과의 싸움을 계속한다. 노만은 스파이더맨의 공격으로 자신이 위험에 처하자 자신이 노만임을 밝힌다. 스파이더맨이 갈등을 하는 틈에 노만은 공격을 해온다. 하지만 민첩한 감각 능력으로 피하게 된 스파이더맨 대신 고블린인 노만 자신이 글라이더에 찔리게 되고 마지막 유언으로 자신의 정체를 숨겨달라는 부탁을 하고 죽게 된다. 한편 엠제이는 자신이 사랑하는 사람이 피터임을 깨닫고 고백해보지만, 피터는 자신의 비밀로 인해 사랑을 받아주지 못한다. 한편 해리는 자신의 아버지를 죽인 자는 스파이더맨이라 생각하고 복수를 품는 모습을 보이며 영화는 끝난다.

둠(Doom)

이 영화는 먼 미래에 일어날 수 있는 일을 가정하여 만든 영화이다. 2026년에, 유적 탐사를 벌이던 고고학자들은 화성으로 이동할 수 있는 포털을 발견하면서 화성 기지에는 연구소가 세워지고 여러 과학자들이 연구를 하게 된다. 그러던 어느날 갑자기 화성에 있는 올더바이 연구소에서 알 수 없는 긴급상황이 발생하자 지구에서 해병대 특수작전팀을 구조대로 파견하는 데 구조대는 정확히 무슨 일이 일어났는지도 모르는 체 작전에 투입되게 된다. 구조대가 구조할 대상은 파견직원 수십명과 과학자 6명 등이다. 이들은 지구로의 감염경로를 차단

하고 감염체 및 위험물을 제거하라는 명령을 받는다. 이들은 자기들이 싸워야 할 존재가 누구인지도 모른체 작전을 수행한다. 그러던 도중 한 명의 박사 연구원을 발견하게 되는데 이 박사의 모습은 사람의 형체가 많이 변한 상태이다. 한 명 한 명 발견되는 연구원의 모습은 다들 이와 같은 형체를 가지게 되고, 알 수 없는 괴물의 공격을 받아 해병대 특수작전팀도 많은 인명피해를 입게 된다. 돌연변이에 의한 것이란 추측을 할 뿐 별다른 증거를 발견하지 못한다. 그리고 고고학자인 여자연구원이 무슨 짓을 꾸몄을 거란 추측을 하게 된다. 그러던 도중 연구소에서 발견된 비디오 테이프에서 괴물의 실체가 밝혀진다. 비디오의 내용은 다음과 같다.

- 03분, 실험체에 약제 주사
- 생체기능 정상, 실험체의 긴장으로 박동수 증가
- C-24염색체 이식 성공
- 17분, 실험체를 관찰실로 옮김
- 실험체: 커티스 스탈
- 전과: 연쇄살인 사형수
- 주사 후 49분 경과 사지에 급속한 돌연변이가 진행됨

이 영상으로 인해 괴물의 존재는 24번째 염색체를 주입한 인간이라는 것으로 판명된다.

영화 초기에 염색체가 23쌍이 아닌 24쌍이 될 경우 초인이 된다는 연구원의 말이 아마 이 영화 전반적인 내용에 대한 복선을 깔아 주고 있다. 하지만 24번째 염색체를 주입하는 것으로 모두 괴물로 변하는 것은 아니라는 것을 알게 된다. 그 사람의 성품에 따라 괴물로 변할 수도 있으며 그렇지 않고 초인으로 변할 수도 있다는 것을 알게 된다. 즉 유전체가 감염대상을 선택하는 것이다. 사람이 악마 유전자를 가지고 있으면 24번째 염색체를 주입할 때 괴물로 변한다는 것이다. 결국 괴물을 처치하기 위해 괴물이 될 위험에도 불구하고 24번째 염색체를 특수작전팀원 중 한 명에게 주입하게 되고 특수작전팀원은 괴물이 아닌 초인이 되어 괴물을 처치하게 된다.

이 영화는 유전자변형이 인간에게 있어 얼마나 큰 위험성을 가져다 주는지를 보여준다. 인간유전체연구로 인해 새로운 인간 유전자와 단백질의 동정이 가능하게 되었다. 하지만 영화에서 보았듯이 하나의 유전자를 바꿈으로써 질병이 퇴치되는 것이 아니다. 질병을 일으키는 유전자는 하나의 유전자가 아닌 여러 유전자가 상호 작용함으로써 일어나게 되는 것이다. 따라서 어떤 유전자가 정확히 무슨 작용을 하는지 모르고 다른 유전자로 바꾸면 그 다른 유전자가 원래 존재하고 있던 유전자와 상호작용을 하여 더 심각한 문제를 발생시키고 있을 것이라고 이 영화에서는 말하고 있다. 둠에서처럼 초인이 될 수 있는 유전자를 발견하여 주입할 수 있게 된다면 가진 자들은 이러한 유전자를 투입하여 점차 완벽한 인간이 되어지고 가지지 못한 자들은 돈이 없다는 이유만으로 원래의 인간으로 존재하게 된다. 그렇게 되면 변형된 인간과 원래의 인간 사이에 계급이 나눠지게 되고 변형된 인간이 지배할 수 있는 세상이 올 지도 모른다. 그리고 결국에는 모든 사람은 변형된 사람으로 될 것이다. 이렇게 되면 모든 사람의 유전자가 점차 동일하게 변하게 될 것이다. 인간의 다양성이 사라지게 되어 환경변화가 존재할 시 모든 인류가 전멸해 버릴 수 있는 위기에 처해지게 될 것이다.

헐크(Hulk)

과학자는 무슨 재생관련 연구를 하는 것 같았다. 불가사리의 몸을 자르고 거기서 조직을 채취하고, 또 도마뱀과 개구리 등 재생능력이 뛰어난 동물로 실험하는 것으로 보아 유추할

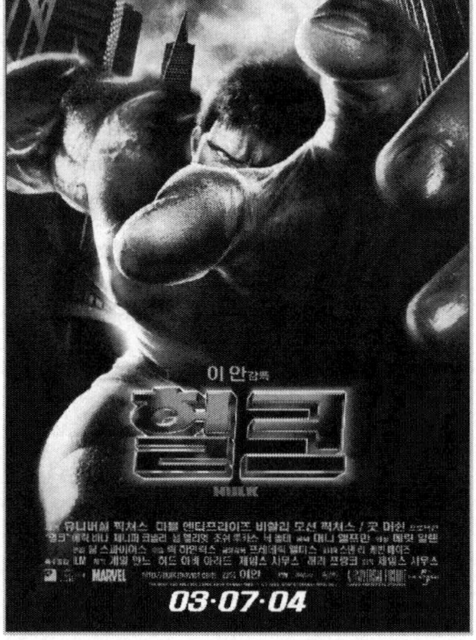

수 있다. 과학자는 결국 어느 정도의 실험을 성공하였지만 인체실험의 허가를 받지 못해 결국 좌절하고 만다. 고민하던 끝에 결국 내려진 결정은 자기 자신한테 하는 실험이었다. 이 실험이 성공한다면, 전쟁으로 상처를 입은 부상자들의 치료는 문제가 없기에 국가차원에서 권장되는 높은 가치의 실험이다. 하지만 인체실험을 하던 중 아내가 임신을 하게 되고 과학자는 자신의 유전자가 아들에게 유전됨을 발견하였다. 실험도중 실험실 안에서 사람의 혈액이 발견된 것을 보고 군인에게 실험을 못하도록 한다. 결국 과학자는 실험실을 폭파시키고 집으로 돌아와서 어쩌면 인간에게 있어서 해가 될 수 있는 자신의 아들을 죽이려 하지만 그것을 만류하던 엄마가 대신 칼에 찔려 쓰러진다. 그후 과학자는 구속되고 아들 브리스는 입양이 된다.

입양 후 브리스는 대학에 입학하고 평범한 생활을 하게 된다. 브리스는 과학자로써 두각을 보이고 결국 과학자가 된다. 하지만 그 연구 분야는 아주 우연히도 아버지가 했던 분야와 똑같은 재생관련 연구였다. 이 연구는 다른 회사에서도 스카웃 제의가 계속 될 정도로 가치가 높은 연구이다. 하지만 연구 도중 감마선에 노출된다. 감마선 노출에 우연히도 살아남은 브리스에게 아버지 과학자가 나타난다. 그리고 과거에 대해서 말해 주려 하지만 브리스는 거부하고 아버지를 쫓아낸다. 그리고 그 후 브리스의 아버지는 브리스의 실험실에서 브리스의 머리카락을 주워서 실험실로 들고 와서 유전자를 검사한다. 이때 나오는 염기서열은 소름을 돋게 했다. 인간과 다른 유전자가 자신의 아들에게도 나타난다는 것을 알게 된 것이다. 한편 브리스는 자신의 과거와 감마선 노출에서 자신이 살아남게 된 것이 무엇인지 알기 위해 연구를 시작하면서 브리스는 정신적 충격과 더불어 흥분을 하게 되자 몸에 이상한 변화가 일어난다. 근육과 골격 구조이 커지면서 피부는 강철같이 단단해지고 힘도 엄청 강해진다. 이렇게 강해진 자신을 보고 충격에 휩싸인 브리스는 실험실을 초토화시킨다. 집으로 돌아온 브리스는 다음날 자신의 동료이자 연인인 베티와 이야기를 나눈다. 자신의 과거와 어제의 사건들에 대한 이야기다. 하지만 아무것도 알지 못하는 브리스는 더욱 혼란에 빠진다. 다음날 베티의 아버지가 브리스를 찾아와서 군부 비밀사항을 알아내려고 하지만 브리스는 아무 기억도 하지 못한다. 그날 밤 브리스의 아버지는 의도적으로 브리스를 헐크로 만들기 위해서 브리스의 유전자를 주입한 사나운 개를 베티에게 보낸다. 그리고 브리스는 헐크가 되어 사나운 개로부터 그녀를 구한다.

하지만 헐크가 무서운 그녀는 그녀의 아버지에게 연락해 그를 마취시키고 사막 군부기지로 데려가서 실험을 한다. 실험하는 이유 또한 그를 군사적으로 이용했을 때의 가치를 생각한 것이다. 그가 만약 군사적으로 이용된다면, 탱크 100대보다 더 큰 가치를 낼 수 있기 때문이다. 하지만 연구 도중 그가 다시 헐크로 변하자 군인들은 속수무책으로 당한다. 착한 헐크는 기지를 도망 나와 그녀를 찾아 시내로 간다. 여기서도 헬기와 탱크가 동원되지만 그의 강철같은 피부와 재생능력 앞에서는 무릎을 꿇는다. 시내에 도착한 그는 그녀를 만나자 마자 다시 원래의 브리스로 돌아온다. 그리고 구속된 그의 아버지와 대면하지만 그의 아버지 또한 헐크 못지 않은 능력을 지녔다. 그 능력은 손에 접촉된 사물의 능력을 흡수하는 것이다. 그래서 그의 아버지가 생각해 낸 방법은 헐크와 접촉을 해서 헐크의 힘을 모두 흡수하는 것이었다. 먼저 헐크를 설득해 보지만 브리스는 아버지를 인정하지 않자, 그의 아버지는 전기를 흡수해서 헐크를 자극하고 헐크는 그의 아버지와 혈투를 벌인다. 결국 핵폭탄 투하에 의해 헐크와 그의 아버지는 사라진다. 그리고 1년 후 어느 정글에서 어떤 한 탐험가와 마을 주민들이 정부에서 파견된 무장 단체와 실랑이를 벌일 때 그 탐험가는 그 무장단체에게 말한다. "날 너무 화나게 하지 않는게 좋을걸" 그는 브리스였다. 그리고 영화는 막을 내린다.

블랙 쉽(Black sheep)

영화 초반에는 어느 평화로운 뉴질랜드 목장의 풍경이 펼쳐진다. 이 목장에는 앵거스와 헨리라는 형제가 나온다. 이 형제 중 앵거스는 형이고 헨리는 동생으로 나오는데 앵거스는 헨리와 달리 양을 참 쉽게 죽이고 또 그 죽인 시체를 자기 머리위에 뒤집어 쓰고 동생 헨리에게 장난을 치는 장면이 나온다. 이렇게 시체를 뒤집어쓰고 헨리에게 장난을 쳤기 때문에 헨리는 정신적 충격을 입는다. 그 일을 겪고 15년이라는 시간이 흘러 간다. 15년이 지나고

다시 농장 풍경이 펼쳐져 있는데 어떤 택시가 양떼들 사이에 둘러싸여있다. 이 안에는 그 때보다 15살을 더 먹은 헨리가 타고 있다. 그런데 웬일인지 헨리는 자기가 타고 있는 택시가 양떼들에게 둘러싸여 있자 안절부절 못하고 땀까지 흘리고 있다. 예전 어렸을 때 헨리 형 앵거스가 양을 함부로 죽이고 그 시체를 뒤집어써서 헨리에게 장난을 쳤기 때문에 그 정신적 충격을 겪고 양에 대한 정신적 질환을 겪고 있었던 것이다. 그 일을 겪고 15년 동안 농장이 아닌 다른 곳에서 지내오다 형에게 볼일이 생겨서 다시 농장으로 돌아오는 동안에 예전 그일 때문에 생긴 양 공포증으로 고생을 하고 있는 것이다. 이에 반해 헨리의 형 앵거스는 그 목장에서 계속 지내왔고 양 업계에 대부가 되어 있었다. 그리고 이제 시대의 흐름에 따라 양을 품종개량을 시켜서, 즉 유전적인 변화를 일으켜 보통 양들보다 더 뛰어나고 질 좋은 양을 개발하고 있었다. 하지만 양의 품종 개량을 하는데 있어서 아주 잔인한 방법까지 서슴치 않고 동원하고 있었다.

양이라는 한 생명을 너무 쉽게 죽이고 그리고 개인 이익을 위해서 그런 실험을 하고 있었다. 이 일들은 외부인들이 모르게 아주 조용히 몰래 진행되고 있었다. 그러다가 환경보호단체 사람 2명이 이 일을 목격하고 그 연구소에서 나오는 폐기된 양 한 마리를 입수한다. 잔인하게 생명을 다루는 연구자들과 그 관계자들을 고발하기 위해 증거품으로 제출하기 위해서이다. 그러다 환경보호단체 사람이 급히 도망치는 바람에 넘어지자 폐기양이 살아나 사람의 살을 뜯어먹는다. 그런 와중에 물어뜯긴 남자는 점차 폭력적으로 변하더니 주위에 있던 토끼를 잡아먹으면서 점차 괴물로 변해간다. 양은 원래 초식동물로서 풀종류만 뜯어 먹고 사는 게 당연지사인데 유전적인 변이 때문에 육식으로 변하고 사람의 살까지 뜯어먹는 생물체로 변해 버렸다. 그러고 나서 이 양은 이리저리 농장을 다니면서 보통 양들을 물어뜯는다. 그런데 이 유전적 변이를 일으킨 양이 그냥 물어뜯기만 하는게 아니라 물어 뜯긴 생물체는 자신과 같은 식인양으로 변하게 만드는 바이러스까지 옮긴다. 이 바이러스가 그 농장안에 있는 양들 대부분을 식인양으로 만들어버렸다. 때마침 그날 앵거스는 새로운 품종의 양을 사람들 앞에 발표하는 날이었기 때문에 외부 사람들이 그 농장으로 왔다. 앵거스는 유전자 변형을 이용하여 지금까지 키워왔던 양들보다 모든 특성에 있어서 뛰어난 양 품종을 만들고 그것을 사람들에게 알리기 위해 오게 한 것이었다. 이 자리에서 손님들은 바이러스에 의해 전염된 식인양들에게 물어 뜯겨 죽게 되면서 이리저리 피가 튀기게 된다. 그 바이러스는 인간에까지 감염되어 괴물이 되게 한 것이다. 이런 식으로 농장의 사람들과 양들이 다 식인양으로 변해 버리고 평화롭던 농장은 참혹한 곳으로 변해버린다. 영화는 이 식인양에 대한 바이러스 항체가 개발되고 그것을 투입하여 변이된 사람을 다시 원상태로 돌려 주는 해피엔딩으로 끝난다.

유전자변형생물체

유전자변형생물체(Genetically Modified Organism)란 유전자변형을 통해 새롭게 만들어진 생물체를 말한다. 현대의 생명공학기술을 통해 얻어진 유전자변형생물체는 유전물질의 새로운 조합을 통해 만들어진다. 다시 말하면 유전자변형생물체는 인위적으로 도입된 유전자를 갖고 있다. 기존의 전통적인 교배육종법은 원하는 형질을 지닌 개체와 그 형질을 도입 시키려는 개체 사이의 화합이었다. 그러나 이 방식은 원하는 형질을 얻기 위해서 몇 세대의 기간이라는 오랜 시간이 필요하다. 유전자변형기술이 전통 육종법과의 차이점은 원하는 형질을 나타내는 특정 유전자를 인위적으로 다른 생명체에 집어넣는 것이며, 이 방식은 몇 번의 복제 과정을 거치므로 상대적으로 적은 시간을 필요로 한다. 그렇지만 예측하지 못한 부작용이 발생할 가능성이 있다. 예를 들어 특정 유전자의 기능이 불안정해질 수 있고, 새로운 독소의 출현, 생태계 야생 생물체에 예측 불가능한 어떤 영향을 끼칠 수도 있는 것이다.

유전자변형생물체의 종류는 유전자변형미생물, 유전자변형농작물, 유전자변형나무, 유전자변형동물 등으로 살펴볼 수 있다. 유전자변형미생물은 동식물과 달리 짧은 세대주기, 실험의 용이성, 다양한 유전자원 함유가 장점으로 유전자변형 분야에서 가장 중요한 분야로 꼽힌다. 유전자변형미생물은 가축, 화학, 환경, 식품, 의약품, 식물의 각 분야에서 이용된다. 변형된 미생물체는 직접 혹은 유전자운반체 역할을 하는 벡터로써 사용될 수 있다. 가축분야에서는 돼지와 고양이 및 조류의 질병예방용 백신생산 벡터가 개발되었다. 유전자변형농작물에 대해 알아보면 식물에 외래 유전자를 도입한 것은 1983년이다. 최초로 항생제저항성 담배를 재배하면서부터 획기적인 발전이 시작되었다. 세계적으로 가장 많은 논란

거리가 되는 분야로서 우리의 관심도가 가장 많은 것이 바로 유전자변형농작물이다. 1988년 콩과 벼의 형질전환법이 확립된 이래로 과숙억제 토마토부터 옥수수, 밀, 감자까지 형질전환이 이루어졌다. 이러한 작물의 유전자변형은 해충저항성과 제초제저항성 형질을 갖게끔 하는 것이다. 이 외에도 비타민 A를 강화한 황금쌀이나 단백질 성분이 강화된 콩, 무르지 않는 토마토처럼 영양분 증가 혹은 저장기간 연장 등을 위한 작물들이 재배되었다.

우리 식탁에 오르는 유전자변형농작물에는 무엇이 있을까? 현재 유통되는 유전자변형농작물은 콩, 옥수수, 토마토 등 11개의 품목에 이른다. 과자나 유제품 등 거의 대부분의 가공식품에서는 상대적으로 값이 싼 미국산 유전자변형농작물을 사용한다. 이제는 그만큼 유전자변형농작물이 생활 깊숙이 침투해 있는 것이다. 유전자변형농작물은 크게 두 가지로 나누어 볼 수 있다.

첫 번째는 제초제저항성이다. 이 작물의 특징은 제초제를 뿌리면 잡초만 죽도록 유전적으로 제초제에 대한 내성을 지니고 있다는 것이다. 제초제저항 유전자변형콩 중 몬산토사가 개발한 '라운드 업 레디'라는 브랜드의 콩은 '라운드 업'이라는 제초제에 대해 내성을 지니고 있고, 이로 인해서 생산량을 증대시킬 수 있었다. 그러나 제초제저항 유전자가 다른 농작물에 전이되어 슈퍼 잡초가 발생하거나, 인체에 알레르기를 유발시키는 등의 문제점이 발견되었다. 다음은 해충저항성 유전자변형농작물이다. 예로는 살충성 박테리아를 가진 유전자를 주입한 옥수수가 있다. 이러한 작물은 해충을 죽이는 독소가 작물내부에서 형성되도록 유전적으로 변형되어 있다. 그러나 해충저항성농작물은 곤충뿐 아니라 환경에도 영향을 미칠 수 있는 가능성이 있고, 사료를 먹은 가축은 인간에게도 영향을 미칠 수도 있다는 우려가 제기되고 있다.

유전자변형나무는 농작물과 비교해 보았을 때 초기단계로 개량의 잠재력이 크다. 임목계의 유전자변형기술의 도입형질은 주로 5가지로 분류된다. 제초제내성, 살충성 단백질 생산, 리그닌 함량 저하, 불임성, 중금속독성의 무독화 형질이다. 세계 각국에서 이미 수백 건의 실험을 하고 있고 상용화를 위해 뉴질랜드, 캐나다, 미국, 일본, 중국, 핀란드 등에서 야외 적응을 시키고 있다. 그 목적은 대규모 단일수종 조림지 조성, 조경, 장식, 미국 밤나무와 같은 멸종위기종의 재조림, 그리고 토양침식 보호와 토양정화 등 다양하다. 2003년 12월 밀라노에서 열린 기후변화협약에서 유전자변형나무에 대한 초안을 작성하도록 하는 결정을 했고, 도쿄의정서에서는 탄소를 배출하는 수단으로 유전자변형나무를 포함시켰다. 이 유전자변형나무는 연소시에 방출되는 수은증기의 개선이나 사막의 건조 지대를 녹화시켜 기후변화의 진행을 늦출 수 있는 것으로 기대되고 있다.

유전자변형생물체로는 식물이 아닌 동물에서도 찾아볼 수 있는데, 이를 유전자변형동물이라고 한다. 육종이라는 방법은 오래전부터 우수한 형질의 개체를 얻기 위해 사용해 왔다. 이 방법은 성장속도가 빠르거나, 우유생산량이 많은 개체를 번식하게 하여 생산량을 증가하게 했다. 그러나 육종을 통해 동물의 능력을 많이 향상시킬 수 있었지만, 오래 걸리는 시간과 많은 경비는 빠르게 발전하는 현대사회의 욕구를 만족시키지는 못했다. 20세기후반부터 분자생물학과 재조합유전자 기술의 발달은 형질전환동물을 쉽게 생산할 수 있게 하였다. 이렇게 생산된 형질전환동물은 농·축산업은 물론 의학에도 큰 기여하게 된다. 마지막으로 유전자변형동물 중 유전자변형어류에 대해 알아본다. 어류는 가장 하위단계의 척추동물 분류군이며 방대한 유전자를 지니고 있다. 또 형질전환 모델로서의 많은 장점을 갖고 있다. 우선 어류는 체외수정을 한다. 이 수정방식은 배우자변형을 쉽게 할 수 있게 하고, 수정 후 착상과 같은 부수적인 기술이 필요없다. 게다가 외부온도 조절만으로도 배아의 발생 속도가 조절 가능하다. 이러한 생물학적인 장점으로 인해 어류는 '척추동물 유전자기능을 추적하기 위한 유용 연구모델'로서 각광받는다. 게다가 가까운 미래에 발생할지 모르는 식량난에 대비해 선진각국은 식량분쟁에서 유리한 고지 확보를 위해 해양 유전공학에 큰 관심을 갖는다. 이와 같은 많은 장점으로 어류는 다른 동물의 형질전환연구보다 많은 시간이 걸리지 않았음에도 불구하고 비교적 빠른 발전 속도를 보이고 있다. 초반의 형질전환어류 연구는 고성장형질 개발을 위한 성장호르몬 유전자에 집중되어 있었으나, 현재에는 활용폭이 증가하는 추세이다. 예를 들어, 성분화방향 조절 및 불임화 형질전환어류, 비타민 C와 같은 미량영양소를 대량생산할 수 있는 어류, 고오염 등 극한 지역에서 서식할 수 있는 형질전환어류, 지질대사가 개선된 형질전환어류 등이다.

이러한 유전자변형생물체는 인류에게 많은 혜택을 준다고 주장하는 이유를 본다. ① 유전자변형생물체는 식량문제를 해결해 준다. 유전자변형기술에 의해 해충과 잡초에 잘 견디는 품종을 개발하여 생산효과를 증가시킨다. 그리고 성장호르몬 유전자를 이용하면 성장률이 증가하여 단시간 내에 수확량을 증대시킬 수 있다. ② 유전자변형생물체가 식품의 영양을 개선해 준다. 맛과 영양을 획기적으로 개선하거나 약용 성분을 주입하여 영양 결핍을 해결한다. 비타민 A성분이 강화된 황금 쌀은 대표적인 예이다. ③ 유전자변형생물체가 환경오염을 줄일 수 있다. 해충저항성작물은 농약사용을 줄일 수 있게 되어 농약에 의한 환경오염을 줄일 수 있다.

유전자변형생물체의 문제점

유전자변형생물체에는 문제점이 따르기 마련이다. 인위적인 변형을 통해 만들어진 생물체인 만큼 문제점을 간과할 수는 없다. 그러면 과연 어떠한 문제점이 나타나고 있는지 알아본다. 유전자변형식품은 새로운 식품이다. 인류가 전에 먹어보지 않았던 종은 인간에게 어떤 영향을 미칠지 알 수 없다. 현재까지 제기되고 있는 유전자변형생물체의 인체 유해성은 다음과 같다. 유전자변형생물체 섭취 후 독성이나 알레르기 가능성이 높고, 항생제내성 박테리아가 인체에 유입될 경우에는 인체의 항생제 내성이 증가할 수 있다. 이것은 새로운 병원성 박테리아와 바이러스 창출의 가능성을 보여주는 것이다. 1998년 영국 로웨트 연구소에서는 유전자변형감자를 먹인 쥐 실험이 수행되었다. 이 실험의 결과 쥐의 면역체계와 질병 저항력이 크게 떨어졌음이 밝혀졌다. 또 1999년에는 독일에서 유전자변형식품으로 인해 항생제 내성을 가진 슈퍼균이 발생하여 장내에 잔존할 가능성이 있다는 컴퓨터 모의실험이 이루어졌다. 또 같은 해에 영국의료연합에서도 유전자변형식품의 항생제내성 유전자에 의해 인체항생제 내성이 커지는 것을 확인했고, 그 외에도 2000년에는 독일의 예나대학 연구팀이 유전자변형유채의 꽃가루를 먹은 벌의 장 속에서 변형된 유전자가 검출됨으로써, 유전자변형생물체를 섭취한 동물과 사람에게 유전자가 전이될 가능성을 입증해 보였다.

뿐만 아니라 유전자변형생물체가 환경에 영향을 줄 수 있다는 문제점이 제기되고 있다. 유전자변형생물체는 생물다양성을 파괴할 수도 있고, 환경호르몬을 발생시킬 수도 있다. 유전자변형은 현재의 환경에 맞추어 이루어진다. 그러나 환경은 계속해서 변화한다. 급격한 환경 변화에 만일 이 새로운 종이 적응하지 못한다면 종의 멸종까지 불러올 수 있는 것이다. 현재의 제초제저항성 유전자도 원래는 야생형으로부터 추출된 것이다. 한 생물 내에서도 다양한 유전자가 존재해야 생물다양성이 유지되기 마련인데, 유전자변형기술은 점점 유전자의 획일화를 이뤄나가게 된다. 게다가 해충저항성 유전자변형생물체는 해충은 물론 이충까지 죽일 수 있다. 이것은 유전자 획일화처럼 종의 다양성을 위협한다. 점차 내성을 지닌 소수 종이 해충저항성 유전자변형생물체가 재배되는 지역에서 살아남을 것이다. 이것은 또 더 강력한 살충제를 개발해야 하는 악순환을 가져오게 되고, 결국 살충제의 사용량을 줄이려다 더 강하고 많은 양의 농약을 사용하게 되는 문제가 발생한다. 이처럼 유전자변형생물체가 문제될 수 있다는 것을 다음의 사례를 통해서도 입증이 되었다. 1999년 코넬대학은 옥수수의 Bt 독성이 모나코나비 유충에 치명적임을 밝혔고, 영국정부는 유전자변형작물의 꽃가루가 4.5Km 밖까지 이동할 수 있음을 밝혔다. 이렇게 수 Km 내에 유전자를 전이시킬 수 있는 재배환경이 조성되면 유기농업은 불가능하게 된다. 또 1999년 미국의 뉴욕대학에서는 옥수수의 Bt 독성이 뿌리를 통해 토양속까지 스며들어간다는 사실을 발견했고, 퍼듀대학은 유전자변형물고기 한 마리가 40세대 물고기 무리를 전멸시키는 모의실험의 결과를 발표했다. 이러한 실험 자료들은 유전자변형기술이 환경을 파괴하고 있다는 사실을 입증하고 있다.

또한 유전자변형생물체를 문제시하는 이유 중 가장 대표적인 것은 식량문제 해결의 불확실성이다. 식량 문제의 원인이 그 양에 있는 것이 아니라 분배에 있다는 주장이다. 왜냐하면 식량 생산이 소비량보다 1.5배 많은 상황에서도 여전히 10억 명은 굶주린다는 사실 때문이다. 기아로 인해 사람들이 죽는 국가가 현존하는 반면, 미국을 비롯한 선진국에서는 비만인구가 점점 늘어나는 추세이다. 이것은 현대 자본논리를 극명하게 대변하는 현상으로, 인간적 윤리보다는 기업적 이윤에 초점이 맞추어져서 인간들은 상업화된 과학의 발달에만 치중하는 결과를 낳았다. 현재 대부분의 유전자변형 기술력은 선진국이 쥐고 있다. 따라서 자본주의에 따라서 다국적기업과 선진국의 식량독점은 당연한 결과인 셈이다. 예를 들어 미국 몬산토사의 이중판매 전략은 이미 드러났다. 몬산토사는 '라운드 업 레디'라는 브랜드의 콩을 출시했는데, 그 콩은 자사의 제초제인 '라운드 업'에만 저항성을 가지는 특징을 지닌다. 몬산토사는 그것을 이용하여 제초제와 한 세트로 판매하고 있다. 그뿐 아니라 지속적인 판매를 위해 터미네이터 기술을 사용하여 다음 해에는 종자의 싹이 나오지 않게 만들었고, 그들 회사의 농약을 써야만 싹이 트는 트레이터 기술도 개발했다. 이러한 변화로 생겨난 독점 시장은 우리나라의 종자 시장도 위협하게 된다. 그야말로 종자로 대표되는 농업 생물다양성은 농업의 근간이라 할 수 있는데, 벌써 종자 시장의 70%는 다국적 기업으로 넘어갔다. 이러한 선진국의 식량 독점은 우리의 종자 주권과 식량 안보를 모두 불안하게 하는 결과를 가져 오게 한다.

유전자변형기술의 발전방향

세계적으로 많은 식품회사와 유통 업체들이 유전자변형생물체-free 선언을 하고 나섰다. 이것은 유전자변형생물체를 사용하지 않겠다는 결의로서 시민의 요구와 압력에 의한 결실이다. 국가적으로 과학기술이 올바른 방향으로 발전해 나가기 위해서는 시민들의 적극적인 대응이 필요하다. 유럽의 시민단체는 유전자변형작물이 괴물처럼 마구잡이로 조합된 음식이라는 의미로 '프랑켄 푸드'라고 불른다. 이것은 비단 생성과정에 대한 거부감뿐 아니라, 미래에 발생할 수도 있는 예측 불가능한 재앙에 대한 경고이다. 이러한 시민의 노력으로 유럽 정부는 97년 이후 다양한 안전조치와 규제를 마련해 놓았다. 일본의 경우는 유명한 기업들이 솔선수범한다. 기린, 아사이, 삿포로 등 유수의 맥주회사와 식품회사들이 유전자변형생물체 반대선언을 따르고 있다. 또 된장 등 장류의 제조도 비유전자변형생물체로만 제조하고 있다. 미국은 유전자변형생물체의 종주국이나 현재는 이에 대한 문제의식이 점차 높아지고 있다. 몬산토사를 상대로 반독점법 위반 혐의로 소송을 제기하는 등, 2000년 이후부터는 재배 축소를 시행하고 있다. 제 3세계 국가들에서는 유전자변형생물체에 대한 격렬한 반대를 하고 있다. 스리랑카는 유전자변형생물체 수입을 전면 금지하고 있고, 대부분의 아프리카 국가들은 빈곤을 이유로 유전자변형생물체 판촉을 하는 다국적 기업의 이중적 행위를 비판하고 나섰다.

생태계의 모든 유기체들과 실제들은 상호 관련되어 있으며 본질적 가치를 갖는 것은 자명하다. 따라서 전체 생태계의 질서와 균형을 이루는 실제들은 보호되어야 마땅하다. 그럼에도 불구하고 인간은 인간중심적 사고 속에서 생태계를 훼손하고 있다. 인간은 '인간이 왜 가치 있는가?'에 대한 고찰은 하지도 않은 채 무조건 인간의 기준에서 가치를 정의하고, 인간이 아닌 것의 가치를 항상 인간보다 아래에 두었다. 이제는 인간중심 가치관에서 탈피하여 생명 그 자체를 하나의 가치로서 볼 수 있는 시각이 필요해진 시기이다. 즉, 인간을 포함한 모든 생물은 번성 그 자체로서 본질적 가치를 지니고, 인간의 유용성과 무관함을 인식해야 한다. 인간이 생명형태의 다양성과 풍부함을 지키기 위해 노력하는 것은 이러한 가치실현에 기여하는 것이다. "인간이 인간으로 태어났기 때문에 가치로운 것이 아니고, 인간이 인간답게 살아가는 존재이기 때문에 가치 있다."라는 말처럼 인간과 자연이 지니는 가치의 올바른 평가와 이해 없이는 유전자변형생물체의 발전방향을 모색하기 어렵다. 왜냐하면 선진국은 이윤을 남기기 위해 유전자변형생물체 특허권을 쥐고 권리를 남용하고 있고, 후진국이나 개도국에서는 자신들이 유전자변형생물체의 원천적 소유자임을 들면서 선진국에게 맞서고 있다. 선진국이든 후진국이든 모두가 인간과 자연이 지니는 가치를 이해해서 생명을 살리는 일이 먼저임을 인식하면, 이윤 다툼은 일어나지 않을 것이다. 이윤만을 위한 마구잡이식 과학연구를 지양하고, 동시에 인간답게 살아가기 위해 노력을 한다면 바람직한 과학발전이 유도될 수 있다. 스파이더맨이 했던 말 'Great power always comes with Great responsibility(강한 힘에는 그만큼의 책임이 따른다).'를 잊지 말아야 할 것이다.

9

인간복제 이야기

우리는 과거에서부터 인간복제를 소재로 한 SF 영화, 애니메이션, 그리고 소설 등을 접해 왔다. 급격히 과학이 발달함에 따라 이러한 영화 등에서 나타난 인간복제가 현실화될 수 있는 가능성이 제기되면서 인간의 정체성에 대해 생각하게 된다. 특히 인간복제의 기초가 되는 체세포복제배아에 관한 연구가 활발히 진행됨에 따라 윤리논쟁이 끊임없이 이어져 오고 있다. 많은 나라들이 인간복제에 대하여 반대의사를 분명히 하고 있으며, 우리나라도 인간복제를 금지하고 있다. 또한 인간복제에 앞서 과학자들은 동물복제를 실시하여 인간복제의 가능성을 높여왔으나 동물복제에 있어서 많은 문제점들이 나타나고 있다. 예를 들면 복제된 여러 동물들은 정상적으로 수정된 동물들에 비해 노화가 빠르고, 장기가 기형인 상태로 태어나고 있다. 이러한 동물복제의 문제점을 인식해야 하며 빠른 속도로 변화하는 과학사회에 적절히 대처하도록 할 것이다.

영화 이야기

6번째 날(The 6th day)

영화 '6번째 날'은 인간복제를 다룬 SF 액션 스릴러로 복제인간이 과연 우리에게 이로운 것인지, 아니면 해로운 것인지에 대해 생각해보게 만드는 영화다. 태초에 신은 여섯 번째 날에 인간을 창조했고, 오래지 않아 인간을 만든 것을 후회하게 된다. 인간들이 온갖 악행을 저질러 지구를 오염시켰기 때문이었다. 이 영화에서 인간복제는 가능하지만 법으로 엄격히 금지되어 있으며, 또한 복제로만 끝나는 것이 아니라 신코딩이란 기술로 생명체의 기억을

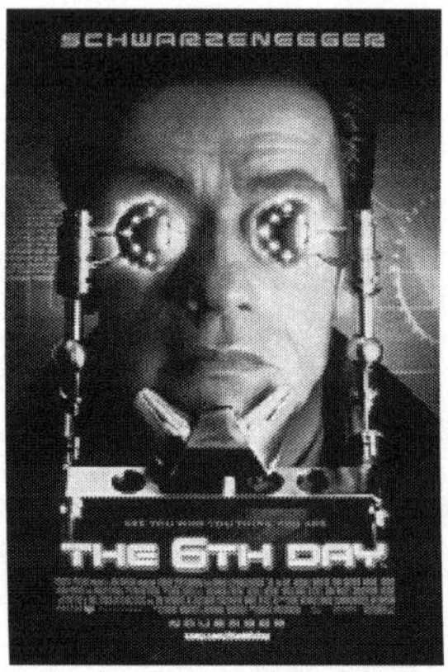

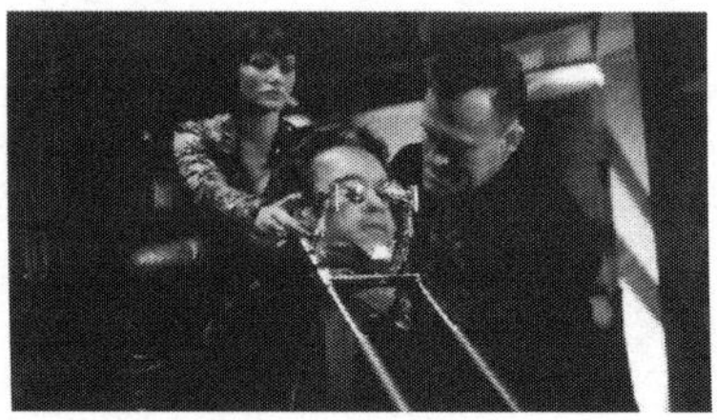

다른 생명체로 이식하는 방법도 개발되어 있다. 즉 인간을 똑같이 복제함은 물론, 기억까지 모두 이식할 수 있는 것이다. 최초의 복제동물, 돌리, 인간배아복제 시도에 관한 영상이 나오고 나서 잠시 뒤 성경의 한 구절이 나오며 영화가 시작된다. "신은 자신의 형상대로 인간을 창조하셨다. 저녁이 되며 아침이 되니, 이는 여섯째 날이니라" 라는 구절이 나온다. 어쨌든 이 구절이 나오고 나서 가까운 미래의 모습을 보여주는데 동물복제는 허용이 되고 아직 인간복제까지는 법으로 금지하는 '6번째 날'이라는 법이 제정된 상태이다. 이러한 상황속에서 주인공인 아담 깁슨은 유명한 전투기 조종사의 경력이 있는데 현재는 친구인 헹크와 함께 작은 회사를 경영하면서 아내와 딸과 함께 행복한 삶을 살아가고 있었다. 그러던 와중에 아담의 생일날, 가족들이 기르던 애완견이 죽게 되고 아내는 아담에게 딸이 슬퍼하니까 죽었다는 것은 비밀로 하고 유전자기술을 이용하여 복제를 하자고 권유한다.

애완동물을 복제하여 되살려주는 회사가 있으며 TV광고에도 나오는 그러한 상황이라 대부분의 사람들이 아무런 저항없이 그 회사를 이용하여 자신이 사랑하고 아껴주던 죽은 애완동물을 복제해서 키우고 있었다. 그러나 아담은 그러한 것들을 비인간적이라고 생각하며 반대한다. 그러다 결국 아내의 성화에 못이겨 '리펫'이라는 회사에 찾아가게 되지만 결국은 아무런 결과도 얻지 못하고 그냥 포기하고 집으로 오게 된다. 그러나 집에 오게 된 아담은 집 안에 자신과 똑같은 모습을 한 다른 누군가가 자기 대신에 자신의 주변사람들로부터 생일축하를 받고 있는 광경을 보게 된다. 거의 넋이 나가있는 주인공에게 갑자기 두 명의 괴한이 습격을 해오게 되고 영문도 모른 채 괴한들에게 죽임을 당할 뻔하다가 가까스로 도망치게 된다. 갑자기 하루아침에 가족과 친구들 그리고 인생을 잃어버리게 된 아담은 경찰에 도움을 요청하지만 경찰마저 정신병자 취급을 하게 되고 괴한들의 습격은 갈수록 심해져만 간다. 그 와중에 아담은 이 괴한들이 '리펫'사장의 지시를 받았다는 것을 알게 되고 사장이 자신을 복제했다는 사실과 그 사실을 들키지 않기 위해 자신을 죽이려한다는 것을 깨닫는다. 큰 충격을 받아 혼란에 휩싸이지만 그가 지켜야 할 가족들을 생각하고 악당들에게 맞서 싸운다. 결국 그는 가족들을 구출하고 회사를 붕괴시킨다. 거대한 야심을 품었던 드리커의 회사는 잘못된 타깃을 골라 한순간에 무너져버렸다.

이 영화에서의 '6번째 날'은 인간이 인간을 창조하는 날이다. 유전자기술은 날로 발전하여 죽은 애완동물을 복제하는 것이 이미 삶의 일부가 되었다. 또 머리카락이 자라나고 사람처럼 대화를 나눌 수 있는 심팔이라는 인형이 아이들에게 굉장한 인기를 얻는다. 이 인형은 몸체의 일부가 손상되면 아프다고 소리를 지르고 'good night' 이라고 인사를 하면 동작을 멈춘다. 외모도 사람과 유사하여 인공지능을 가진 로봇이라고 할 수 있을 정도이다. 인형은 위급 상황에서 계속하여 주변 사람들에게 대화를 걸고 레이저 총에 몸의 중앙이 관통되자 아프다고 소리를 지른다. 복제된 인간은 외모와 성격뿐만이 아니라 기억까지도 똑같이 재생됨으로서 완벽한 하나의 인간개체를 이룬다. 그들은 같은 상황에서 같은 가치관을 통해 세상을 바라보고 같은 반응을 나타낸다. 폭탄을 만들 때 시범실험을 하는데 그 둘은 동시에 'COOL!' 이라고 같은 감탄사를 내뱉는다. '리펫'사장 드러커는 복제 반대주의자들에게 복제는 무한한 식량을 제공해 줄 것이고 죽어가는 사랑하는 사람들을 다시 되살릴 수 있다며 복제의 타당성에 대해 주장한다. 그러나 영화 속에서 드러커에 의해 복제된 인간들은 범죄조직의 두목같이 군림하는 드러커의 밑에서 노예처럼 폭력배 노릇이나 하면서 살아가고 있다. 드러커 역시 복제인간이며, 명령을 수행하다가 죽은 자신의 부하들을 반복해서 복제한다. 이와 같은 점을 고려한다면 복제인간에 대한 드러커의 꿈은 사실 악몽이나 다름없으며, 그가 꿈꾸는 이상향이란 다만 통제와 조종으로 이루어지는 전체주의적 집단의 창출일 뿐이다. 이처럼 영화는 인간복제라는 기술이 정치적, 상업적 목적으로 사용될 때 그 위험성은 더욱 커질 수밖에 없음을 나타내고 있으며, 복제인간의 상용화를 부정적 이미지로 그려내고 있다

블레이드 러너(Blade runner)

2019년 11월 로스엔젤레스의 거리는 초현대식 초고층 건물이 빽빽하게 들어섰다. 하늘을 뚫고 나갈 듯이 높이 솟은 수많은 빌딩에 햇빛은 완전히 차단되어 거리는 항상 밤처럼 어둡다. 온통 인공적인 불빛 속에서 광고 네온사인들이 거리를 더 어지럽게 한다. 지저분한 거리에 늘 비가 내려 영화 속 분위기는 한층 침울하고 우중충하다. 황폐해진 지구엔 심한 대기오염과 수질오염으로 산성비만 내리고 있다. 초고층 건물 속에서 사람들은 첨단 기계를 이용하지만 그 문명 속에서 사는 사람들의 모습은 침울하다. 과학 문명이 발달할수록 자연 뿐 아니라 인간성도 파괴되어 가고 인간이라는 존재는 거대한 물질과 기계 속에서 단지 하나의 부품들처럼 되어 간다. 그래서 사람이 살기에 부적합해진 지구를 버리고 사람들

은 지구를 떠나고 초고층 건물들은 관리가 안 된 상태로 방치되어 있다. "우주 식민지의 새로운 삶이 당신을 기다립니다. 기회와 모험의 황금 땅에서 새로운 기회를 찾으십시오. 이제 우주로 갑시다. 시그마 개척회사에서 이민자 모집합니다."는 전광판의 광고가 어두운 거리에서 번쩍인다. 암울한 상황을 타개하고자 인간들은 복제인간을 만들어 우주 행성 개척에 나선다. 그런데 가장 능력이 뛰어난 전투용 로이 베티, 전투용 리온, 식민행성 군인 클럽 소속의 조라, 살인 훈련을 받은 프리스, 육안으로는 인간과 구별이 불가능한 복제인간들이 자신들을 만든 타이렐 박사에게서 4년으로 제한되어 있는 자신들의 생명을 연장하기 위해 식민행성에서 탈출하여 우주선을 타고 지구로 몰래 잠입한다.

이에 경찰은 고도의 감정이입과 반응테스트를 통해 인간과 복제인간을 구별하는 능력을 지닌 경찰인 노련한 블레이드 러너인 데커드를 호출한다. 데커드는 타이렐 박사가 조카의 기억을 이식해 만든 레이첼이 복제인간임을 알아낸다. 조사를 하던 데커드는 뱀쇼를 하고 있던 조라를 끈질긴 추격 끝에 사살해내지만 갑작스럽게 나타나 데커드를 공격하는 리온의 공격으로 죽음 직전까지 가게 된다. 하지만 레이첼이 나타나 리온을 죽이면서 데커드를 죽음의 위기에서 구출해준다. 조로증에 빠진 유전공학자 세바스찬이 복제인간들을 타이렐 박사에게 인도해줄 수 있다는 것을 알고, 프리스는 세바스찬에게 접근하고 타이렐 박사를 만나게 된다. 하지만 4년으로 제한된 그들의 수명을 연장하는 것이 불가능하다는 것을 알게 된 로이는 세바스찬과 타이렐 박사를 죽인다. 데커드는 세바스찬의 아파트에서 인형으로 분장하고 있던 프리스를 우여곡절 끝에 발견하고 사살하지만, 강력한 전투용 복제인간 로이에게 쫓겨 도망치게 된다. 추격자와 도망자가 뒤바뀐 상황이다. 도망치다가 부상을 당하고 결국 고공의 건물 난간에 매달려 버텨보지만 이내 힘이 빠진다. 떨어지려는 위기의 순간 로이는 데커드를 살려주고 "나는 당신네 인간들이 믿지 못할 것들을 보아왔어. 오리온좌의 옆에서 불에 타던 전함. 탠하우저 게이트 근방에서 어둠속을 가로지르는 C-빔의 불빛도 보았어. 모든 그 순간들은 시간 속에서 사라지겠지. 빗속의 눈물처럼. 이제 죽을 시간

이야."라는 말을 남기며 죽음을 맞이한다. 복제인간이 훨씬 더 인간다운 모습으로 죽음을 맞이하는 역설적인 모습이다. 자신을 죽일 수도 있었지만 살려주는 로이의 모습을 보면서 데커드는 복제인간의 처절한 아픔과 생명의 존엄성을 깨닫고 레이첼을 데리고 탈출을 감행한다.

이온 플럭스(Aeon flux)

2011년, 한 바이러스가 세계 인구의 99%를 죽음으로 몰아넣었다. 트레버 굿차일드란 과학자가 치료백신을 개발해 내었고, 살아남은 5백만 명은 굿차일드가 건설한 지구상의 마지막 도시인 브레그나에 거주한다. 이후 굿차일드 가문이 인공도시 브레그나를 지배한지 어느덧 4백년이 흐른 2415년. 완벽한 사회이자 최고의 인류문명을 구현한 도시라 일컬어지는 브레그나에도 어두운 그늘이 존재하게 된다. 언제부턴가 사람들이 하나 둘씩 쥐도 새도 모르게 사라지고 있지만 정부는 이를 조직적으로 은폐하고, 대부분의 시민들은 그런 정부를 묵인하며 살고 있다. 하지만 한편에서는 브레그나에 감춰진 음모에 저항하는 자들도 늘어난다. 모니칸이라 불리는 이 저항군은 계속 세력을 키워 어느덧 정부에 대항할 힘을 갖추고, 마침내 굿차일드 정권을 와해시킬 계획을 세운다. 그 첫 단계는 모니칸 최고의 전사인 "이온 플럭스"를 정

부 요새에 침투시켜 의장인 트레버 굿차일드를 암살하는 것이다. 그러나 임무를 맡은 이온은 막상 트레버와 마주친 순간, 그에게 알 수 없는 친숙한 감정을 느끼게 되고 암살에 실패한다. 트레버는 이온 자신보다 그녀에 대해 더 많은 것을 알고 있었다. 이온은 트레버에게 잡히고 되고, 탈출하여 돌아온 이온은 동생이 정부에 의해 살해당했음을 알게 된다. 이에 격분한 이온은 다시 트레버의 암살을 시도하지만 다시 트레버에게 잡히고, 이온은 트레버를 통해 브레그나의 중대한 사실을 알게 된다.

400년 전 죽음의 바이러스에 대한 굿차일드의 치료백신은 인류를 살렸으나 또한 인간에게서 생식능력을 빼앗아 갔다. 그래서 결국 멸종을 향해 달리던 인류를 존속시키기 위해 굿차일드는 살아남은 모든 인류의 유전정보를 기록하고, 마치 신처럼 인류의 탄생과 죽음에 관여하기 시작하였던 것이다. 한마디로 400년 전부터 인류는 새로움이 없이 반복적인 순환만을 되풀이 하고 있었던 것이다. 이온 역시 복제로 태어난 인간으로 이온이 트레버에게 친숙한 감정을 느꼈고 트레버가 이온에 대해 더 잘 알았던 것은 이온이 바로 트레버의 아내를 복제하여 태어났기 때문이다. 트레버 역시 7번을 되살아나면서 그 전대의 트레버에게 이런 교육을 받으며 그렇게 계속 브레그나를 유지해 온 것이었다. 이렇게 인류가 스스로의 생식에 의해서가 아니라 복제에서 태어난다는 사실을 알게 되면 큰 혼란이 생길 것이라고 예상한 굿차일드는 이를 철저하게 숨기고 이것에 대해 조금이라도 아는 사람이 생기면 바로 죽여 다시 어린아이로 복제하여 재탄생하게 만든 것이었다. 이것이 사람들이 하나 둘씩 아무도 모르게 사라지는 이유였던 것이다. 트레버와 함께 브레그나를 이끌어왔던 트레버의 동생은 트레버를 제거하고 브레그나를 자신이 다스리기 위해 트레버를 암살하려고 하는데, 이 사실을 알게 된 이온과 트레버는 함께 탈출을 하게 되고 결국 모든 인간의 유전정보가 저장되어 있는 애드벌룬을 파괴하게 된다. 그리고 브레그나를 주위 환경과 단절시키고 있던 단단한 성벽도 애드벌룬에 부딪혀 함께 파괴되고, 인간은 다시 인공적 구조물에서 벗어나 대자연을 맞게 된다. 이 영화에서 인류는 과거부터 현재까지 인간을 이르게 했던 에너지의 원천능력을 상실한 것 같이 아주 단조롭고 무미건조한 삶을 살아간다. 인류가 유성생식이 아닌 여러 개체의 상호작용이 없는 무성생식으로 한 개체만의 꾸준한 존속이 지속된다면 우리의 미래도 이온 플럭스에서 나온 그런 브레그나 같은 미래가 될 수 있다.

멀티 플리시티(Multiplicity)

이 영화는 가정과 직장 생활에 쫓기는 주인공이 각 생활에 필요한 자기 자신을 복제하면서 벌어지는 소동을 그린 코미디이다.

덕 키니는 헌신적인 남편이자 건축회사를 다니는 성실한 직장인이다. 그에겐 두 자녀와 사랑스런 아내 로라가 있다. 그러나 가정과 직장에서 모두 성실하기엔 나날이 역부족임을 느낀다. 할 일은 많고 시간은 턱없이 모자라고, 이젠 그도 쉬고 싶다. 이때 덕은 우연히 세계적인 유전공학자 리드 박사를 만나 놀라운 제의를 받는다. 덕의 클론, 즉 복제인간을 제작할 수 있다는 것이다. 믿기지 않는다는 덕의 눈앞에 덕의 클론이 나타난다. 덕의 클론인 제2의 덕은 외모뿐만 아니라 그의 성격과 개성, 기억까지 공유한다. 클론은 타고난 일꾼으로 추진력 있는 업무 진행으로 사장에게 두터운 신임을 받는다. 자신의 클론을 직장에 보내놓고, 덕은 갑자기 남아도는 시간 덕분에 번지 점프를 즐기고 집안일을 거드는가하면 로라가 직장에 다시 나가는 것을 쾌히 승낙한다. 그러나 집안일을 돌보고 로라를 대신해 아이들 뒤치다꺼리를 도맡아 하면서 점점 스트레스가 쌓여간다. 하지만 사람의 욕심은 끝이 없는 법이었다. 덕은 가사 일을 도맡아 할 제3의 덕을 복제해낸다. 즉 3명의 덕이 존재하는 것이다. 오리지널 덕과 2번, 3번, 총 3명의 덕. 이제 덕은 직장과 가정에서 모두 해방된 완전한 자유를 즐기기 시작한다.

그런데 어느 날, 집에 돌아온 덕은 3명의 복제인간을 보고 기겁을 해버린다. 하나, 둘,

셋. 아무리 세어 봐도 분명히 셋, 맙소사 3번이 4번을 복제한 것이다. 더구나 4번은 '레인맨'이란 별명이 딱 들어맞을 만큼 형편없는 불량품이다. 처음 복사한 서류를 두 번 세 번 복사하면 복사 상태가 불량해지는 것처럼 말이다. 이제 비밀을 지키고 질서를 유지하기가 너무 힘들고 위험해 보인다. 로라도 수시로 변하는 남편의 모습에 점차 의아해 하기 시작한다. 어찌됐든 덕은 직장과 가정을 이들에게 맡기고, 오래전부터 원하던 요트 여행을 떠난다. 여행에서 돌아온 덕에겐 끔찍한 사실들이 기다리고 있었다. 3번의 실수로 그는 직장에서 해고됐고, 아내마저 과격한 2번과 다툰 뒤 아이들을 데리고 친정으로 가버렸다. 게다가 철칙 제1조를 깨고 이들이 모두 아내와 잠자리를 같이한 것이다. 거의 기절할 지경에 이르렀지만 간신히 마음을 가다듬은 덕은 아내의 마음을 돌이킬 방법을 찾는다. 덕과 클론들은 집을 새로이 고치고 덕은 로라와 화해한다. 그리고 복제인간 3명은 자신들의 낙원으로 떠난다.

잃어버린 아이들의 도시(The city of lost children)

'잃어버린 아이들의 도시'에서 잃어버린 것은 아이들이 아니라 어머니와 아버지다. 거리를 떠도는 꼬마 소매치기들뿐만 아니라 유괴된 어린이들의 엄마, 아빠 역시 보이지 않는다. 이렇게 부모가 부재한 도시에서 과학자가 유전공학으로 자신의 가족을 창조한다. 우선 아내를 만들고 형제들과 친구를 태어나게 한다. 결과는 마땅치 않다. 아내는 난쟁이고 여섯 형제들은 모두 똑같이 생겼고 잠만 잔다. 친구로 만든 이르뱅은 육체 형성에 실패해 뇌만 살아 있는 상태다. 자신의 대를 이을 천재로 만든 크랭크는 꿈을 꾸지 못해 조로한 데다, 그것을 치유하기 위해 아이들의 꿈을 훔치는 일에만 과학기술을 사용한다. 이 모든 것을 창조한 과학자는 자신의 피조물들에 의해 스스로 건설한 높은 첨탑에서 수중 세계로 쫓겨난다. 부모잃은 아

이들과 맹인들, 서커스 단원들, 그리고 미친 과학자의 창조물인 복제인간들만이 도시를 배회한다.

복제인간들의 조정을 받는 맹인들이 도시의 아이들을 차례로 납치하는 와중에 차력사인 원은 동생 당레를 잃어버린다. 원은 그 동생을 찾기 위해 총명한 소녀 미에트가 끼여 있는 꼬마 소매치기들을 도와주게 된다. 어른이지만 아이의 마음을 가진 원과 아이이지만 어른의 마음을 가진 미에트는 동생찾기 과정에서 서로에게 애정을 느낀다. 맹인 일당과 미에트 무리의 우두머리인 쌍둥이 자매가 다시 이들을 쫓고 과학자의 광적인 꿈 찾기도 계속된다. 쌍둥이 자매는 기묘한 유사성 때문에 젊었을 때는 서커스단 철창에 갇힌 전시물 신세였으나 이제는 꼬마 소매치기들을 부려 돈을 끌어 모으고 있다. 말하자면 과학자는 아이들의 꿈을 약탈하고 쌍둥이 자매는 아이들의 돈을 빼앗는 것이다. 그러나 크랭크가 훔치려는 아이들의 꿈이 순수하고 달콤하며 희망적인 것이 아니다. 그래서 크랭크가 엿보는 아이들의 꿈은 늘 악몽으로 채워진다. 원의 동생 당레만이 예외적이다. 크랭크는 커다란 눈에 아무 생각없이 늘 무엇인가를 먹는 이 꼬마야말로 자신에게 꿈을 제공해줄 수 있는 대상이라고 판단한다. 마침내 아이의 꿈 속에 들어가는 데 크랭크는 성공한다. 미에트가 다시 이 꿈속으로 들어간다. 드디어 당레 대신 크랭크를 상대하게 된 미에트는 자신의 육체로 크랭크의 급격한 조로를 재연한다. 미에트가 늙어가는 사이 크랭크는 어려진다. 아이는 노인이 되고 노인은 아이가 되는 시간을 거친 후 크랭크는 마침내 죽는다. 나쁜 편은 다 죽고 좋은 편인 아이들과 원, 미에트는 도망간다. 아이들을 착취한 어른들은 죽고 어른들 때문에 아이됨을 빼앗긴 꼬마들은 구출되며 사랑이 악을 물리치게 된다.

이 영화에서 크랭크 박사는 창조자에 의해 천재로 태어나긴 했지만 꿈을 꿀 수 없어 태어나자마자 늙어버린 안타까운 인물이다. 그래서 그는 아이들의 꿈을 거래하고, 서서히 악마성을 지닌 괴팍한 노인으로 변해가기만 한다. 녹색가운에 복잡한 기계헬멧을 뒤집어 쓴 그의 모습은 철저히 계산적인 그리고 동화를 잃은 현대인에 비유된다. 크랭크에 대한 빈정거림은 이르뱅에게만 허락된 것이었다. 이르뱅은 녹색액체가 가득한 수족관속에 들어있는 뇌다. 그것은 렌즈를 통해 세상을 보며, 스피커를 통해 이야기를 한다. 스피커에서 쏟아져 나오는 한마디 한마디가 크랭크에게는 듣기 싫은 잔소리며, 아픈 과거였다. 그래서 크랭크는 이르뱅이 못마땅하기만 하다. 그리고 아내 난장이는 과학자가 만들어낸 9명의 인물 중 유일하게 과학자와 동등한 위치의 인물이다. 아내로 만들려고 했지만 유전자가 꼬여 난장이로 태어난 캐릭터이다. 크랭크와 여섯 쌍둥이의 어머니로서, 크랭크를 위한 모성애는 가히 두려운 것이다. 하지만 결국 아이들의 꿈을 되찾아 주는데 결정적인 역할을 하게 된다. 이외에도 샴쌍둥이 옥토푸스의 악마성은 부두가에서 그들이 연주하는 음악에 여실히 드러나며 몸이 붙은 채 서로에게 린치를 가한다. 곱게 머리를 빗어 넘기고 네 개의 손으로 요리를 하고 하나인 것처럼 대화하는 그들은 결국 하나의 인물이었다. 이 엄청나게 복잡한 그리고 다양한 캐릭터들이 영화를 구성하고 있다. 하나같이 캐릭터들은 기이하고 괴상스럽다. 그것들이 미래에 존재할 수 있는 모습일 수 있다.

인간복제, 신에 대한 도전인가?

많은 사람들은 자신과 기억마저 똑같은 사람이 복제가 된다면 자신들의 정체성에 대해 위기의식을 느낄 것이다. 많은 사람들이 인간복제를 반대하는 이유가 주로 인간의 정체성의 혼란과 같은 문제를 일으킬까봐 두려워하기 때문이다. 자신과 똑같은 사람의 출현으로 인해 과연 진정한 자신은 누구인지 의아심을 품게 되고, 또 아일랜드나 6번째 날에서처럼 자신의 가짜 즉 복제인간으로부터 죽음을 당할 수 있다는 두려움이 앞선다. 인간복제란 염색체가 동일한 사람을 복제하는 방법이다. 생식세포를 대신하여 체세포의 핵을 난자에 핵치환을 시킨 후 배아를 자궁 속에 착상시켜 완전한 개체로 자라게 하는 방식이다. 1997년에 복제양 돌리가 이 방법을 사용하여 세계 최초로 복제동물이 되었다.

인간복제에 있어서는 여러 찬반 의견들이 대립되고 있다. 우선 인간복제에 관한 찬성 측 입장을 보게 되면, 크게 개인적 면과 사회적 면으로 나눌 수 있다. 인간복제의 개인적 면으로는 불임의 고통해결, 유전병의 유전없이 번식 가능, 이식용 장기제공, 개인에게 의미있는 사람의 복제로 나눠서 살펴볼 수 있다. 우선은 인간복제를 통해 불임의 고통을 해결할 수 있다. 한국여성의 불임률이 증가하고 있다. 보건복지부 자료에 따르면 배우자가 있는 15세 이상 39세 이하의 가임 여성 중에서 14%인 약 64만 쌍이 불임부부인 것으로 나타났다. 이는 10년 전 25만 쌍에 달했던 불임부부의 숫자가 156% 증가한 것으로 매년 4만 쌍 정도 증가하고 있는 수치다. 사회적·경제적 문제로 인하여 많은 미혼남녀들이 결혼 연령시기를 늦추고 있고, 가임시기를 늦춤에 따라 불임 확률이 높아지고 있다. 그리고 전자파 등의 환경오염과 스트레스로 인하여 남성들의 정자가 감소하는 것 또한 불임의 원인으로 밝혀졌다. 이처럼 해가 거듭될수록 많은 부부들이 불임으로 고통을 받고 있다. 이에 새로운 대안책으로 떠오르는 것이 인간복제이다. 많은 부부들은 자신의 피를 이어받은 아이, 즉 자신의 유전자를 공유하는 아이를 갖기를 원한다. 복제옹호론자는 복제는 아이를 갖지 못하는 부부에게 새로운 희망을 가져다 줄 수 있고, 남의 유전자를 이용하는 것이 아닌 자신의 유전자를 이용하여 자신의 피를 이어받는 아이를 가질 수 있다고 생각한다. 또한 심한 유전병을 지닌 부모의 입장에서는 아이가 자신과 동일한 유전병을 지니고 태어날까봐 걱정을 한다. 만약 아이가 자신과 동일한 치명적인 유전병을 지니고 태어나면 평생 한으로 남을 것이며 후회 속에 삶을 살아갈 것이다. 하지만 인간복제를 한다면 이러한 문제점을 해결 할 수 있다고 복제옹호론자는 생각하며 부모 중 유전병이 없는 쪽을 복제하여 그 자식을 키우면 유전병이 나타날 걱정 없다는 것이다. 이는 유전병이 없는 정자나 난자를 이용하면 해결될 수 있다.

세 번째로는 이식용 장기을 제공할 수 있다는 점을 들고 있다. 영화 '아일랜드'를 보면 인간들의 복제 목적 중 하나는 이식용 장기를 제공하기 위한 것이다. 많은 사람들은 장기 기증자를 찾지 못해 제대로 치료 한번 받아보지 못하고 죽는 경우도 다수 있다. 하지만 인간복제에 의해 이식용 장기를 찾는 수고를 덜 뿐만 아니라, 면역반응과 같은 신체에서의 거부감을 줄일 수 있는 장기를 확보하는 데 역할을 한다고 주장한다. 한 예로 상당한 시간차를 두고 쌍둥이를 만드는 인간복제를 들 수 있다. 이는 일종의 보험과 같은 것으로 치료를 목적으로 한다. 그러나 뒤늦게 태어난 복제쌍둥이의 경우 자신에게도 꼭 필요한 심장이나 뇌의 경우처럼 반드시 필요한 장기를 적출하는 것은 뒤늦게 태어난 복제쌍둥이의 권리를 침해하는 경우이다. 마지막으로 누군가에게 특별한 존재를 복제할 수 있다. 예를 들어 자신의 혈육, 특히나 아이처럼 특별한 의미를 지닌 존재를 복제할 수 있다. 정에 이끌려 인간복제를 하는 사람도 있을 것이다. 외로움 등 정신적인 문제로 인하여 인간복제를 실시할 수도 있을 것이다. 복제인간을 통해서 어느 정도의 한이나 슬픔을 조금이나마 누그러트리려 한다. 복제인간은 사랑과 관심 속에서 자라게 될 것이고, 이는 그에게 특별하게 작용할 것이다.

다음으로 인간복제의 사회적 면에 대해서도 알아보자. 우선은 인간복제를 통해 천재적 위인을 복제할 수 있는데, 인간복제는 사회에 공헌을 한 위인들이나 비범한 능력을 지닌 사람을 복제함으로써 사회발전에 보다 도움을 줄 수 있다고 믿는다. 하지만 이러한 인물들을 복제한다고 해서 그들이 과거에 보여주었던 어떠한 업적을 능가하는 능력을 보여줄 보장은 없다. 이들은 단순히 유전자에 의해 능력이 발현된 것이 아니라 주변의 환경, 그리고 그들이 살아온 역사적 배경에 의한 집합체인 것이다. 따라서 이들의 유전자를 복제한다고 해서 복제인간이 과거 위인들이 이룬 업적에 견줄 수 있는 업적을 남길 것이라고 기대할 수 없다.

인간복제는 정상적으로 자연의 섭리에 따라 인간을 생산하는 것이 아니라, 인위적인 방법으로 생성하는 것으로 비정상적이라고 할 수 있겠다. 이는 신의 고유 영역을 침범하는 행위로 반대를 하고 있다. 또한 인간복제는 인격권을 침해하는 것으로 인간이 지니는 고유의 정체성을 침해하는 행위이며, 유일한 존재를 부정하는 행위이다. 그렇다면 인간복제를 통한 문제점은 어떠한 것들이 있을까? 개인적 피해 및 사회적 피해로 나누어서 살펴본다. 우선 개인적 피해로는 크게 인간의 존엄성을 훼손한다는 윤리적 문제와 복제인간의 심리적 압박을 말할 수 있다. 인간복제는 개개인의 삶의 가치를 떨어뜨리고 윤리·도덕적으로 인간의 존엄성에 악영향을 끼칠 것이다. 인간의 존엄성은 전 우주에서 자신의 존재는 유일한 것이며 자신의 인격은 절대적으로 고유하다는 것이다. 하지만 인간복제를 허용하게 된다면 이는 인간의 존엄성 자체를 부정하게 되는 것이고 인간의 가치를 스스로 낮추게 되는 것이다. 즉 이는 공장에서 상품을 제조하는 것과 같이 인간을 하나의 상품으로 여겨지게 함으로써 개인의 가치나 존엄성을 훼손하게 되는 결과를 낳을 것이 분명하다. 인간의 생명은 신에 의해 결정된다고 많은 사람들이 믿어왔기에 그 경이로움이 충만했다고 볼 수 있다. 하지만 인간복제를 통해서 인간이 신이 아닌 실험실에서 인간의 손에 의해 조작되어짐으로써 인간의 존엄성, 그리고 인간의 생명과 다른 생명체에 대한 경이로움의 가치는 크게 떨어질 것이다.

또한 인간복제의 연구 및 수술은 그 성공과정이 다른 실험에 비해 현저하게 떨어진다. 복제양 돌리는 277개의 배아 중 단 1개를 성공하였고, 성공에 이르기까지 수많은 배아가 파괴되었으며 기형적인 양들이 태어나기도 했었다. 이를 보면 동물복제의 성공률이 낮음을 알 수 있다. 인간복제 연구 및 수술과정에서 사용되어지는 수정란 및 배아는 엄청나다. 배아 연구를 계속 유지하기 위해서는 실험과정에서 수많은 수정란과 배아가 죽거나, 착상 등에 문제가 발생하고 돌연변이성 생명체가 발생할 수 있다. 과학자들은 희생없이는 위대한 업적을 이룰 수 없다며 이를 단순히 과학의 발달을 위한 대가라고 주장할 것이다. 하지만 배아 역시도 하나의 생명체로 인식해야 하며, 이를 이용하여 실험을 하는 것은 인간의 존엄성을 훼손하는 것이다. 복제인간의 심리적 압박 역시 인간복제의 부정적 단면이다. 영화 "My sister's keeper"에서 처럼 만약 복제된 사람이 자신이 다른 사람의 장기를 이식하기 위해 태어났다는 사실을 알게 되면 큰 혼란을 겪을 것이다. 그는 자신의 정체성을 상실할 것이고 부모의 바람과 다르게 삐뚤어진 길을 선택할 것이다. 장기나 조직의 이식 용도가 아니더라도 자신이 죽은 누군가를 대신해 다시 태어났음을 알게 된다면 이 또한 혼란을 일으킬 것이다. 그는 자신의 운명이 결정되었다고 비관할 수 있고, 평범한 사람에 비해 자신의 삶을 설계하고 운명을 개척하는 데 어려움을 겪을 수 있다. 그는 자신이 복제인간이라는 강박관념을 마음 속 깊이 품고 살아갈 것이며 자신이 이 세상에 유일한 존재 혹은 고유한 개성을 지닌 하나의 생명이라는 감정은 줄어들 것이다. 영화 '아일랜드'의 경우에서도 볼 수 있듯이, 복제된 인간들이 자신들이 믿었던 모든 것들이 거짓임을 깨닫고, 정체성의 혼란을 겪게 되어 결국 탈출을 시도하려는 모습은 충분히 예상할 수 있는 인간복제 시대의 모습이다.

그리고 위인들을 복제할 경우 그들이 이루어 놓은 위대한 업적에 버금가는 어떤 것을 이루어 놓아야한다는 정신적 압박을 받게 될 것이다. 이처럼 복제인간이 만에 하나라도 자신의 존재 비밀을 알 경우 그들은 과도한 희생을 강요받고 심각한 부담감을 받게 될 것이다. 인간복제는 복제인간에게 이러한 부담감 및 정신적 피해를 입힐 가능성을 충분히 지니고 있고 실제로 일어날 가능성 또한 크다고 할 수 있다. 만약 영화 '멀티 플리시티'에서와 같이 자신과 외형적으로 완전히 똑같은 많은 사람들이 돌아다니고 마주친다면 그들은 많은 혼란을 겪게 될 것이고 자아에 대한 정체성의 물음과 존재의 의미, 그리고 복제인간을 통한 범죄(한 예로 영화 '져지드레드'에서 보여주는 것처럼) 역시 증가할 것이다. 복제인간에 대한 정신적 피해가 심각하고 사회전반에 걸쳐 일어나기에 인간복제를 금지해야만 할 것이다. 인간복제의 문제점은 사회적 측면에서도 살펴볼 수 있는데, 인간복제가 허용된다면 이는 상업적 목적으로 이용될 수 있다. 인간복제를 통해서 특정인물의 우수한 능력, 그들 유전자, 특정 개인으로부터 얻은 배아는 시장을 통해서 매매될 수 있다. 인간의 배아뿐만 아니라 인간자체를 유전적 능력에 대해 가격을 매기고, 상품으로 취급하게 됨으로써 도덕적 가치와 인간이 지니고 있는 존엄성마저 위협할 것이다. 국내에서는 수정 후 14일 이전의 배아에 대한 실험을 승인하고 있다. 이는 수정 후 14일이 세포덩어리에서 조직화하는 시점이라고 설명하고 있다. 그러나 의학적으로는 13일과 14일의 배아를 구별하기란 쉽지 않고,

마찬가지로 14일과 15일의 배아를 구별하기란 쉽지 않다. 즉 생명의 기준을 삼을 수 있는 변화는 존재하지 않는다. 14일을 인간생명의 기준으로 잡는 것은 올바른 규정이 아니다. 이는 인간 생명을 경시하는 행위이다.

현재 동물분야에서의 복제기술이 급속도로 발전하고 있다. 그러나 아직 기술적으로 완성된 것이 아니다. 최근 과학계의 연구보고에 따르면 현재의 동물복제의 성공률은 약 2~3% 정도로 95% 이상은 임신 중에 죽는다. 인간복제를 허용하자는 과학자들의 의견들을 살펴보면 현재 동물복제의 성공률은 약 10% 정도로 이는 시험관 아기가 탄생할 당시의 인공수정의 성공률보다 높은 것이라고 주장하고 있다. 그러나 인공수정과 복제기술은 엄연히 다르다고 할 수 있다. 더군다나 복제된 동물들 가운데 상당수는 유전적 결함에 의하여 발달장애라든지 폐 기능의 문제, 면역기능의 저하 등 각종 부작용을 보이고 있다. 인간의 경우에는 훨씬 더 큰 희생을 야기할 수 있다. 인간복제는 동물복제에 비해 높은 유산 가능성을 지니고 있어 산모가 충격을 받을 수 있고, 또한 다른 평범한 아이에 비해 거대한 아이를 잉태할 수 있어 산모의 건강상의 위험을 겪을 수도 있다. 그리고 복제인간이 정상적으로 태어난다고 하더라도 호흡곤란이나, 뇌의 문제를 안고 태어날 위험성이 있을 것이라고 예상된다. 영화'멀티 플리시티'에서도 제2, 제3의 식으로 복제가 이루어짐에 따라 결국은 불량으로 복제가 되어가는 모습을 볼 수 있는데, 이를 통해 인간복제가 극복하기 힘든 기술상의 문제점을 가지고 있다고 할 수 있다.

그리고 인간복제는 인간관계에 있어서 혼란을 야기할 수 있다. 핵을 제공한 사람은 자신의 아버지인가? 아니면 자신의 형제인가? 아니면 그냥 남인가? 한 예로 어머니 A의 난자와 아버지 B의 핵을 이용하여 A 혹은 다른 여성 C의 자궁에서 K라는 복제인간이 태어났다고 하자. 이때 핵을 제공한 B와 복제인간 K는 유전적으로 동일하다고 할 수 있다. 그렇다면 K와 B의 관계는 어떻게 될까? 그들은 자신과 유전적으로 동일한 인물을 가족으로 인식해야할 지 아니면 남으로 인식해야할지 큰 혼란을 겪게 될 것이다. 그뿐만 아니라 우수한 유전자를 지니고 있는 사람을 복제하게 되면 유전적인 다양성이 감소될 위험성도 있고, 우생학적 사고방식이 널리 퍼져 계급사회가 형성될 수 있다. 좋은 유전자를 지니고 있는 지역이나 나쁜 유전자를 지니고 있는 지역으로 나뉘어 이분법적 사회가 존재하게 될 것이다. 그리고 유전적으로 뒤처지는 인류는 종말을 맞을 위기를 겪게 될 수도 있다.

인간복제 해결 실마리

과거 우리는 인간복제라 하면 SF영화나 소설 혹은 만화에서나 있을법한 일이라고 여겨왔었다. 그러나 인간의 지적탐구와 더 나은 생활을 영위하기 위한 끊임없는 노력은 진보된 과학기술을 낳았고, 현재에는 동물복제가 가능한 시대가 되었다. 하지만 더 나아가서 이런 기술은 단순히 동물을 복제하는 것이 아닌 인간의 정체성을 위협할 수 있는 인간복제의 가능성을 지니고 있기 때문에 매우 민감한 사안이라고 할 수 있다. 현재 인간복제는 성공한 사례가 없다고 할 수 있다. 이는 종교계 및 여러 시민단체의 반발도 있고 아직 인간복제에 관한 기술 및 과학이 완벽하지 않기 때문이기도 하다. 아직 인간복제에 관해 성공한 사례도 없다고 해도 앞으로 있을지도 모를 인간복제 시도에 대한 철저한 준비가 필요하다. 그리고 어떠한 과학적 진보나 의료적 효용성은 인간의 존엄과 자유보다 더 중요한 것일 수는 없다. 따라서 생명과학기술이 발전할수록 이에 대한 비판의식도 함께 병행되어야 한다.

10

인체실험 이야기

인체실험은 살아있는 인간을 대상으로 여러 조건에서 반응을 알아보는 것이다. 즉, 인체실험이란 살아있는 인간의 몸에 의학적 혹은 약학적 실험을 하는 행위이다. 인체실험은 넓게 살펴보면 나치에 의한 생체해부에서부터 시작하여 인간의 몸을 가지고 새로운 약의 효능을 알아보기 위해 실시되는 임상실험을 포함한다. 후자의 경우 의학지식의 향상과 의료기술의 발전을 위해 사용된다. 새로운 약의 효능실험 외에도 생체내 전자칩 이식이라든지 유전정보의 변형 등 현대과학기술에 의해 생길 수 있는 부작용 등을 알아보는 데에도 이용되고 있다. 우리는 의학의 발달과 인간의 수명연장을 위해 실시되어야 할 인체실험이 인체에 유해가 될 가능성이 있음을 과거 비윤리적인 실험을 보면 알 수 있다.

영화 이야기

마루타(Maruta)

모돈불 감독의 영화 마루타는 제2차 세계대전 당시 일제가 중국에서 인간을 대상으로 한 만행을 실감나게 표현하고 있다. 제2차 세계대전 당시 연합군에 밀리던 일본군의 전세를 뒤집기 위해 세균전을 하려고 구성된 731부대에 이시이 시로가 오면서 영화가 시작된다. 731부

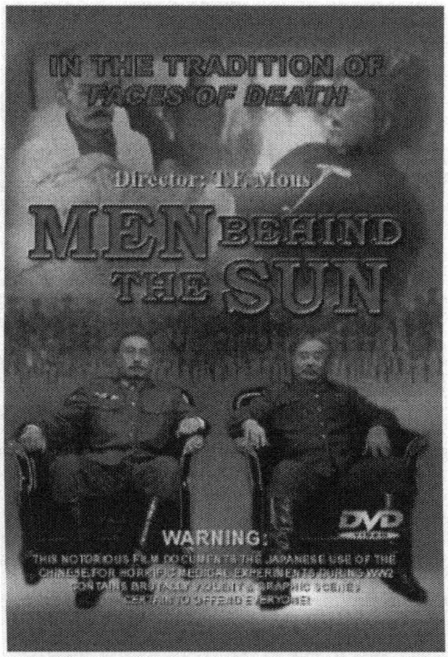

대는 1940년부터 실험을 시작했는데 1940년이면 전쟁이 한참 막바지에 이르며 치열하게 전투가 벌어지던 시대이다. 이시이 시로는 일본이 이기기 위해서는 세균전이 매우 중요하며 따라서 부대원들에게 마루타를 잘 다룰 것이며, 세균실험, 연구에 박차를 가하도록 요구한다. 731부대에서 마루타로 쓰이는 사람들은 중국인, 조선인, 러시아인, 몽골인 등 다양하며 주로 일본의 식민지국이나 적국의 시민들이다. 남녀노소를 막론하고 급기야 임신부까지 데려가 실험을 하였다. 731부대의 마루타 실험은 생각보다 계획적이고 치밀하였다. 부대 안에 실험 종류별로 여러 동의 건물들이 목적에 맞게 설계되어 있었다. 3천여 명의 포로나 식민지국 시민들이 다양한 실험목적에 맞추어 실험을 당하고 희생당한 것이다.

일본군은 부족한 병력을 보충하기 위해 일본인 소년병들을 모집했다. 그 소년병들은 731부대의 특수임무 수행을 위한 엄격한 훈련을 받았다. 그 훈련의 내용은 마루타에 대한 인간애를 갖지 않게 하는 데에 중점을 두었다. 마루타가 무엇이냐고 묻는 교관의 질문에 인간이라고 하는 소년병들은 가혹한 기합을 받아야만 했다. 그러한 질문의 답은 단지 '마루타'가 정답이었다. 즉 '마루타'는 인간이 아니었고 실험동물과 비슷한 존재로 그들에게 인간애나 도덕적인 죄책감을 느끼지 못하게 하려는 일본군의 치밀한 교육훈련이었던 셈이었다. 소년병들이 받은 교육 과정은 냉동실험, 세균실험, 독가스실험, 폭파실험 등 살아있는 인간 마루타를 대상으로 온갖 잔혹한 실험을 하는 것이다. 표면적으로는 비인간적이고 변태적인 소장의 명령에 따르면서 소년병들은 조금의 양심이라도 있어서인지 갈등하게 된다. 그러한 상태가 지속되다가 731부대의 잔인함은 세균폭탄 투하실험에서 극에 이른다. 드디어 완성된 세균폭탄을 전선에 싣고 가기만 하면 되는 순간, 일본의 항복과 퇴각명령이 내려진다. 그리고 731부대의 보안유지를 위해서 이시이는 명령을 내린다. 그 내용은 '세균폭탄의 비밀유지를 위해 살아남은 중국인들은 모두 사살하고 비밀서류와 시설을 불태운 후 731부대는 퇴각한다'는 것이었다. 잔인한 일본군 731부대는 결국 그렇게 마지막까지 마루타들을 잔혹하게 죽이고는 퇴각한다. 마지막으로 생존한 마루타였던 중국인 소년이 이시이에게 칼을 휘두르지만 결국 죽음을 당한다. 이 장면을 마지막으로 영화는 막을 내린다.

731부대가 주로 행한 실험은 3가지가 있다. 첫 번째가 동상실험이다. 일본이 러시아와 싸우는 데에 있어 가장 두려워하던 요소가 동상이다. 따뜻한 섬나라에서 살던 일본군이 만주벌판의 혹한 속에서 시도 때도 없이 걸리는 동상은 가장 무서운 적이었을 것이다. 그래서 사람이 어떤 환경에서 동상에 걸리고, 그 증상은 어떻고, 또 어떻게 치료하는지에 대해 많은 실험을 하였는데 정말 잔인하기 짝이 없다. 영화 속에서는 갓난아이를 가진 중국 여인을 매우 차가운 건물바깥에서 두 손을 드러낸 채로 주기적으로 얼음물을 붓는다. 엄청난 추위 속에서 얼음물을 부우면 더욱 더 동상에 걸리기 쉽기 때문이다. 여인의 두 손에는 고드름까지 맺히며 감시하는 군인은 수시로 고드름을 걷어내며 여인이 동상이 걸린 것이 확실할 때까지 지켜본다. 영하 35도에서 10시간을 그렇게 있었던 여인을 실험실안으로 데려간 후 소년 부대원들이 지켜보는 가운데 영상 15도의 물에 담그게 한 후 두 손을 다시 빼낸다. 손의 피부를 걷어내는데 정말 신경이고 근육이고 다 벗겨지면서 뼈만 남게 된다. 여인은 순식간에 두 팔을 잃은 것이다. 또 다른 남성의 경우 영하 196도의 급속 냉동실에 두 손을 넣게 한 후 빼낸다. 그리고 두 팔과 손가락을 내리치는데 손가락이 부서져 나가는 잔혹한 광경이 연출된다.

두 번째 실험은 세균전을 대비한 세균실험이다. 이것은 장티푸스, 콜레라와 같은 위험한 세균을 인간의 몸속에 직접 넣어 어떠한 반응을 보이고 어떻게 죽어가는지 관찰하는 것이다. 물론 최종목표는 가장 치사율이 높거나 독성이 센 세균을 만들어 내는 것으로 면역력도 없는 인간에게 살아있는 세균을 직접 주사로 주입했으니 고통은 이루 말할 수 없을 지경이었다. 물론 지금이야 웬만한 세균으로 인한 질병은 쉽게 치료가 가능하지만 당시에는 세균이 마을 한번 돌면 마을이 쑥대밭이 되는 매우 위험했던 질병이었다. 많은 피실험자들이 치명적인 세균에 감염된 채 고통스럽게 죽어갔고 731부대원들은 그들의 희생을 통해 세균과 관련해 많은 자료를 얻었다.

세 번째 실험은 살아 있는 사람의 해부이다. 이 실험은 단순한 해부만 하지 않고 두 번째 실험인 세균과 관련하여 세균이 인체에 어떻게 작용하는지 장기별로, 부위별로 해부해가면서 실험했던 것이다. 죽은 사람의 경우 세균이 어떻게 몸에 침투해 갖가지 증상을 일으키는지 알기 어렵기 때문에 피실험자를 산채로 해부하는 것이다. 장기별로 세균을 주입하면서 해부를 하였다. 1945년 8월 결국 일본은 원자폭탄을 맞고 무조건 항복을 선언하게 되는데 이때 이시이 시로는 실험자료를 숨긴다. 이시이 시로와 자기의 부대원들이 전범재판에서 면책받기 위해 그 자료들을 미국에 건네주었다.

아나토미(Anatomy)

이 영화에서는 사람의 질병을 치료해야 하는 의사가 인간을 대상으로 해부실험 목적의 비밀결사단을 형성하고, 많은 이의 목숨을 빼앗아간다. 인체실험을 악용하여 살인을 즐기는 집단에 앞서 한 여인의 힘겨운 사투가 벌어진다.

영화는 시체들을 해부하는 학생들의 수업시간으로 시작된다. 명문있는 의사 가문의 딸 폴라 헤닝은 하이델베르그에서 저명한 교수의 해부학 강의를 들을 수 있는 기회를 얻게 된다. 병실에 계신 할아버지와 달리 아버지는 하이델베르그에 가는 것을 반대하지만, 좋은 교육환경에 있고 싶은 폴라는 가기로 결심한다. 꿈에 그리던 수업을 듣게 된 폴라는 최고의 표본이 전시되어 있는 견본실에 가게 된다. 환상적이고 복제품처럼 아주 정교한 견본들이 있다. 이것은 지방조직과 수분을 제거하여 영구히 보존되는 진짜 사람을 해부한 것들이다. 폴라는 여기서 할아버지의 유명한 기증품을 발견하고 자랑스러워 한다. 그런 폴라 뒤로 실험대 위에 누워져 있는 사람의 손가락이 비춰진다. 그런 호기심 가득한 흥미로운 수업들 중, 폴라는 기차에서 만난 적이 있는 심장병을 앓고 있던 데이빗이 해부 대상으로 테이블 위에 누워 있는 것을 보고 놀란다. 그리고 사체에서 칼에 찔린 듯한 자국과 AAA라는 이상 문자가 새겨져 있는 것을 발견한다. 폴라는 그의 죽음에 의문을 품게 되고, 정확한 사인을 밝혀내려 애쓴다. 그 과정 중, 그녀는 반히포크라테스 모임이라는 아주 오래 전부터 내려오고 있는, 살아있는 육신을 연구하는 비밀조직에 대해 알게 된다. 그녀가 알아낸 바

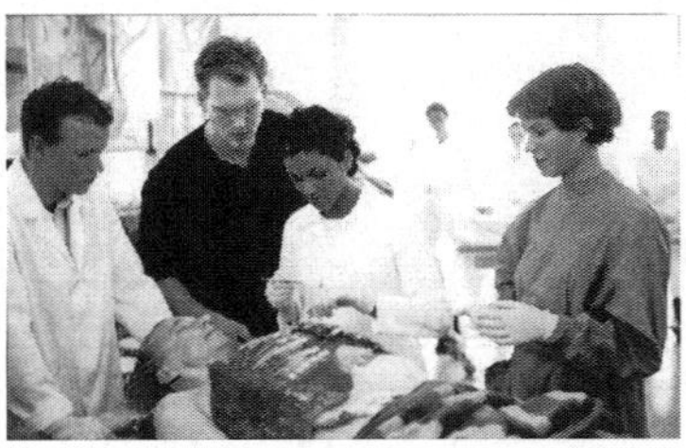

에 따르면 이 조직은 전적으로 연구를 위한 모임으로 살아있는 사람들을 지키기 위해 살아있는 것을 희생시킨다는 목적으로 조직되었다.

반히포크라테스 조직의 일원이 그녀가 공부하고 있는 해부학 강의실에도 존재하고 있다는 엄청난 사실까지 알아내게 된다. 그 후로 학생들이 하나 둘 씩 사라져가고 폴라는 그들이 데이빗처럼 생체실험의 희생양이 된 것이 아닌가 하는 불안감을 갖게 된다. 특히, 그녀와 같이 뮌헨에서 온 그레첸의 실종은 공포감까지 엄습하게 한다. 폴라는 그레첸의 실종과 데이빗의 죽음이 모두 그녀의 동기이자 그레첸의 옛 남자친구인 하인의 짓임을 알게 된다. 이제 그녀의 목숨까지 노리는 하인의 계획으로부터 폴라는 도망친다. 그러다 우연히 제한구역으로 도망친 그녀는 그녀의 할아버지 에왈드 헤닝 박사가 반히포크라테스 모임에서 최고였다는 사실을 알게 되고 매우 실망한다. 하인의 계획으로 견본실로 불려져 또 한 번 위기에 놓인 폴라. 그녀는 거기서 그렇게 찾던, 이미 견본이 되어 놓여 진 그레첸을 보게 된다. 놀란 폴라는 하인의 공격으로 기절하고, 또 다른 실험대상이 되어 테이블 위에 올려진다. 이 위기에서 역사가지만 의대생으로 위장해 반히포크라테스에 관해 조사하던 캐스퍼의 도움으로 벗어나게 된다.

아나토미 2(Anatomy 2)

영화의 시작은 괴기스러우면서도 잔인하다. 뮐러박사가 자신의 연구에 관한 강연을 하고 있다. 그런데 정신이 없는 듯 초조해 하면서 초점을 잃고 계속 주위를 두리번거리는 한 남자가 있다. 베니라고 불리는 그 남자는 뮐러박사의 착실한 조교수였다. 그러나 스스로 뮐러 박사의 실험대상이 되길 자처한 그는 심각한 후유증으로 인해 마약을 주사하지 않으면 버티지 못하는 지경에 이른다. 결국 강연장에서 메스로 자신을 자해하여 죽는다. 정신이 나간 듯한 그의 표정과 주저없이 자신의 몸에 상처를 입혀대는 모습은 가히 미치광이 수준이었다. 베니의 죽음은 어떤 미치광이의 정신 이상으로 인한 자살이라고 판명이 나고 그의 죽음은 아무런 의혹없이 묻어진다. 그러나 그는 베니가 뮐러박사의 생체실험 대상이 되면서 의학적으로 증명되지 않은 새로운 실험으로 인한 심각한 부작용에 시달리고 있었고 그의 재활이 불가능함을 안 박사는 자살을 유도하는 호르몬 성분의 약을 과다 투입하여 베니가 극도로 흥분한 상태에서 자해를 하게 만든 결과물이었다. 그리고 베니의 죽음에 의심을 품은 한 젊은 의사가 AAA(반히포크라테스)조직의 존재를 모른 채 그의 죽음에 관한 여러 수상한 점을 발견하고 그것에 대해서 다른 AAA조직의 일원에게 이야기한다. 결국 그도 AAA조직이 실험을 하는 수술실에 불려 들어와 그의 입을 막으려는 AAA조직의 비인도적인 행위로 인해 정신착란을 일으키는 정신병환자가 되고 만다.

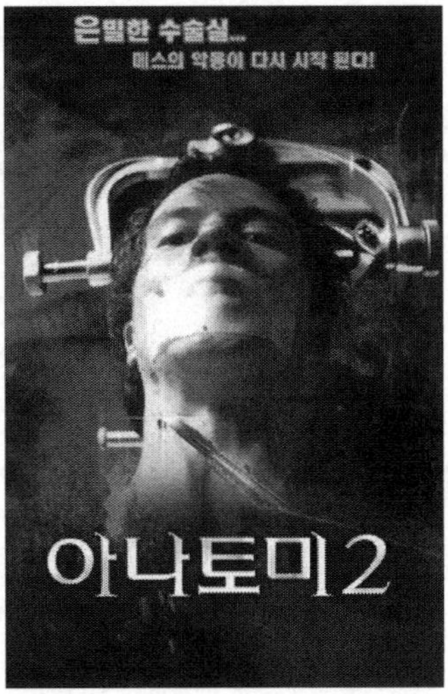

영화의 주인공은 하우저라고 불리는 한 인턴생활을 시작하는 새내기 의사이다. 그는 형제 중 한 명에게는 반드시 유전되는 근육수축증을 앓고 있는 동생을 고치고 싶은 마음에 의사가 되었다. 하루 24시간도 부족할 정도로 바쁘게 인턴생활을 하던 그에게 뮐러박사 일당의 당당한 모습이 눈에 들어온다. 마침 그들이 인조근육을 연구하고 있다는 소식을 들은 하우저는 그들의 일원이 되고 싶어 한다. 그리고 병원규칙을 어기고 몰래 필리핀 간호사의 딸의 뇌수술을 시도한 하우저는 뮐러박사의 눈에 들어오게 된다. 그리고 주인공은 AAA조직으로의 가입을 권유받는다. 처음에는 AAA조직에 의구심을 품고 이에 속하는 것에 하우저는 대해 탐탁지 않게 여기던 하우저는 매력적인 빅토리아의 유혹과 자연스럽게 자신을 조직의 일원으로 여기는 사람들의 태도로 인해 분위기에 휩쓸려 결국 AAA조직에 가입하고 만다. AAA조직의 연구 주제는 인조근육이다. 그들은 스스로 자신들의 몸에 인조근육을 삽입하여 인체에서 나타나는 현상을 관찰하고 임상 적용을 하고 있었다. 하우저 역시 종아리에 인조근육을 삽입하게 된다. 그 때 그는 수술 전에 의학적으로는 불필요하지만 스스로 수술에 임할 것을 동의하는 선서를 녹화한다.

AAA조직에 의구심을 품고 있던 스벤은 법을 어긴 행위들과 그 폐해를 파헤쳐 경찰에 보고하려 한다. 그리고 하우저에게도 조직에 발을 들여놓지 않기를 권면한다. 그러나 스벤이 배신하는 행동을 하고 있음을 이미 눈치 챈 뮐러박사는 동료들을 시켜 그를 죽음에 이르게 만든다. 목적을 위해서라면 살인도 마다하지 않는 AAA조직의 힘이 여실히 드러나는 결과였다. 종아리에 인조근육을 삽입한 하우저는 그를 작동시키는 원동력인 엔돌핀을 매일 투여한다. 그러나 인체의 내성으로 인해 점점 더 많은 양의 엔돌핀이 필요하게 되자 마약인 모르핀을 주사하기에 이른다. 사태의 심각성을 깨달은 하우저는 평소 친분이 있던 필리핀 출신 리 간호사의 도움으로 종아리에 박혀있던 인조근육을 제거한다. 그가 AAA조직에서 빠져나가려는 것을 안 조직원들은 그의 배반을 막기 위해, 또 진행하던 인조근육 실험을 완성하기 위해 하우저를 희생양으로 삼고 그를 납치한다. 그들이 하우저에게 삽입하려고 하는 인조근육은 근육을 대체하는 수준이 아닌 하나의 완성된 근육으로 자칫 실험 과정 중에 생명이 위태로울 위험성이 높은 것이었다. 다행히, 리 간호사의 도움으로 위기의 상황을 순발력 있게 대체한 하우저는 휠러박사와 그의 일당을 초토화시키고 다시 평범한 일상으로 돌아온다. 그러나 다리의 치명적 부상을 입은 그는 연구직으로 자리를 옮기길 희망하며 영화는 끝이 난다.

영화에서 표현되는 AAA 조직은 그들이 원하는 결과를 얻기 위해 물불을 가리지 않는 잔혹함을 나타내었다. 과정이 중요시되지 않는 실험이란 얼마나 무서운 것인가. 새로 개발된 인조근육은 인체 내에서 심각한 부작용을 일으킬 뿐만 아니라 마약인 모르핀을 주사해야 할 정도로 건강에 위해롭다. 그럼에도 불구하고 휠러박사는 연구를 무리하게 진행했다. 자신의 연구 논문이 다른 연구진들에 의해 빼앗길 것을 두려워 한 나머지 무리하게 연구를 진행하여 연구진들의 희생을 가져온 것이다.

콘스탄트 가드너(The constant gardener)

영화의 시작은 영국의 외교관인 저스틴 퀘일과 인권운동가인 테사 퀘일이 만나 사랑에 빠지면서 시작된다. 저스틴은 얼마 후 케냐 주재의 영국 대사관으로 발령을 받게 되고, 테사는 저스틴과 함께 아프리카로 가기 위해 그와 결혼한다. 부부는 아프리카에 도착하게 되고 저스틴은 영국 대사관에서 일하며, 테사는 국경없는 의사회 회원인 아놀드와 함께 아프리카의 주민들에게 의약품을 나눠주는 등 의료 봉사를 펼친다. 그러던 어느 날, 외교통상부 의원들과 케냐의 고위직 인사들의 모임이 생긴다. 테사와 아놀드는 모임에 참석해 케냐의 보건국 대표 응가바 의사와 거대 제약회사 쓰리비 제약회사의 사장인 커티스를 만나게 되고, 그 자리에서 그들의 잘못을 낱낱이 비판한다. 에이즈라는 무서운 병에 대해 지식도 별로 없고 치료약도 부족한 상황의 아프리카에 쓰리비 제약회사는 자신들이 무료로 에이즈

검사와 결핵 검사를 해주면서 신약의 실험대상으로 아프리카 주민들을 이용하던 것이었다. 테사와 아놀드는 거대 제약회사인 쓰리비의 음모를 알리기 위해 쓰리비가 아프리카에서 인체실험에 사용중인 "다이프락사"라는 약품에 대한 보고서를 만들어서 그것을 샌디를 통해 영국 대사관에 보내고, 조사를 더 진행하기 위해 테사와 아놀드는 다른 지방으로 잠시간 떠나게 된다.

그로부터 며칠 뒤, 저스틴은 충격적인 소식을 접하게 된다. 아내 테사가 투카나 호수에서 싸늘한 시체로 발견된 것이다. 또한 같이 갔던 아놀드의 시체는 보이지 않고, 저스틴은 또 자신이 아내를 청부살인 했다는 혐의까지 뒤집어 쓰게 되나, 영국 대사관의 도움으로 그 혐의는 풀리게 되어 아프리카에서 테사의 장례식을 치룬다. 테사의 장례식 중에 테사에게 도움을 받았던 키오코라는 소년이 찾아와 완자 킬루루에 대해 언급한다. 완자 킬루루는 테사에게 도움을 받은 소녀로써 키오코의 누나다. 저스틴은 그 소녀가 분명히 있었는데, 마치 “존재하지 않았던” 사람이 된 것에 대해 의아해 하며, 키오코를 찾아 의문을 푼다. 가족이 의료 혜택을 받는 대신 자신들이 신약품의 실험대상이 되어 질병의 치료효과를 알아보는 것이다. 다이프락사로 결핵 치료를 받다가 중단한 환자는 카드가 취소되어 다른 의료혜택을 받지 못해 치료를 받지 못한다. 약품과 질병에 대해 무지한 사람들을 모아놓고 그들을 속여서 인체실험 대상으로 삼는 거대 제약회사의 횡포인 것이다. 더 충격적인 것은 다이프락사의 실험대상으로 사용되었다가 약의 부작용으로 목숨을 잃은 사람들은 “원래부터 존재하지 않던” 사람들이 되어 실험의 실패 사례를 은폐한 점이다. 이렇게 완자 킬루루도 인체실험 대상이 되어 사라지게 된 것이다. 자신들이 인체실험에 쓰인 줄도 모르고 그 죽음마저 쉬쉬되어야 했다.

저스틴은 본국인 영국으로 귀국명령을 받게 되고, 아내의 죽음의 배후에 음모가 있다고 확신하여, 그 단서들을 찾기 시작한다. 저스틴은 친구의 도움을 받아 다이프락사를 개발한 KDH라는 회사와 그것을 실험하는 쓰리비 제약회사의 관계를 알게 된다. 또한 신약 개발을 축하하는 모임의 사진에서 영국정부의 고위직에 있는 버나드 경의 모습을 보고 아프리카의 신약실험에 정부도 어느 정도 관련되어 있음을 직감한다.

- 왜 쓰리비가 KDH를 위해 7천만 달러나 들여 실험하는거지? 아프리카가 그렇게 가치 있는 시장인가?
- 우선 이 일의 규모를 이해해야 돼. 결핵이 세계적으로 다시 돌고 있어, 결핵이 퍼질 거라는 예상이 증권계에 흘러가면 상상도 못할 돈을 벌 수 있어. 그걸 가능케 하는 것이 다이프락사지. 아프리카에서 실험해 봐서 특별한 부작용이 없다면 말이야.

저스틴은 거대 회사간의 계약과 지금 벌이고 있는 일을 알아내었지만, 회사와 정부에서는 자신들의 뒤를 캐고 다니는 저스틴을 폭행하는 등 압력을 가하지만, 저스틴은 그에 굴하지 않고 여권을 위조하는 등의 수단을 써서 다이프락사를 개발한 로비에 박사를 만나러 케냐로 떠난다. 로비에 박사는 에이즈 인체실험을 하였던 지난 과거를 숨긴 채 케냐의 지방 마을에서 사람들을 치료하며 살아가고 있는 중이었다. 저스틴은 로비에 박사를 만나 신약실험, 강제로 치료동의를 받는 것, 아내의 죽음에 대해 따지고 로비에 박사는 지난 일들을 후회하며 테사와 아놀드가 쓴 보고서와 영국정부의 버나드 경이 보고서를 읽고 쓴 편지를 저스틴에게 건내준다. 저스틴은 영국정부와 KDH, 쓰리비 제약회사의 음모와 계획을 낱낱이 담은 보고서와 편지를 자신의 친구에게 보내서 그들의 만행을 세상에 널리 알리게 하고, 자신은 아내가 숨진 투카나 호수로 가서 스스로 목숨을 끊으며 영화는 끝난다.

엑스페리먼트(Experiment)

영화 마루타와 아나토미 또는 콘스탄트 가드너처럼 인체실험을 소재로 했지만 성격이 다른

영화가 있다면 엑스페리먼트이다. 위에서 소개한 영화들은 사람의 육체를 실험대상으로 이용한다. 영화 엑스페리먼트에서는 사람의 육체가 아닌 정신이 실험대상이 된다. 영화 엑스페리먼트는 실제로 행해진 심리학 실험을 모델로 하여 영화화한 것이다. 그것은 '스탠포드 교도소 실험'이라는 것이다. 이것은 인위적 상황에서의 지위에 또는 위치에 따른 사람의 행동변화 양상을 관찰하기 위해서였다. 먼저, 실제 실험목적과는 다른 목적을 밝히고 실험대상자를 무작위로 선정하여 진행되었던 이 실험은 생각 밖에 폭력성과 잔인함으로 인해서 실험개시 5일 만에 중지되었다. 이러한 실험이 중지되지 않고 실행되었다면 어떤 결과로 진행되었을 지를 상상하여 만든 영화이다. 톤이라는 박사는 사람이 인위적인 곤경에 처했을 때 나타내는 반응을 알아보기 위하여 실험을 한다. 신문광고에 일정기간동안 모의감옥 체험을 하는 대가로 거액을 주겠다고 하고 지원자를 모집한다. 지원자들을 두 집단으로 나누어 한 집단은 간수, 한 집단은 죄수 역할을 하도록 하고 실제 간수와 죄수들이 생활하듯 똑같이 생활하도록 한다. 주인공은 기자로, 그 안에서 일어나는 일들을 몰래 취재하기 위해 지원하고, 나머지 사람들도 각자의 목표를 위해 지원한다. 이들은 실험이 시작되자 간수 역할을 맡은 자들은 멋진 제복에 몽둥이, 수갑, 벳지가 주어지는 반면, 죄수 역할을 맡은 자들은 실제 죄수들에게 있어서 가장 치욕스럽다는 과정을 거치게 된다. 옷을 다 벗고 온몸에 하얀 약 가루를 뿌리고 잠옷과도 같은 옷을 입게 된다. 바로 이 순간부터도 심리적인 자극이 주어지는 것이다.

처음 하루동안은 다들 서로에게 장난치고 각자의 역할에 어색해하며 지내지만, 이틀째부터는 한두 명씩 심리적인 변화를 겪으면서 진짜 간수와 죄수처럼 행동하게 된다. 죄수 역할을 맡은 사람들은 불만을 품고 명령에 불복종하고, 간수 역할을 맡은 사람들은 진짜 죄수들을 다루듯 그들을 능욕하면서 처벌하고 폭력까지 쓰게 된다. 처음 조건이 절대 폭력을 사용하지 않는 것이었기 때문에 함께 실험을 계획한 박사는 더 이상은 위험하다며 실험을 중단하자고 주장하지만 톤 박사는 조금 더 기다리면 놀라운 결과가 나타날 것이고, 그 결과를 학계에 알려 인정을 받을 것이라며 실험을 계속 진행시킨다. 톤 박사는 하루하루 나타나는 사람들의 심리적인 변화를 보며 놀라워하고 만족해한다. 하지만 결국 5일째 되는 날, 사람들은 통제가 불가능해지고 그 모의 감옥 안에서 첫 번째 살인사건이 일어나고 만다. 죄수 역할을 맡은 사람들은 간수 역할을 맡은 사람들에게 맞거나 죽임을 당할까봐 극도로 불안해하면서 극단적인 행동들을 보이고 어떤 사람은 심한 정신장애를 보이기도 한다. 간수 역할을 맡은 사람들은 지나치게 폭력적으로 변하고 처음에 실험을 계획한 박사들도 우습게 여기며 박사 한 명을 납치하게 된다. 결국은 죄수 역할을 맡은 사람들 중에 자제력을 잃지 않은 사람들 몇 명이 외부인 한 명의 도움을 받아 건물에서 빠져나가면서 사건은 종결된다. 실험은 끝났지만 그 결과는 참혹하다. 사상자는 넘쳐나고 실험을 계획했던 톤 박사는 간수 역할자가 쏜 총에 맞아 사망하고 간수 역할을 맡은 사람 중 한명은 인권유린과 살인으로 체포된다.

Extreme measures

다수의 이익을 위해 소수를 희생해야 한다면, 그것도 그 소수가 사회에서 불필요한 존재라면 우리는 어떻게 해야 할까? 이 영화는 그러한 존재들을 사용한 반인륜적인 생체실험이 주된 내용으로 전개되고 있다. 영화의 첫 장면부터 비닐을 온몸에 두르고 나체로 도로에서 쫓기 듯 도주하는 두 남자가 등장한다. 첫눈에 보기에도 매우 상태가 비정상적으로 보이는 이 두 남자는 매우 고통스러워하며 무언가에게 쫓기고 있다. 쉴 새 없이 환자가 밀려드는 뉴욕의 한 병원에서 일하는 가이는 의사이다. 가이에게 도로에서 비닐을 두르고 도주하던 두 남자중 한 남자가 정신을 잃고 실려 온다. 마약 중독자에다 부랑자였던 그의 맥박과 심장박동

등의 모든 신진대사는 정상에서 매우 벗어나 있었으며 그러한 경우를 처음 접한 가이는 그러한 상황에서 당황해 하고 그러던 사이에 환자는 의문사 해버린다. 가이는 환자의 죽음을 이상하게 여기고 그것에 대해 알아보려고 하지만 그 병원의 다른 의사는 다른 병명으로 치부시켜서 넘겨버리려고 한다. 가이는 사건에서 손을 떼라고 경고하는 선배 상사의 말도 무시한 채 지난 서류까지 뒤져가며 사건에 대하여 조사하던 중 그가 일하는 병원에서 가족이나 집도 없이 거리를 헤메는 신체 건강한 남자들을 대상으로 생체실험을 하고 있다는 사실이 밝혀진다. 마이릭 박사는 가이에게 함께 연구하길 권한다. 그리고 그들 몇 명의 희생으로 수백, 수천 명이 일어설 수 있게 되리라는 믿음으로 병원의 연구진들은 비밀리에 연구를 진행하였음을, 그 연구가 얼마나 위대한 것임을, 그리고 자신이 그 연구에 모든 것을 걸었음을 말한다. 하지만 자신들이 지금 행하고 있는 연구가 얼마나 잔인한 것인지에 대해서는 생각지 못하였다.

사고나 선천적인 질병으로 움직일 수 없는 환자에게 새로운 척수를 이식할 수 있는 기술을 개발하는 마이릭 박사는 거리의 노숙자를 실험대상으로 사용하는 병원을 운영하고 그것을 가이가 알게 된 것이다. 거의 마지막 장면에서 이 둘은 총을 들고 대립하게 된다. 마이릭 박사는 유능한 의사인 가이에게 이렇게 이야기한다,"나와 함께 하자. 우리는 환자들에게 희망을 줄 수 있다." 물론 가이는 단호히 거부한다. "아무리 좋은 의도라도 정당하지 못한 방법으로, 노숙자를 본인의 의지를 무시한 채 실험대상으로 삼아서는 안 된다"고 말한다. 그러던 와중에 총이 발사되고 마이릭 박사는 죽게 된다.

극락도 살인사건

'극락도' 말로만 들어도 행복한 섬 같다. 극락은 사람이 죽어서 가는 천국과도 같은 곳이다. 하지만 여기서는 반어법이 사용되어, 영화 내용을 더욱 부각시키고 있다. 영화 초반부에

낚시꾼들이 극락도에서 낚시를 하고 있다. 그러다가 뭔가 묵직한 것이 걸린 것을 보고 대어를 낚은 줄 알고 힘차게 낚싯대를 올리지만 낚인 것은 사람의 머리였다. 사람들은 당황하고 경찰은 조사를 시작한다. 그리고 영화는 과거로 거슬러 올라간다. 극락도에는 소수의 주민과 의사 그리고 간호사가 거주하고 있었다. 의사는 극락도에서 의료를 담당하고 있었다. 그리고 매달 지급되는 설탕과 보급품으로 극락도 사람들은 평화롭게 생활하고 있었다. 사람들은 서로를 가족처럼 생각하고 잘 지내고 행복한 나날을 보내고 있었다. 어느 날 한 아이가 의사에게 선물을 전해주러 가다가 머슴 한씨와 전기관련 직원들이 도박을 하러 회관에 들어가는 것을 목격한다. 그리고 아이는 맨날 도박이라며 혼잣말을 하고 의사에게 선물을 주고 재미있게 이야기를 나누다 그 회관에서 전기기사 2명이 잔인하게 죽어있는 것을 목격된다. 그리고 의사와 주민들은 공포에 떨게 된다. 그리고 아이의 증언에 따라 머슴이 돈을 잃고 화가 나서 직원을 죽이고 도망친 것이라 결론을 내린다. 그리고 마을 주민은 그 머슴을 찾아 다닌다. 그리고 절벽에서 머슴의 신발이 가지런히 있고 머슴이 사용한 흉기도 같이 발견된다. 그리고 마을사람들은 머슴이 사람을 죽이고 죄책감에 자살을 한 것으로 판단한다.

이제 살인사건이 결말났다고 안심하던 중 간호사가 예리한 추리를 한다. 머슴 또한 타살을 당한 것이라고. 머슴 또한 자살을 위장한 타살이라고 주장을 한다. 그 후 살인범이 이장의 집에 침입을 해서 무엇인가를 찾다가 도망을 간다. 도망치다가 사냥꾼을 만나지만 사냥꾼에게 귀신이 보이기 시작하고, 사냥꾼은 공포에 떨다가 범인에게 살해당한다. 점점 사건은 미궁으로 빠지고 사람들이 미쳐가고 있을 때, 한 쪽지가 발견된다. '이장이 들여놓아서는 안 될 것을 들여 놓았다.'이 쪽지는 서로에 대한 불신을 증폭시키는 가운데 이장의 집에 거액의 돈이 든 가방이 있다는 소문도 돌기 시작한다. 그래서 사람들은 이장을 의심하고 찾아간다. 하지만 이장은 정말로 모른다고 하고 사람들은 그것이 무엇이냐고 계속 추궁하자 이장 아들이 총을 꺼내 사람들을 위협한다. 자기들은 아무것도 모른다고 주장을 하고 사람들은 일단 총을 겨눈 위협 때문에 다시 잠잠해 질 무렵 이장 아들도 귀신을 보게 된다. 헛것을 보고 총을 쏘는 데 그것이 마을 주민의 머리에 맞고 주민은 죽는다.

점점 사건은 귀신과 관련된 사건이라고 생각을 하고 사람들은 서로가 서로를 못 믿으며 무엇인지 모를 공포에 휩싸여 있다. 이장과 몇몇 주민이 말싸움을 한다. 이장에게 계속 추궁하지만 이장은 어떤 이유도 없다고 자신은 모른다고 주장한다. 그리고 뭔가를 밝히려던 찰나에 이장의 배에 총알이 박히고 이장은 죽는다. 그리고 그날 저녁 어느 할아버지가 거액의 돈이 든 가방을 들고 돛단배를 타고 도망을 가려고 하다가 주민에게 걸려 배위에서 다투다가 할아버지는 죽는다. 그리고 그것을 본 의사가 그 주민이 범인이라고 한다. 그리고 간호사와 의사를 위협하고 3명은 살아남기 위한 사투를 벌인다. 결국 그 주민은 의사에 의해 죽게 된다. 그리고 의사와 간호사는 다시 자기 집으로 와서 얘기를 한다. 그리고 놀라운 사실을 간호사가 알게 된다.

보급품 중에 분배되던 설탕은 사실 그냥 설탕이 아니었다. 그것은 사람을 상대로 임상실험을 하다가 증명받지 못한 의약품이다. 그래서 의사는 불법적으로 극락도 사람들을 상대로 임상실험을 실시했고, 모두들 상태가 좋아지는 것을 일기에 기록한다. 약물의 효능은 두뇌활동의 활성화이다. 이는 학습능력이나 기억력 등 특정한 능력만을 강화하는 것이 아닌 두뇌활동자체를 활성화시키는 것으로 보인다. 머슴 한씨가 두 전기기사에게 쪽지를 보여주며 자신의 추리를 이야기할 때 두 기사의 반응은 '한씨가 이렇게 똑똑한 줄 몰랐다.'였다. 즉, 평소 모자라 보이던 한씨도 약물에 의해 날카로운 통찰력과 추리력을 발휘할 수 있게 되었다는 것이다. 뿐만 아니라 이장의 아버지도 이 약을 복용하고 나서 말을 하기 시작했다. 이렇게 실험은 성공적으로 끝나가는 것처럼 보였다. 하지만 그 후에 사람들은 미쳐서 헛것을 보고 서로를 죽이고 포악하게 변하였던 것이다. 1년 반 동안 부작용 없이 지내오다가 갑작스레 일들이 벌어진 것을 보면 약물의 부작용은 어떠한 조건, 예를 들면 극도의 흥분상태나 불안한 상태에서 나타나는 것이다. 화투판 살인사건이 일어난 때를 기점으로 마을 사람들에게 부작용이 나타나기 시작했다. 의사 한 명의 욕심으로 행복했던 극락도는 미친 이들의 살인현장이 되고 만 것이다. 한 제약회사의 검증되지 않은 위험한 신약을 한 섬마을 사람들에게 동의없이 임상실험을 한 결과 마을은 파멸로 치닫게 되었다.

로렌조 오일(Lorenzo's oil)

영화에서 로렌조는 여느 아이들과 같이 학교를 다니는 평범한 어린 아이였다. 로렌조가 다른 아이들과는 조금 다른 점이 있다면, 그가 여러 나라를 여행하면서 3개 국어를 익히고, 또 다양한 사람들과 친하게 지내는 뛰어난 사교성이 있다는 정도였다. 하지만 어느 날 갑자기 로렌조의 부모는 로렌조가 학교에서 난동을 부렸다는 사실을 듣게 된다. 대수롭지 않게 넘겼는데, 다음날에도 또 아이가 학교에서 난동을 부리고 또 집에서 난동을 부리자 어떤 병이 있는지 병원에 데려가게 되었다. 하지만 처음 간 병원의 의사는 로렌조의 병이 무엇인지 알지 못하고, 신경학적으로 이상이 없다는 말만 하게 된다. 두 번째로 간 병원에서 또 다른 의사는 뇌에 이상이 있다는 것은 확실하지만 왜 그런 이상이 생겼는지는 알 수 없다고 말했다. 세 번째로 다른 병원을 찾아서야 로렌조의 부모는 그의 병을 알 수 있었다. 로렌조의 유전병이 그 당시에는 희귀한 유전병이었다. 로렌조가 앓고 있었던 유전병은 ALD 즉 부신백질이영양증이었다. 이 병은 이름 그대로 부신 피질과 대뇌 백질이 지속적으로 망가지면서 기능이 떨어지게 되는 병이다. 이 병을 앓고 있는 사람들은 학교에서 난동을 부리던 로렌조와 같이 행동이상을 보이고, 시력과 청력의 소실, 발작, 강직성 사지마비 등의 증상을 보이다가 결국에는 식물인간 상태에 빠지게 되고 사망하게 된다.

로렌조의 부모는 그가 이 병을 앓고 있다는 사실을 알고 나서 절망한다. 그 시대의 의학

으로는 도저히 고칠 수 없는 병이었기 때문에, 이 병의 여러 증상들을 찾아보고 그것을 반복해서 계속 읽으면서 결국 절규한다. 로렌조의 부모는 절대 고칠 수 없다는 의사의 말에도 굴하지 않고 병을 고치기 위해 노력한다. 임상실험을 하고 있는 의사들이 제시하는 포화지방이 포함되지 않은 음식을 먹는 식이요법이라든지, 면역억제치료 실험대상자 명단에 로렌조의 이름을 올리고 여러 가지 방법으로 병을 완화시키려고 노력한다. 하지만 포화지방이 포함되지 않은 음식을 먹게 됨으로써 체내 포화지방이 더 증가하는 결과만 낳게 된다. 면역억제치료도 효과가 없기는 마찬가지였다. 여러 의사들이 제시하는 치료를 하는 동안 로렌조는 점점 증상이 악화되어 갔다. 사지마비는 점점 심해져서 걸어 다닐 수 없게 되었고, 실어증 증세를 보이면서 말도 제대로 하지 못했다. 영화 처음에 나왔던 아프리카에서 자유롭게 뛰놀던 사교성 있고 똑똑한 아이 로렌조가 점점 자기 자신을 잃어가는 상황에서 부모가 받는 고통은 엄청난 것이다.

의사들이 하는 방법대로 로렌조를 살릴 수 없다고 생각한 로렌조의 부모는 직접 도서관에 가서 관련된 의학서적들과 생화학 논문 등을 모두 찾아가며 스스로 공부하기로 마음을 먹었다. 의학적인 지식이 전혀 없으면서도 그것을 공부해서 아이를 치료하겠다는 생각은 평범한 부모로써 가질 수 없는 생각이다. 그들은 로렌조를 위해 집을 저당잡혀 가면서까지 연구해서 ADL의 진행을 막을 수 있는 로렌조 오일을 개발하는 과정으로 간다.

계속되는 영화는 어떻게 로렌조의 부모들이 로렌조 오일을 개발하게 되는지의 과정을 담고 있었다. 이 영화에서는 로렌조 오일의 개발과정이 비교적 자세히 나와 있었다. 그들은 먼저 왜 포화지방이 없는 음식으로만 식이요법을 했는데 오히려 체내 포화지방의 수치가 올라가는지를 밝혀냈다. 그리고 자신들의 재산과 친구들의 기부 등을 모아서 심포지움을 개최해서, 거기서 올레산이 유용하다는 정보를 얻게 된다. 결국 그들은 올리브유에서 C24와 C26을 제거한 인체에 무해한 올리브유를 만들게 된다. 로렌조의 부모는 올리브유를 매일 로렌조에게 먹였다. 하지만 그 때는 이미 로렌조는 움직이는 것이 불가능하고 혼자서 침을 제대로 삼키는 것조차 불가능하고 경련을 일으키는 상태였다. 그들은 그래도 희망을 버리지 않고 로렌조에게 올리브유를 먹여서 50% 정도까지 체내 포화지방의 수치를 낮추었다. 하지만 그 뿐이었다. 더 이상의 포화지방 수치의 감소는 없었다. 그 이유에 대해서 계속해서 고민하던 중 로렌조의 아버지는 결국 두 사슬에 있는 효소는 같은 것이라는 것을 알게 되고 중요한 생화학적 경로를 밝히게 된다. 그러고 나서 결국 로렌조 오일이 탄생하게 된 것이다. 그러나 로렌조 오일을 개발했을 때는 이미 로렌조는 병이 많이 진행된 상태였다. 이미 많은 신경세포들이 파괴되어서 로렌조 오일을 먹어도 로렌조는 그대로 몸을 움직일 수 없고 말도 하지 못하는 상태로 지낼 수밖에 없는 것이었다.

의학의 약용 VS 의학의 발전

공리주의적 입장에서 보면 인간의 질병이나 해부학적 연구를 위해 실시되는 임상실험을 포함하여 인체에 직접적으로 실시하는 인체실험은 인간의 건강증진을 목적으로 꼭 필요하다. 인간은 끊임없이 질병과 싸우고 있으며, 해를 거듭할수록 의학지식이 향상되고 의료기술이 발전하고 있다. 인체실험은 병원균을 진단하거나 그 치료법을 개발하기 위해서 행해져 왔다. 의학의 목표는 인간에 대한 의학 지식의 증진과 인간의 질병을 치료하는데 있다. 인간과 동물의 신체는 차이가 크기 때문에 아무리 동물실험에서 그 안전성이 입증이 되었다고 할지라도 신체 구조가 틀린 인간에게 그 부작용이 나타나지 않는다는 법은 없다. 따라서 보다 많은 사람의 안전을 위해 인체에 대해 연구를 하지 않으면 새로운 의학지식이나 의학기술의 발전은 무의미하게 될 것이다. 인체실험의 역사를 살펴보면 비윤리적인 연구에 이용된 사람들은, 대부분이 사회적으로 약자이거나, 기득권에서 소외된 사람들이었다. 이집트에서는 죄수들을 실험목적으로 이용하였고, 2세기경 페르시아의 왕자는 의학생들에게 인체실험을 자유로이 허락을 하되 지위가 높고 정치적으로 요직에 있는 사람들을 대상으로 하는 것은 금지하였다. 새로운 생식기술이나 새로운 피임기술을 개발하기 위하여 하위계층의 여성들, 즉 창녀나 여성 노예, 그리고 빈민층 여성들이 주로 이용되었다. 신체에 문제가 발생을 하더라도 이들은 억압받으며 살아가기 때문에 불평을 할 수 없기 때문이다. 18세기에는 현대의학이 급속도로 발전을 했다. 그 배경에는 실험대상이 되어준 빈민계층과 노동자 계층의 희생이 있었다. 인체실험은 일본 및 독일에 의해 비윤리성이 극에 달하였다.

기원전 2세기경에 이집트 북부에 위치한 알렉산드리아의 헤로필루스와 에라시스트라투스는 프톨레미왕가의 지원을 받아 사형수들을 이용하여 생체해부실험을 실시하였다. 이들의 해부실험은 고대 의학자인 켈서스 등에 의해서 윤리적 비판을 받았다. 그러나 그들은 이러한 비판에 자신들의 실험은 오직 사형수에게만 실시되었고, 실험이 오직 의학 지식을 획득하는 순수한 의도로 사용되었으며, 그들의 희생으로 많은 사람들을 의학적으로 돕는데 큰 공헌을 했다는 점을 들어 자신들의 정당성을 주장하였다. 이와 대조적으로 현대의학의 아버지인 히포크라테스는 그의 유명한 선언에서 "To Help or at least to Do No Harm." 라는 대원칙을 들어 연구, 진단 및 치료 등 의료와 관련이 있더라도 환자들에게 절대 해를 주지말라며 환자들의 복리에 주된 관심을 보였다. 제2차 세계대전의 전범국인 독일의 나치주의는 우생학과 유전학에 기초한 사상을 가지고 있었다. 이들은 "인류의 발전을 위해서 국가가 개입하여 나쁜 유전자는 제거하고 좋은 유전자만 남긴다."라고 주장하며 정신병자, 부랑아, 정신박약아, 유전병환자, 사회범법자와 같이 열등하다고 판단되는 사람들을 강제 불임시켰다. 의료정책의 핵심은 사회의 모든 문제를 외과적 문제로 해결하는 것이었다. 이는 크게 3단계로 되어있는데, 첫 번째 단계는 불임법으로 "유전질환이 있는 자녀를 예방하기 위한 법률"로서 1933년에 시작되었다. 이는 우생학의 선진국인 미국의 영향을 받은 것이다. 이 단계에서 독일은 정신병자, 간질, 맹인, 귀머거리, 알코올중독자 등 40만 명을 강제로 불임수술하였다. 두 번째 단계는 안락사로 1939년 시작되었다. 이는 경제논리에 입각하여 "가치 없는 삶"은 사회에 부담이 되므로 죽여야 하는 것이었다. 이 단계에서 독일의 정신병자 환자들 중 절반가량 굶어 죽었고, 1939년 히틀러의 "자비로운 죽음"이 승인된 후 2년간 정신병을 앓고 있는 환자들 약 7만 명이 살해되었다. 마지막 세 번째 단계는 독일의 만행을 잘 나타내는 인종대학살이다. 인종대학살은 1939년부터 가스에 의하여 시행되었다. 아우슈비츠 등 몇 곳의 시설에서 유태인, 동성연애자, 집시, 슬라브족, 전쟁 포로들이 가스로 살해당했다.

이러한 대학살에서 가장 놀라운 점은 의료인들이 자발적으로 참여를 했다는 사실이다. 나치주의와 의료인들의 관계는 매우 호의적으로 나치주의에 열정적으로 호응하였다. 그들은 의학을 "응용 생물학"이라며 칭송했고, 히틀러 역시 의사들의 도움이 절대적으로 중요하다고 생각하였다. 그 중 요제프 멩겔레는 나치의 열렬한 추종자로서 정치흐름에 따라 연구방향을 잡았다. 군의관이 되어 아우슈비츠 수용소에서 40만 명의 죽음에 관여하여 "죽음의 천사"라는 악명을 얻는다. 그가 수용소에서 행한 의학실험은 잔인함의 극치였다. 그는 도망치다 붙잡힌 유태인 소년들 300명을 큰 구덩이에 넣고 불태워 죽였다. 그는 또한 유전자가 발현되는 환경을 조작하는 방법을 찾으려 하였다. 수용소의 사람들에게 푸른 눈동자를 만든다며 파란색 물감을 눈에 주사하고, 쌍둥이 남녀의 강제 성교를 실시하고, 일란성 쌍둥이의 혈액교환 실험, 샴 쌍둥이를 만들기 위해 이란성 쌍둥이를 외과적으로 접합을 하였다. 또한 전기 충격에 대한 인간의 내구력한계 실험을 실시했다. 실험 후의 유태인들은 모두 죽음을 당했다. 그는 어차피 죽을 운명인 유태인들을 의학을 위해 그리고 자신의 출세를 위해 사용하는 것이 뭐가 문제냐며 자신의 행위에 대해 반성하지 않았다. 멩겔레는 러시아군이 아우슈비츠에 진입하기 직전에 피신하여 34년간 도피생활을 하다가 1979년 브라질 바다에서 수영 도중 뇌졸중으로 익사했다. 독일이 자행했던 포로수용소에서의 끔찍한 인체실험들은 대부분 위와 같은 우생학적 목적이나 전쟁수행을 위한 이유로 행해졌다. 예를 들어 북해침공 목적을 위해 러시아포로들을 얼음물에 집어넣고 물을 마시게 하였고, 고도에서의 전투 목적을 위해 진공방에 집어넣었다. 또 화학전을 위해 52명의 병사를 독가스방에 집어넣고 실험을 실시했다. 동유럽 인구를 줄이기 위한 새 불임수술을 개발하기 위해서 남자는 X-선으로, 여자는 초 냉각 CO_2로 난관을 지져보는 실험을 실시하기도 하였다. 이런 잔인한 실험에서 살아남은 사람들은 평생 정신적, 신체적 후유증을 안고 살게 되었다.

독일과 같은 제2차 세계대전의 전범국인 일본도 위와 유사한 인체실험을 자행하였다. 앞에서 소개한 '마루타'영화에서 일본정부가 저지른 실험은 매우 잔인하고 비윤리적이었다는 사실을 알 수 있다. 세균전을 위한 731부대가 이시이 시로에 의해 세워졌다. 731부대는 8개 부서로 구성이 되었는데 그 중 1개부서는 페스트, 콜레라균 등 각종 전염병원균에 대한 연구에 중점을 두었다. 최소 3천여 명의 중국, 러시아, 한국, 몽골인들이 희생된 것으로 추정된다. 이러한 실험대상은 "껍질 벗긴 통나무"란 뜻의 일본어 '마루타'로 불리었는데, 그 실험들의 예를 보면 원심분리기에 산사람을 넣어 피를 짜 죽이거나, 밀폐된 방의 공기를 빼서 인체가 파괴되는 실험을 하거나, 사람에게 말, 원숭이의 피 또는 페스트균 등 각종 세균을 주사해 시간대별 변화를 기록하거나, 동상에 걸린 인간의 팔다리를 몽둥이로 때려 부서지는 현상이나 그것들이 어떻게 썩는지를 관찰하는 끔찍한 실험을 자행하였다. 일본은 중국에서 세균전 실험을 하였는데, 1942년 가을, 저장성과 후난성에 페스트균을 살포해 많은 주민들을 감염시킨 후 세균전 효과를 관찰하기 위해 생체해부를 자행하였다. 전쟁 이후에 이러한 비윤리적인 실험을 자행하였던 의사들의 처리는 독일과 대조적인 모습을 보인다. 독일의 경우 실험에 참가한 의사들 대부분 처형을 당했지만, 일본의 경우는 731부대에서 활동한 의사들에게 자유를 주고 731부대의 수장 이시이 시로는 후에 도쿄대학 학장까지 역임을 하는 등 면죄를 받았다. 그 이유는 생체실험을 통한 의학정보가 공산국가에 가지 않도록, 미국이 생체실험 자료를 받는 조건으로 방면했기 때문이다.

제2차 세계대전 이후에는 미국에서 실시한 터스키기 매독연구가 대표적인 비윤리적 인체실험이다. 이 실험은 인종차별주의와 결합된 인체실험으로 미국정부가 1932년부터 1972년까지 40년동안 미국 남부 알라버마주 터스키기에 사는 흑인 623명을 대상으로 매독 생체실험을 하였다. 이들 대부분이 가난하고 문맹인 노동자들이었다. 실험목적은 치료하지 않은 매독에 흑인들이 백인들과 똑같은 반응을 보이는지를 알아내기 위한 것이었다. 이 연구의 대상은 주사맞은 사람 399명(대조군)과 주사를 맞지 않은 사람 224명(실험군)으로 매독에 걸린 흑인 남성들이 실험에 이용되었다. 실험에 이용된 흑인들 전부 피험자라는 사실을 전혀 몰랐고 정부에서 단지 무료로 건강검진과 치료를 해주고 있다고 생각을 하였다. 실험에서 매독에 걸린 흑인들은 1943년 페니실린이라는 치료약이 나왔음에도 불구하고 보다 정확한 연구 결과를 얻으려는 정부와 의사들의 그릇된 의식으로 인해 치료약이 있다는 사실 조차 은폐를 당한 채 치료를 받지 못하고 죽어갔다. 이후 이 연구에 참여했던 유니스 에버스라는 간호사를 증인으로 청문회가 열려 연구의 전모가 밝혀지게 되었다. 이를 계기로 미국 내에서는 인간에 대한 의학적인 실험에 대한 논란에 불씨를 지피게 된 결과를 낳게 되었다. 1980년대에 기자, 의학자, 인권변호사 등의 노력으로 유족들은 총 1000여만 달러에 이르는 보상을 받게 되었고, 1997년 5월 대통령이 사과하여 그들의 손상된 명예와 존엄성을 되살릴 수 있었다.

이와 같은 비윤리적인 인체실험이 자행되면서 인체실험의 윤리성 확보를 위해 뉘른베르크 강령이 만들어지고, 헬싱키 선언이 채택되었다. 앞에서 언급했던 제2차 세계대전에서 잔인하게 인체실험을 자행한 독일나치주의 의사들에 대한 재판인이 뉘른베르크에서 1947년 8월에 열렸다. 그 결과 전체 23명의 피고들 중 15명이 유죄를 판결받고 7명이 무죄로 판결받았다. 유죄를 선고받은 이들은 각각 그 범죄 강도에 따라 교수형, 종신형, 20년, 15년, 10년의 형을 선고받았다. 이들 대부분은 자신이 한 일에 대해 반성을 하기는커녕 조국을 위해 옳은 일을 했다고 주장했다. 뉘른베르크재판 판사들은 두 번 다시 나치가 저지른 비윤리적인 인체실험과 같은 일이 발생하지 않도록 강령을 만들어 국제적으로 널리 알리기로 했다.

의학계의 아버지라 불리는 히포크라테스의 윤리, 1803년에 영국의사인 토마스 퍼시발의 윤리강령, 1847년 미국 의사협회의 윤리강령, 1833년 미국의사 윌리암 뷰몬트의 강령, 1865년 클로드 베르나르의 인체실험 윤리원칙, 1930년대까지의 독일의 인체실험규정을 참고하였다. 독일의 나치 의사들은 독일의 인체실험규정이 있었음에도 불구하고 이를 무시하고 잔인한 인체실험을 만행하였다. 이후 허용가능한 의학실험(뉘른베르크 강령) 10개 조항이 발표됐다. 그 내용을 살펴보면 우선 기본적인 3가지 원칙이 있는데, 그 원칙은 다음과 같다.

- 연구는 불필요한 모든 신체적, 정신적 고통과 상해를 피해 수행되어야 한다.
- 실험에서 무릅써야 할 위험의 강도가 그 실험을 통해 해결할 수 있는 인도적 문제의 중요성보다 더 커서는 안 된다.
- 손상과 장애, 사망 등 매우 낮은 가능성까지 대비해서 피험자를 보호하기 위한 적절한 준비와 적합한 설비를 갖추어야한다.

뉘른베르크 강령에서의 10개 조항은 다음과 같다.

- 연구 대상자의 '자발적 동의'가 필수적이며 '강제성'이 없어야 한다.
- 연구는 사회의 선을 위하여 다른 방법이나 수단으로는 얻을 수 없는 가치 있는 결과를 낼만 한 것이어야 하며 불필요한 연구이어서는 안 된다.
- 동물실험의 결과와 질병에 관한 지식을 바탕으로 기대되는 결과가 연구수행을 정당화시키는 것이어야 한다.
- 연구는 불필요한 신체적, 정신적 고통이 없도록 수행되어야한다.
- 사망이나 기능적 장애를 일으킬지 모르는 실험은 의료진 자신이 피험자로 참여하는 경우를 제외하고는 시행되어서는 안 된다.
- 장애나 위험성의 정도가 연구로 해결될 수 있는 문제의 인도주의적 중요성보다 높아서는 안된다.
- 피험자의 손상, 장애의 최소한의 가능성도 없애도록 적절한 준비와 설비가 있어야 한다.
- 연구는 과학적인 자격을 갖춘 사람에 의하여 수행되어야 한다. 연구와 관련되어 있는 사람은 모든 단계에 있어서 최고의 기술과 주의를 기울여야 한다.

· 연구도중 피험자가 자신의 한계를 느껴 실험을 더 이상 못하겠다는 생각이 들면 실험을 끝낼 자유를 가진다.
· 연구도중 피험자에게 장애를 일으킬 가능성이 있는 경우 책임자는 언제든지 실험을 중단할 준비가 되어있어야 한다.

이 뉘른베르크 강령이 강조하는 점은 인간의 복지와 보호가 의학적인 연구의 가치보다 앞선다는 점이고, 피실험자의 자발적 동의 없이는 어떠한 인체 실험도 불가능하다는 것이다. 즉, 이는 실험자가 피실험자에게 사전에 실험의 목적, 방법, 부작용과 같은 위험 등을 충분히 인지시켜준 뒤에 피실험자의 자발적 동의에 의해서 인체실험을 실시해야 함을 나타낸다.

지금까지 뉘른베르크 강령을 알아보았는데, 인체실험에 관한 또 다른 지침인 헬싱키 선언을 빼놓을 수가 없다. 세계의사협회는 인체실험의 문제를 전문적으로 다룰 필요를 느끼고 그 작업에 착수했다. 이는 뉘른베르크 강령보다 더욱 자세하게 의사들에게 필요한 전문적인 지침을 만드는 것이었다. 결국 헬싱키선언은 1964년 핀란드의 헬싱키에서 열린 세계의사협회 제18차 총회에서 채택되었다. 헬싱키선언은 총 6차례에 걸쳐 제정·개정되었다. 구성은 총 32개항으로 구성되었다. 여기서 총 32개항 중 주요사항에 대해서 언급한다.

· 인간을 대상으로 하는 생명의료연구는 일반적으로 승인된 과학 원칙에 따르며, 적절히 시행된 동물실험의 근거가 있어야 한다.
· 실험의 계획 및 시행은 국내법 규정에 따라 독립적인 위원회의 사전심의를 거쳐야 한다.
· 연구 목적의 중요성은 위험과 균형을 이루어야 한다.
· 피험자의 이익에 대한 고려를 과학 및 사회의 이익에 우선해야 한다.
· 신체의 완전성에 대한 권리를 존중해야한다.
· 연구에 따른 위험이 잠재적 이익보다 크다고 판단될 때에는 연구를 중단해야 한다.
· 피험자에게 연구의 정보에 대해 충분히 알려주어야 하며 이들로부터 충분한 설명에 근거하여 자유로이 이루어진 동의를 받아야 한다.
· 이때의 동의는 독립된 지위에 있는 의료진이 받아야 한다.
· 연구자는 모든 재정적 이해관계를 밝혀야 하며 간행되는 논문에도 이를 명시해야 한다.

· 학술 잡지는 이 선언의 원칙을 준수하지 않는 보고서를 수용해서는 안 된다.

헬싱키선언 8항에는 어려운 처지에 있는 피험자를 보호해야 함을 강조하고 있다. 이 사항은 실험실에 관련된 연구원이 실험실 책임자의 암묵적인 압력아래 난자를 제공했던 비윤리성을 지목하는 것이다. '의학 연구는 전 인류에 대한 존중심을 증진시키고 인류의 건강과 권리를 보호한다는 윤리 기준에 적합해야 한다. 일부 실험군은 위험에 노출될 수 있으므로 특별한 보호 조치가 필요하다. 경제적, 의학적으로 불우한 처지에 있는 피험자가 특히 필요로 하는 것들을 인식하고 있어야 한다. 스스로 동의서를 승인 또는 거부할 능력이 없거나 강제된 상황에서 동의했을 가능성이 있는 경우, 또는 연구를 통해 아무런 개인적 이익이 없거나 연구와 치료가 병행되는 피험자에 대해서는 특별한 주의가 필요하다.'

인체실험, 해결 방안

인체실험의 근본적인 목적은 특정 약물이 인간에게 미치는 영향을 알아보는데 있다. 즉, 인체실험은 인간을 위해 실시되는 것이다. 그러나 앞에서 설명했듯이 역사적으로 나치나 일본이 자행한 것과 같이 인간을 위해서 행해지는 것이 아니라, 오히려 인간의 존엄성을 파괴하는 인체실험들이 많이 실시되었다. 이러한 윤리적인 모순을 해결하기 위해서 과거부터 현재까지 그 노력이 이어져 오고 있고, 인체실험에 대한 윤리적 잣대들은 한층 더 엄격해지고 있다. 실제로 뉘른베르크 강령이 발표된 이후 인체실험은 한층 더 가중된 제도에서 실시되고 있다. 이는 과거 연구자 개인의 양심에 맡겨졌던 때보다는 훨씬 엄격한 지침을 두는 것이다. 그러나 사회적 약자인 고아나 장애인, 그리고 사형수에 가하는 인체실험은 현재에도 여전히 논쟁의 대상이 되고 있다. 앞의 영화 콘스탄트 가드너에서 본 것처럼 제약회사들이 제3세계나 아프리카의 개발도상국의 국민들을 대상으로 하는 실험에서는 그 약이 어떤 것인지도 모른 채 실험대상이 되고 있다. 터스키기 매독연구에서도 흑인들은 치료 항생제가 있다는 것도 모른 채 매독균에 의하여 고통을 받으며 죽어가야 했다.

인체실험에 대해서 이렇게 많은 윤리적인 논란이 따르는데도 불구하고, 인체실험은 지금도 끊임없이 행해지고 있다. 이러한 인체실험이 궁극적으로 의학의 발전에 커다란 역할을 하고 있음이 분명하기 때문이다. 우리가 매우 기본적이고, 다루기 쉬운 질병이라고 생각하는 감기조차도 변변한 치료제가 없다. 게다가 우리나라는 인체실험에 대한 이미지가 상당히 부정적이다. 과거 731부대에 의해 자행되었던 '마루타'에 대한 비인간적이고 비윤리적인 실험이라는 이미지가 아직도 강하기 작용하고 있기 때문이다. 타당하지도 않은 가설하에서

굳이 증명할 필요가 없는 실험이나 힘없고 약한 사람들이 희생되는 식으로 이루어지던 인체실험은 사회적으로 용납되지 못한다. 뉘른베르크 강령이나 헬싱키 선언이 보여주듯이, 현재의 인체실험에서는 피험자의 권리와 자율성이 상당부분 보장되고 있다. 인체실험이 윤리적으로 시행되면 이는 의학발전에 지대한 영향을 미칠 것이다. 연구자 개인의 양심이 이러한 규범에 더해진다면, 윤리적으로 문제시되는 인체실험은 억제될 수 있을 것이다. 윤리지침이 잘 지켜지고, 실험과 연구가 선한 방향으로 계속된다면, 인체실험은 인류의 공영을 위해서 반드시 필요한 것이다.

11

동물실험 이야기

현재 우리나라에서는 매년 400만 마리의 동물들이 실험에 이용되고 있다. 그 결과 유전자 연구, 의약품 독성 테스트, 그리고 화장품 및 치약 등 생활용품에 이르기까지 실험동물의 희생으로 인해 우리가 얻는 혜택은 광범위하다. 그러나 이들의 희생을 비판하며 항의를 표시하는 단체들이 늘고 있으며, 동물실험의 잔인성으로 인해 그 윤리성에 대한 논쟁이 이슈화되기도 한다. 동물실험의 문제점은 무엇이고 또 그에 대한 대안은 없을까? 지금부터 동물실험의 개념과 더불어 대안에 대해 알아본다.

영화 이야기

딥 블루 씨(Deep blue sea)

주인공 수잔 맥칼리스터 박사는 의학계의 역사를 이룰 비밀 프로젝트를 진행하고 있었는데, 그 프로젝트는 상어의 뇌조직을 인간의 손상된 뇌조직에 이식하면 손상된 부분이 회복될 수 있는 획기적인 것이다. 매년 20만 명이 걸리고 있는 알츠하이머 병, 소위 치매를 치료하는데 충분한 기적의 약을 개발하는 것이다. 성공한다면 수잔은 명예와 부를 함께 얻는 성공한 의학자가 되는 것은 자명한 사실이었고, 현재까지 2억 달러를 투자한 카메라 제약회사의 러셀 프랭클린도 막대한 부를 얻는 것임에 틀림이 없었다. 일은 쉽게 풀려갔다. 확

실한 투자를 위해 러셀이 찾아간 연구소에서 실험의 성공은 확실해 보였다. 수잔은 머리를, 러셀은 돈을, 그리고 상어사육사 카터는 힘을 상징하는 나름대로 성공한 사람들이었다. 영화 속에 유일하게 크리스천으로 등장하는 인물은 영화의 조연에 불과한 주방장 더들리이다. 그의 관심사는 세계적이지도, 대단하고 놀라운 비전을 갖고 있는 것도 아니다. 세상적인 관점에서 볼 때는 성공하지 못한 그저 흔한 요리사에 불과하였다. 상어의 공격을 받고 연구소 전체가 위기 가운데 있는 상황이지만 고작 주변에서 벌어지는 사건의 원인을 크리스천인 자신이 술을 먹은 것 때문이라고 생각하는 매우 단순한 사람이 주방장 더들리이다. 미래, 공동체는 안중에도 없고 자신과 자신이 키우는 앵무새 외에 다른 곳으로 시각을 넓히지도 못하는 사람이다.

이 같은 사람들이 살고 있는 세상에 위기가 닥쳤다. 위기의 원인은 상어의 뇌에서 보다 많은 단백질을 얻기 위하여 유전자변형을 통하여 뇌를 크게 키운데 있었다. 상어들의 뇌가 커지면서 상어들은 영리해졌고, 자신들을 위협하는 총의 정체를 알아보고, 자신들을 감시하는 카메라를 부수며 전력 송출장치를 망가뜨리기도 하고, 닫힌 문을 열기도 하는 등 거의 인간수준의 행동을 보이기 시작했는데, 이 상어들이 자신들의 뇌 조직을 추출해간다는 사실을 알고는 인간을 공격하기 시작한 것이다. 설상가상으로 강풍과 폭우를 동반한 9m의 파도가 엄습해오면서 연구소는 바다 가운데 고립되었다. 그리고 한명씩 차례로 상어에 의해 살해되기 시작한다. 언제 무너질지 모르는 연구소, 모든 통신은 두절되었고 깊은 해저 속에서 사람들은 탈출하려 하지만 앞이 보이지 않는 위기 상황이 닥치게 된다. 이와 같은 위기 앞에서 수잔과 러셀이 추구하던 것들이 얼마나 무의미한지가 드러났다. 명예를 추구하고 성공적인 의학자의 꿈을 꾸던 수잔도 죽었다. 부를 가지고 있으며 세상의 권력을 소유하고 있었던 러셀도 허무하게 죽음에 이른다. 그러니까 그들이 지금 가지고 있는 것은 아무 소용도 없는 쓰레기에 불과하였다. 이와 같이 모두 무능력해 보이는 위기 상황에서 구원자는 보잘 것 없는 영화의 조연에 불과한 주방장 더들리였다. 자신의 힘을 의지하던 사람들, 여섯 명이 차례로 죽어가면서 마지막 두 명으로 압축되자 그들은 자신들의 힘이 부족하다는 것을 깨닫게 된다. 그들이 살 수 있는 방법은 수면까지 18m나 되는 거리를 헤엄쳐 올라가는 길 밖에 없었다. 하지만 길이 7.5m, 몸무게 3,600kg, 시속 56km로 달리는 상어를 피해서 올라가야 하는 것이기 때문에 살 확률은 희박해 보였다. 바로 그 절박함에서 더들리는 손을 잡고 기도한다. 이제 위기가 지배하는 영화의 마지막에는 더들리처가 주인공이다. 수면으로 올라가던 중 상어는 그들을 공격하였고, 바로 더들리의 오른쪽 다리가 물린다. 그것은 죽음을 의미하였다. 더들리는 자기 목에 걸린 십자가로 상어의 눈을 찌르기 시작한다. 놀랍게도 눈을 찔린 상어는 더들리를 놓았고 그는 유일하게 상어에게 물렸으면서도 살아난다.

금발이 너무해 2(Legally blonde 2)

이 영화는 학교에서 의회로 활동장소를 옮긴 엘 우즈의 동물실험반대법을 통과시키기 위해서 노력하는 과정을 코믹하게 담았다.

하버드법대를 졸업하고 보스턴의 법률회사에서 변호사로 활동하는 그녀는 에밋과 결혼을 앞두고 있다. 하지만 그녀의 결혼식 VIP 목록에 올라있는 브루저라는 애완견의 어미가 동물실험의 명목으로 화장품회사에 갇혀 있다는 소식을 접한다. 엘은 브루저의 어미를 구출하려 하지만 실패로 끝난다. 따라서 엘은 동물실험반대법을 의회에서 통과시키기로 결심한다. 그녀는 대학 선배인 하원의원 빅토리아 러드의 보좌관이 되어 브루저와 함께 워싱턴으로 오게 된다. 온통 핑크빛 의상으로 차려입은 엘의 모습을 보고 국회의사당의 시선이 그녀에게 집중된다. 집중된 시선에도 불구하고 엘은 동물실험반대법의 필요성을 역설한다. 하지만 그녀의 의견은 단번에 묵살되고 만다. 실패로 인해 의기소침해진 그녀는 아파트로

돌아온다. 그러나 수위 시드의 조언을 받고 영향력이 있는 의원들을 상대로 동물실험반대법 제정을 위한 작업을 시작한다. 우선 강경파 의원인 막스를 상대로 작업을 시작하는데, 이 때 브루저가 막스의 개에게 애정행각을 벌이는 일이 발생한다. 엘은 이 일을 빌미로 막스를 설득하는데 성공한다. 이후 작업은 순조롭게 진행되지만, 법 통과 직전에 빅토리아 의원이 갑작스럽게 지지 철회를 선언한다. 이에 많은 의원들은 동조하고 러드 의원은 엘을 배신하게 된다. 엘은 다시 동물실험 철폐를 위해 사람들을 모으기 시작한다. 사람들을 설득해서 브루저 법률안을 통과시키고, 브루저의 엄마도 실험실에서 풀려나게 된다. 끝으로 엘은 행복하게 결혼식을 하고 백악관을 쳐다보며 미소를 띠운 채 영화를 마치게 된다.

맥스 3000(Man's best friend)

유전자변형을 통해서 카멜레온이나 치타와 같은 동물들의 능력을 지닌 '맥스'라는 개를 만드는 실험을 하고 있는 EMAX라는 회사를 배경으로 영화는 시작된다. 특종을 잡고 싶어 하는 로리는 EMAX에서 일하는 쥬디라는 여자와 약속을 잡아서, 몰래 회사를 촬영해 회사 안에서 벌어지는 비윤리적인 사실들을 폭로하려고 하지만 쥬디가 약속장소에 나타나지 않자,

동료 카메라맨과 함께 회사에 잠입한다. 몰래 회사에 잠입한 그녀들이 처음 보게 된 것은 회사에서 밖으로 버리는 쓰레기통이었다. 쓰레기통을 열자, 그 안에는 동물실험으로 인해 죽은 많은 동물들의 사체가 쌓여있었고 거기에서는 고약한 냄새가 나고 있었다. 회사 EMAX의 실험실에 들어간 로리는, 여러 철장들과 다양한 종류의 동물들을 발견하게 된다. 그 동물들은 귀를 잘라내 버린 토끼나 몸 한가운데에 커다란 상처자국이 있는 고양이 등이다, 몸에 각종 상처가 있었고 심지어 어떤 원숭이에게는 두개골을 절단해서 뇌를 보이게 하는 실험중 이었다. 로리는 옆에 있던 카메라맨에게 많은 동물들을 이리 저리 찍으라고 요구한다. 로리가 장소를 옮겨가면서, 동물실험으로 인해 고통 받고 있는 여러 동물의 모습들이 하나하나 클로즈업된다.

로리는 계속해서 2층으로 올라가 동물들을 관찰하다 멸종 위기에 처한 여러 동물들이 동물실험에 희생되고 있는 것을 목격하게 된다. 로리는 천막에 가려져있던, 맥스라는 커다란 개를 발견하게 되고 순하게 생긴 맥스에 대한 아무런 경계심 없이 철장을 열고 풀어주게 된다. 하지만 EMAX에서 맥스를 연구하던 연구원 쟈렛 박사에게 쫓기게 되어서 결국 로리는 맥스와 함께 연구소로부터 도망가게 된다. 여기서부터 로리와 맥스의 생활이 시작되었다. 영화 속에서 맥스는 평범한 개답지 않은, 범상치 않은 모습을 많이 보여준다. 사람의 말을 다 알아듣는 것은 기본이고, 맥스 자신이 스스로 생각해 자신이 원하는 일을 하기도 한다. 맥스는 자신을 처음 풀어준 로리에게 지나치게 애정을 갖고 있는 듯 보였다. 처음에 그녀가 편의점 앞에서 강도를 당할 뻔 했을 때 차 문을 열고 뛰쳐나가서 강도를 뒤쫓아가 가방을 다시 뺏어왔고, 로리의 집에서도 로리와 사랑을 나누려고 하는 남자친구를 공격하는 행동을 보였다. 영화가 진행되면서 점점 맥스는 단지 순하고 충직한 개가 아닌, 포악한 야생의 모습을 많이 나타내었다. 그 중 충격적인 장면은 맥스가 고양이를 한입에 먹어 치워버리는 장면이었다. 맥스를 산책시키던 꼬마 아이들이 장난기가 발동해서, 평소에 마음에 들지 않았던 고양이를 물어버리라고 맥스에게 명령했다. 맥스는 유전자변형 된 개이기 때문에, 보통 개들과는 다르게 발톱을 세워서 나무를 타고 올라가 결국에는 고양이를 잡아먹게 된다. 맥스는 시간이 지날수록 계속해서, 불안정해지고 여러 사람들을 죽이기 시작한다. 처음에 맥스는 로리를 강도로부터 보호해주고, 동네 아이들이랑 산책도 하고, 자동차 수리를 하고 있는 수리공에게 브레이크 연결선을 제대로 집어주는 등 사람에게 이로운 일을 했는데 반해, 점점 시간이 지날수록 맥스는 로리의 남자친구를 죽이려 하고, 집배원을 죽이는 등 살인을 하는 모습을 보이기 시작한다. 수많은 동물들의 우수한 형질유전자를 집어넣음으로써 맥스는 보통 개에 비해 뛰어난 운동신경과 지능을 갖게 되어 마냥 인간에게 충직하기만 한 '인간의 친구인 개'가 아니게 된 것이다.

맥스는 아주 치밀해서, 자신이 죽인 강도를 사람들이 잘 발견할 수 없는 쓰레기통 뒤에 숨겨놓고 또, 자신이 죽인 집배원도 집 아래에 보이지 않는 공간에 모래를 이용해서 묻는 등의 행동도 보였다. 로리는 쟈렛 박사가 맥스를 찾지 못하게 하기 위해서 신문을 보고 어떤 자동차 수리공에게 맥스를 맡기게 된다. 하지만 맥스가 로리를 쫓아가려고 계속 짖어대자 새로운 맥스의 주인은 불로 맥스의 얼굴을 지진다. 나중에 결국 맥스가 사람들을 죽이고 다니는 위험한 존재였다는 것을 알게 된 로리는 맥스에게서 계속 도망치고 피하게 된다. 하지만 맥스는 끊임없이 로리를 쫓는다. 거의 끝부분에 로리가 맥스를 위협하기 위해서 들고 있던 칼을 땅바닥에 놓고 맥스에게 다가가자, 맥스는 비로소 낑낑대는 울음소리를 내면서 로리의 품으로 다시 돌아가게 된다. 맥스는 결국 총을 들고 온 쟈렛 박사로부터 로리를 구하고 대신 총에 맞아서 죽음을 맞이하게 된다. 영화는 결국 맥스의 죽음과 함께, 예전에 맥스가 어떤 개를 임신시켜서 새로 태어나게 된 맥스의 자식을 보여주면서 끝나게 된다.

28일 후(28 days later)

동물보호단체는 동물실험 반대운동을 하게 되는데, 동물실험 반대를 위해 연구소에 몰래 들어가서 그곳에서 충격적인 장면을 목격한다. 폭력 장면에 반복적으로 노출되어 있는 침팬지들이 쇠사슬에 묶여 있거나 우리에 갇혀 있는 것을 발견한다. 이 연구소에서 이루어지고 있던 실험은 '분노바이러스' 실험이었다. 연구원이 경고를 하지만 보호단체 사람들은 이를 무시하고 분노바이러스에 감염이 된 원숭이를 풀어주고 원숭이는 바로 그 사람들을 공격한다. 피의 분노가 시작된 것이다. 이 분노바이러스는 생물체의 생존에 대한 욕구와 분노를 극대화시켜 비감염자에게 달려들어 감염을 시키는 바이러스이다. 그리고 28일이 지난 런던. 교통사고로 병원에 입원해 있던 주인공은 정신이 들어 밖으로 나오지만, 사람이 보이지 않았다. 이상한 신문기사와 텅빈 도시가 그의 눈에 들어 올 뿐이었다. 그리고 교회로 들어가 사람들을 부르자 눈이 빨간 사람이 주인공에게 달려들고 주인공은 허겁지겁 도망을 간다. 위

험하던 순간, 2명의 생존자가 나와서 감염된 인간을 해치우고 주인공을 구한다.

하지만 주인공은 혼란에 빠져 이 상황을 이해하지 못한다. 자신의 가족 걱정에 자책하고 만다. 그래서 가족의 생사를 확인하기 위해 주인공의 집으로 가지만 가족은 죽어 있었고, 주인공은 혼란에 빠진다. 그 때 감염자의 습격을 받아 주인공이 위험해 질 때, 그 2명의 생존자가 다시 한 번 주인공을 구해주지만 그중 남자 생존자가 감염자로터 상처를 입는다. 그것을 본 여주인공은 남자를 가차 없이 죽인다. 그 이유는 분노바이러스 감염자의 혈액이 조금이라도 몸속으로 옮겨지면 10초 뒤에 바로 감염이 되는 것이다. 이렇게 생존자의 살기위한 피의 전쟁이 시작되는 것이다. 가족의 죽음을 받아들인 주인공은 새로운 보금자리를 찾아 떠난다. 그러던 중 빌딩에서 불빛이 반짝이는 것을 발견하고 혹시 생존자가 아닐까 생각하여 그곳으로 간다. 그 곳에는 한 중무장한 남자가 주인공을 뒤따라 오던 감염자를 처리하고 다정한 얼굴로 인사를 한다. 주인공과 여자 생존자는 그곳에서 한 남자와 그의 딸을 만난다. 여기서 계속 생존할 것은 미지수였지만, 그들은 오랜만에 달콤한 휴식을 한다. 하지만 물 공급과 더불어 여러 문제점들을 발견한 그들은 다른 은신처를 찾던 도중 한 라디오 방송을 듣는다. 그 라디오 방송의 내용은 생존자들은 군인들이 마련한 안전한 장소로 오라는 것이다. 그곳은 지금의 은신처와 거리가 있었지만 차를 타고 갈수 있을 것이라 생각하고 채비를 한 다음 바로 길에 나선다. 그들은 기름이 떨어지면 주인 없는 주유소에서 기름을 주유한다. 여기서 주인공은 집에 들어가는데, 거기서 소년감염자의 침입을 받는다. 그리고 아무 느낌 없이 동물 죽이듯 소년을 죽인다. 이미 영국은 모두 감염이 되었다. 다른 나라도 똑같다고 들었기 때문이다. 인류의 멸망에 직면한 그들은 마지막 희망으로 군인들을 찾는다. 그 군인들을 찾는 과정에서 빌딩에서 만난 딸의 아빠는 눈에 감염자의 피가 들어가 결국 군인들에게 죽는다. 그리고 나머지는 군인들의 보호를 받으며 안전한 장소로 안내된다. 그리고 그들의 보금자리에서 저녁식사를 하지만, 남자들만 모여 살아서 음식은 형편없었고, 먹을 것 또한 부족했다. 절실히 여자가 필요한 상황을 암시해 주는 듯 했다. 그리고 얼마후 감염자의 공격이 개시 되고 군인들은 필사적으로 막는다.

이제 인류는 멸망의 낭떠러지에 있고 그 낭떠러지에서 구출되는 것은 새로운 문명의 탄생이었다. 그리고 그 새로운 문명은 생식, 즉 자손을 퍼뜨림으로써 시작한다고 그들은 생각했다. 아무리 남자들이 문명을 새로 이루어도, 만약 여자가 없어서 자손을 낳지 못하면 그것은 대가 끊어진다는 논리이다. 그것을 반대한 주인공은 총살형을 받기 위해 밖으로 끌려나가고 딸과 여주인공은 위기에 처한다. 생존자들 간에도 서로 생존하기 위한 갈등이 있다. 여기서 주인공은 다시 들어와 군인들을 죽이고 여자주인공과 딸을 구해 차를 타고 도망친다. 그리고 하늘에 떠다니는 비행기를 보며 다른 나라는 이렇지 않음을 알아챈다. 평소 어떻게 바이러스가 바다를 건넜는가에 대해 의문을 가지고 있었기에 비행기의 존재는 그 해답이 되었다. 그리하여 그들은 구조 신호를 보내며 구조되기를 바라며 영국에 극히 드문 생존자가 된다.

엘리게이터(Alligator)

1968년 플로리다의 전형적인 한 집안에 꼬마 소녀가 선물로 새끼악어를 받는다. 하지만, 곧 이어 신경질적인 아버지가 아무 곳에나 배설을 하는 골치 아픈 파충류 애완동물을 화장실 변기 속으로 던져버린다. 회오리 물살처럼 시야에서 사라지는 불쌍한 새끼악어. 그리고 세월은 12년이나 흘러간다. 강력계 데이비드 메디슨 형사는 하수종말처리장에 가서는 끔찍한 시체조각들을 보게 된다. 무언가에 물어뜯긴 것 같이 팔 하나, 다리 하나, 걸레조각이 된 옷가지를 보면서, 도대체 어떤 살인마가 이렇게 사지절단의 살인극을 벌이고 있는지 조사하게 되는 것이다. 하수도에서 물어뜯긴 시체가 더 많이 발견될수록 하수도 속에 무언가가 있다는 생각을 갖게 된다. 그래서 메디슨 형사는 신참 동료와 함께 하수도에 내려가지만, 동료가 눈앞에서 엄청난 악어에게 물려간다. 하지만 아주 큰 악어가 하수구에 있다는

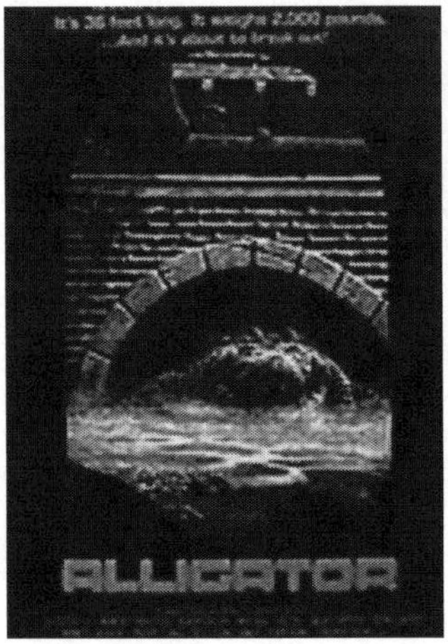

그의 말을 믿는 사람은 아무도 없다. 이 도시에 있는 파충류 전문 켄달 박사의 견해는 단호하다. 그렇게 큰 악어는 야생상태에서도 없다는 것이었다. 또한 빛도 없는 하수도에서 살아날 수 없다고 말이다.

한편 이 마을의 시장을 좌지우지하는 제약회사의 회장이 새로운 신약을 개발하고 있었다. 호르몬의 조작으로 한 개체의 크기를 확대시킬 수 있다는 것이다. 그런데 이 실험을 위해 동네 개들이 자꾸 행방불명된다. 메디슨 형사는 한 할머니의 증언을 들어본 후 행방불명된 개가 하수도에서 발견되었다기에 확인하러 갔다. 사라질 때는 작은 개였는데 시체로 발견된 개는 크기가 커져있었다. 메디슨 형사에 대해 꼬치꼬치 파고들던 신문기자는 "하수도의 살인마 악어"라는 말에 눈이 멀어 직접 들어가 본다. 그리곤 자신이 악어의 밥이 되고 만다. 물론 씹혀 먹히면서도 카메라 셔터를 연신 터뜨리고 그것이 하수종말처리장에 걸려 온다. 이제 메디슨 형사가 보았다는 어마어마한 악어의 존재는 실재하는 슈퍼악어로 판명되고 바로 체포 작전이 펼쳐진다. 물론 그만한 크기의 악어는 절대 없다고 면박을 주었던 켄달 박사는 메디슨 형사에게 사과하고, 둘은 연인이 된다.

결국 악어는 하수구를 뚫고 지상으로 나타나 마을을 엉망으로 만든다. 악어는 제약회사 회장 딸의 결혼식장에 나타나서는 시장을 씹어 먹고, 회장을 그 단단한 꼬리로 뭉개버린다. 그리곤 유유히 강물로 나간다. 메디슨 형사와 켄달 박사는 이 괴물악어가 곧 자신의 보금자리인 하수구로 돌아올 것을 안다. 그 괴물악어는 12년 전에 버려진 새끼악어였었고, 그

제약회사에서 비밀리에 연구하고 버려지는 시체 "개"를 먹고는 그렇게 큰 놈으로 변해버린 것이다. 회귀본능의 짐승답게 악어는 그 곳으로 돌아오고, 메디슨 형사는 다이나마이트로 악어를 날려버리면서 영화는 끝난다.

베토벤(Beethoven)

어떤 공장같은 곳에서 개 수십 마리가 철창에 갇혀있는 것으로 영화가 시작된다. 그리고 장면이 전환되면서 애견가게가 나오게 되는데 여기서 어린강아지들 중 한 마리가 자꾸 등장하는 데 이 개는 세인트버나드라는 종으로서 다 크게 되면 80kg까지 나가는 거대한 종이다. 그 애견가게에 많은 사람들이 그 개를 구경하고 간다. 공장에는 수의사 한 명과 그 수의사의 조수격인 2명의 남자가 나온다. 그 2명이 하는 일은 여기저기서 강아지들이나 다 큰개들을 구해오는 것이다. 그리고 저녁이 되자 그 두 명은 어김없이 강아지들이나 다 큰 개들을 구하기 위해서 차를 끌고 거리를 돌아다닌다. 불법실험에 쓰기위해 구하는 개들이다 보니 함부로 동물을 구할 수가 없어서 동물을 절도하는 일을 벌이고 다닌다. 그런데 그날은 그 세인트버나드 종이 있는 애견가게를 털려고 했는지 그 가게문을 몰래 열고 안으로 들어간다. 그리고서는 몇 마리 집어 드는데 아무래도 동물실험에 쓰이는 개려다 보니 비싼 것 안 비싼 것 상관없이 무작정 강아지들을 집어 가려고 한다. 그리고 마지막으로 세인트버나드 개를 집어 드는데 경고벨이 울리게 된다. 그 두 명의 도둑은 당황하면서 차안에 집어넣는데 그 차 안에는 여기저기서 절도한 강아지들이 많이 들어 있었다. 물론 그 세인트버나드 개도 그 안에 집어넣어졌는데 도둑들이 급하게 도망을 가는 바람에 철창이 열려져서 그 세인트버나드 강아지가 도망가게 된다.

그리고 아침이 되어서 그 강아지는 어느 가정집에 들어가서 살게 되는데 그 가정집은 아버지, 엄마, 그리고 큰딸, 작은아들, 셋째 딸이 살고 있는 가정집이다. 가장인 아버지는 예전부터 강아지를 키우는 데에 반대를 하고 극히 개를 싫어하는 사람들 중 하나로 예전부터 아이들이 강아지를 키우자고 아버지한테 졸랐으나 그 아버지가 반대를 하는 바람에 개를 못 키우는 가정집이었다. 그렇게 강아지가 집안에 들어오자 아이들은 정말 좋아하게 되고 맨처음 이것을 보던 아버지는 경악을 하며 강아지를 쫓아내려고 하였으나 강아지를 안고 좋아하는 아이들을 보며 주인을 찾을 때까지만 집에서 기르자면서 그 강아지를 집안에 들여놓고 만다. 시간이 흘러 그 강아지, 베토벤은 시간이 갈수록 엄청나게 커져간다. 그러면서 집안에 조금씩 말썽을 피우게 되는데 예를 들어 집안에 배설을 한다든지 아니면 밖에서 오물을 묻히고 와서는 집안에 있는 가구들이나 침대시트를 망쳐놓는다든지 이런 일들을 저지르게 된다. 그러는 와중에 그 아버지는 개에 대한 불만이 점점 높아져만 가는데 이는 아마 예전부터 개에 대한 안 좋은 시각을 가지고 있기에 그러는 것 같다. 이렇게 시간이 흘러가는 와중에 수의사에게 어떤 의뢰가 들어오는데 그 의뢰인이 하는 말이 자기 회사에서 권총을 만들었고 이 권총이 과연 인간에게 얼마나 큰 타격을 줄 수 있는지를 알고 싶다면서 인간대신에 개를 이용하여 그 결과를 알고 싶다고 한다. 즉 그곳 공장은 여기저기 의뢰를 받으면서 차마 인간에게 하지 못하는 실험들을 개들에게 함으로써 어떤 결과를 알아내는 곳이다.

그러자 그 수의사가 하는 말이 이 권총에 대한 실험을 하려면 보통 개들보다 훨씬 더 큰 개가 필요하다면서 생각을 한다. 이때 마침 이 수의사가 일하는 병원에 그 가정집의 가족들이 베토벤을 데리고 오게 된다. 아마 예방주사 같은 것을 맞으러 오는 것 같았다. 수의사는 잘 되었다면서 온갖 이야기를 지어냄으로써 그 아버지에게 베토벤을 키우게 되면 아이들에게 안 좋을 것이라는 말을 전하게 된다. 그 수의사가 간절하게 그 개를 원했던 이유는 그 의뢰받았던 권총실험을 하려면 그 집에 기르는 베토벤만큼 커다란 종의 개가 필요했기 때문이다. 그리하여 이런저런 이야기를 지어내어 수의사가 베토벤을 수중에 들여놓게 되었는데 아이들은 아버지에게 가서 베토벤을 돌려놓자고 베토벤은 그 수의사가 말한 것처럼 그런 안 좋은 개가 아니라면서 아버지에게 조르게 된다. 자식 이기는 부모 없다는 말이 있는 것처럼 아이들의 조름에 아버지는 그 병원으로 찾아가게 된다. 바로 베토벤을 돌려받기 위해서이다. 이러는 와중에 그 가족들은 베토벤을 뺏기 위해 수의사가 거짓말을 했다는 사실들을 알게 되었고 그 수의사를 몰래 쫓아가게 된다. 수의사가 베토벤에게 실험을 가하려고 하는 와중에 베토벤의 가족들이 들이 닥치게 되고 그 불법실험을 하는 사람들은 모두 경찰에 체포되고 만다. 그리고 영화는 베토벤이 사는 가정집에 그 실험장소에서 갇혀있던 동물들이 같이 살게 됨으로써 해피엔딩으로 끝난다.

동물의 권리 VS 동물실험 혜택

과학이 발전하면서 실험에서 사용되는 동물이 점점 중요하게 인식이 되었다. 실험동물이란 원생동물부터 고등동물인 영장류(단, 인간은 제외)에 이르기까지 다양한 동물들로 신약개발, 검정, 실험 등에 사용하기 위해서 인위적으로 생산된 동물들을 일컫는다. 이들은 생리학·생물학·축산학·수의학·약학·치의학·의학·농학 등에서 널리 사용된다. 동물실험이란 이러한 실험동물을 사용하여 의학적인 발전을 위해 과학적 사실을 연구하거나 조사하는 것을 말한다. 이는 동물들에게 다양한 조치를 취하면서 나타나는 동물들의 생체반응을 관찰하여 해석하는 것이다. 동물실험은 물리, 화학실험과 다르게 살아있는 동물체를 통해 실험하기 때문에, 그 결과에 영향을 미치는 변동요인이 많다. 따라서 동물실험은 다른 어떤 실험에 비해 변동이 심한 조건에서 이루어지고, 이 요인들은 실험결과에 큰 영향을 끼친다. 동물실험에서 결과에 영향을 크게 미칠 것이라고 생각되는 주요 요인들을 조절하는 것이 중요하며, 또한 그렇게 조절함으로써 보다 정확한 결과를 기대할 수 있다. 국내에서 동물실험으로 희생되는 동물들의 수는 1987년 12만 마리로 추정되었으나 2006년에는 약 300만 마리에서 400만 마리로 증가하는 추세를 보이고 있다. 우리나라의 실험동물의 수가 증가하게 된 이유는 생명공학분야가 최근 급격히 발전하기 때문이다. 생명공학자들은 사람에게 필요한 물질을 발현시키기 위해서 실험동물의 형질변환 연구를 하고 있으며, 여기서 동물들을 사용한다. 이들의 형질변환이 적용되는 것은 인슐린이라든지 단일항체, 백신 등을 생산하기 위해서이다.

동물실험은 과거에서부터 행해져왔지만 근대과학 이전까지는 문제가 된 적이 없었다. 즉 동물들의 고통에 관한 논쟁은 17세기 데카르트로부터 시작되었다. 데카르트는 고통을 느끼기 위해서는 정신이 필요하다고 하였다. 데카르트는 '나는 생각한다, 그러므로 나는 존재한다.'라고 하였다. 이 말에서 보듯이 그는 인간이란 생각하는 존재로서 실체적 정신 또는 영혼을 지닌 존재로, 이성 및 도덕적 가치의 기반인 '자유의지'를 지닌 존재로 정의하였다. 이에 반해 그는 동물이란 영혼이 없는 연장(res extensa)된 물리적 존재로 정의하였다. 동물에 대한 그의 인식은 기독교의 영향을 받은 것으로 영혼과 정신을 동일한 것으로 보고 영혼과 정신을 가진 인간만이 고통을 느낄 수 있다고 하였다. 또 그는 정신과 감각을 가진 인간과 그것을 가지지 못하는 동물 사이에 중간영역은 존재하지 않는다고 하여 인간과 동물 사이에 명확한 경계를 그었다. 20세기에 이르러 동물에 대한 이러한 인식은 변하기 시작하였다. 클라이브 루이스는 데카르트와 다르게 정신과 감각을 지닌 인간과 이것을 가지지 못한 동물 사이의 중간영역을 탐구하기 시작하였다. 그는 동물도 어떤 의미에서는 고통을 인식한다고 하여 동물의 감각능력을 인정하였다. 그러나 그는 인간과 동물을 구별짓기 위해 자의식을 도입하였다. 그는 모든 동물은 감각능력을 가지고 있다고 주장하였고, 인간만이 고통에 대해 자의식을 갖는다고 주장을 하였다. 여기서 인간과 동물을 구별짓는 자의식은 영혼, 인식할 수 있는 능력과 동일한 의미로서 인간은 자의식 속에 기억이 존재하는 반면 동물은 단순한 학습능력에 따라 고통 등을 느낀다고 한다.

1975년, 피터 싱어에 의해 이러한 생각은 변화하게 된다. 그는 〈동물 해방〉이라는 책을 출간하면서 동물도 인간과 마찬가지로 일정한 도덕적 가치를 지닌다고 주장하였다. 공리주의자였던 그는 인간뿐만 아니라 쾌락과 고통을 느낄 수 있는 동물들 역시 도덕적 고려의 대상으로 삼아야한다고 주장한다. 그는 인종차별과 성차별이 악한 것처럼, 종차별 역시 악한 것으로 생각하였다. 그는 동물대신에 인간 혹은 고아를 실험용으로 대체할 생각이 없이 오직 동물만을 실험하는 것은 종차별에 해당하는 것으로 인식해 동물실험을 반대했다. 즉 그는 공리주의의 최대다수에 동물을 포함하여 동물실험을 반대했다. 더욱이 리건은 동물실험, 상업, 스포츠 목적의 덫 사용이나 사냥은 도덕적 파탄에 이른 관습에 의한 것으로 보고 동물실험을 반대하였다. 그는 인간이 권리를 가지는 이유는 생활의 주체이기 때문이라고 했다. 그리하여 그는 인간과 동물을 동등하다고 생각하지 않았다. 그러나 동물도 역시 스스로의 권리에 기초하는 고유의 가치를 지닌다고 주장하면서 동물실험에 반대했다.

하지만 리건이나 싱어와 다르게 동물실험을 옹호하는 사람들도 있다. 대표적인 인물로 코헨과 프레이를 들 수 있다. 코헨은 동물을 인간의 공동체에 넣는 것을 반대했고, 오직 인간만이 권리를 가진다고 주장했다. 그는 권리는 도덕적 행위자로 구성되는 공동체 속에 존재하면서 요구를 할 수 있는 자에게 존재한다고 했다. 그는 도덕적 요구를 하거나 도덕적 요구를 할 수 있는 존재들 사이에서만 권리가 발생한다고 주장해 인간과 동물의 차이를 분명히 했고, 종차별 역시 옳은 행위를 위해서 필수적이라고 하여 피터 싱어와 대립되는 주장을 펼쳤다. 프레이는 "동물의 권리"라는 개념은 도덕세계의 혼란을 야기한다고 주장하며 동물실험을 옹호했다.

그렇다면 동물실험 연구의 범위와 연구의 가치는 어떻게 평가되어야 하는가? 과학자는 동물실험은 과학의 진보를 위한 필요한 연구이며 동물의 고통은 언젠가 충분히 보상 받을 가치가 있다고 생각하고 있으며, 동물실험 반대운동가는 동물실험의 대부분은 "상관없는 연구"나 "이미 행해진 연구를 반복하는 연구"이고 이러한 불필요한 실험을 위해 전 세계적으로 엄청난 수의 동물들이 고통을 받고 있다고 생각하고 있다. 이처럼 동물실험을 두고 과학자와 동물실험 반대운동가의 견해가 확연히 다름을 알 수 있다. 동물실험을 반대하는 운동가의 이유는 현재 행해지고 있는 동물실험으로 인해 많은 실험동물들이 극심한 고통을 받고 있거나 대부분은 죽게 되고, 동물실험에서 행해지는 행위는 공포영화를 보는 것과 같이 잔인하기 때문이다. 반대하는 또 다른 이유는 실험동물은 생명을 가진 존재임에도 불구하고 윤리적, 도덕적 고려는 짓밟히고 불필요한 실험이나 무의미한 실험들이 당연시되며 행해지고 있기 때문이다. 영화 '28일 후'에서도 볼 수 있듯이, 동물실험연구소에 갇혀있는 동물들은 그들의 생명체로서의 권리는 박탈당한 채 육체적, 심리적으로 억압당한다는 것을 확인할 수 있다. 영화 '엘리게이터'에서도 역시 동물을 학대하는 장면을 볼 수 있는데, 한 가정의 아버지가 악어를 변기 속으로 던진 장면은 물론이고, 한 개체의 크기를 조작하는 실험을 연구하기 위해 한 동네의 개들을 실험용으로 사용한 뒤, 시체를 하수구에 던져버리는 장면을 통해 동물들의 생명체는 쉽게 무시된다는 것을 알 수 있다.

동물실험 반대론자들은 동물 혹은 인간의 건강을 증진하기 위한 동물실험을 반대하지 않는다. 미국의 동물실험반대모임(AAS)은 '동물실험 지상주의', 결과를 알고 하는 실험, 기관의 생존을 위한 실험, 효용성이 없는 실험 등을 하는 연구에 대해서는 기금지원을 중단해야한다고 주장한다. 미국의 보스턴대학은 늙은 원숭이가 젊은 원숭이에 비해 학습능력도 빠르고 기억력이 좋다라는 것을 입증하기 위해 120만 달러를 쏟아 부었다. 또, 록펠러대학에서 진행된 160만 달러를 투자한 고양이 실험의 경우 마비된 고양이에 신경자극을 보내 구토행위를 유도하는 연구를 실시했다. 과연 이러한 연구가 인간의 삶의 질을 향상시키는데 도움이 되는 것일까? 동물실험 반대주의자들은 이런 실험은 효용성이 없고 인간이나 동물의 건강에도 도움이 되지 않기 때문에 이러한 실험을 반대한다. 또한 미국에서는 안약으로 인한 염증조사에 토끼의 안구를 이용한다. 3일간 토끼의 한쪽 눈에 실험 안약을 넣고 반대쪽 눈과 비교를 하여 결과를 분석한다. 이 연구는 미국에서 비난을 받고 있다. 이는 토끼의 눈조직, 눈물작동 기전, 망막의 생화학적 특성 등이 사람과는 크게 다르기에 인체적용이 불가능하기 때문이다. 그러나 이 토끼의 눈을 이용한 방법은 아직도 각종 안약의 시판에 앞서 실시되고 있다. 이유는 염증을 경험한 소비자가 안약회사를 상대로 손해배상소송을 제기했을 때 이 실험을 했다는 이유로 안약회사의 책임을 줄일 수 있기 때문이다. 영화 '맥스 3000'에서의 동물실험 역시 사실상 효용성이 크지 않은 실험이라는 것을 알 수 있다. 무적 경비견을 만들 목적으로 동물실험을 하지만, 실제 인간이나 동물의 생활에 있어서 더 강해진 경비견이 꼭 필요한 것은 아닐뿐더러, 아직 다 완성되지 않은 동물실험이 관리 소홀로 인해 더 큰 문제를 일으킨다는 것을 본다면 이러한 동물실험은 자제되어야 할 것이다.

동물들이 약품개발과 의학실험 그리고 생체이식 등에 희생되는 것을 막기 위해 노력하는 비밀단체로 동물해방전선(Animal Liberation Front)이 있는데 이 동물해방전선 운동은 동물실험 반대의 극단적인 예라 할 수 있다. 미국의 플로리다에 있는 이들은 대부분이 채식주의자이고 가죽이나 양모 등은 절대 몸에 두르지 않는다. 이들은 1984년 펜실베이니아 의과대학에 침입하여 동물실험에 관한 자료를 훔쳐 폭로했다. 토마스 제나렐리는 15년간 영장류를 대상으로 뇌 손상을 정확하게 재현시키는 연구를 수행하고 있었다. 목적은 인간의 두부외상 모델을 만드는 것이었다. 이 연구는 1985년 연구위험예방국으로부터 9개의 지침 위반으로 지적받았다. 9개 혐의는 마취를 하지 않은 점, 부적절한 감독, 부족한 훈련, 열악한 동물관리, 동물에 대해 불필요한 손상을 입힌 점, 농담, 흡연, 동물 주위에서의 저급한 발언 및 부적절한 복장이었다. 결국 제나릴리의 실험목적은 인정되었으나, 동물복지지침 위반으로 일시적으로 연구가 중지되었다. 이는 동물학대를 이유로 연구실이 폐쇄된 첫 번째 사례로 꼽힌다, 그 후 동물해방전선은 많은 연구소에서 동물들을 해방시켜 왔다. 또 다른 사건인 타우브 사건에서는 1981년 심리학자 에드워드 타우브의 영장류 연구실에 '동물의 윤리적 대우를 원하는 사람들(People of Ethical Treatment of Animal)'의 대표가 위장 취업을 통해 동물실험의 양상을 공개했다. 타우브는 원숭이를 사용하여 감각신경의 구심로차단을 연구했다. 그는 실험이 공개된 후 수의학적 보호조치(상처를 붕대로 감지 않은 점)를 안 한 것에 대해 유죄선고를 받았다.

1975년 호주의 철학자 피터 싱어가 〈동물해방〉을 출판하자 많은 사람들이 동물실험에 대한 윤리성을 비판하기 시작했고, 동물들의 지적, 감성적 능력에 대해 이해하기 시작했다. 사람들은 동물들에 대한 지적·감성적인 면에 대해 많은 지식을 획득했고, 이에 따라 실험동물을 보호하기 위한 법이나 기준을 강화해 나가기 시작했다. 이들은 동물도 인간들과 마찬가지로 즐거움·분노·사랑·슬픔 등을 느끼고 표현할 수 있으므로 인간과 동일한 생명체로 봐야한다고 주장한다. 인간이 인간답게 살아가는 것은 사회의 일정 법에서 보호를 받기 때문이다. 이와 마찬가지로 동물들 역시 법으로써 보호받아야 한다. 최소한 동물에게 기본적인 복지기준으로 위생시설, 적절한 공간, 보살핌 등을 보장해야 한다.

다음으로 동물실험 찬성의 입장에 있는 집단의 의견을 들어보면, 동물실험은 과거서부터 우리 인류에게 많은 이익을 가져다주었다. 특히나 과학자들은 동물들을 이용하여 디프테리아, 파상풍, 백일해, 홍역, 풍진 등 수많은 전염병들의 원인을 밝히고 이들을 억제할 수 있는 항생제를 개발하였다. 과학자들은 백신이라든지 항암물질을 개발하여 이를 임상실험에 적용하기 전에 동물실험을 실시함으로써 그 안전성을 검증한다. 이처럼 동물실험은 새로운 의약품들이 인체에 무해한지 유해한지 안전성에 대한 정보를 제공할 뿐만 아니라 질병의 원인이나 치료 등 예방을 위해서 인류와 비슷한 영장류를 이용하여 인간에게 나타날 수 있는 부작용 등을 확인할 수 있다. 또한 사람에게는 할 수 없는 환경조건 등을 동물에게 적용하여 여러 조건에서의 연구를 가능하게 한다. 우리 인류는 많은 질병을 정복해 왔지만 인류의 의술 및 과학이 진보함에 따라 질병들, 바이러스나 미생물들 역시 발전을 하고 있다. 한 예로 현재의 기술로서는 에이즈와 같은 불치병을 완치하는 것은 어렵다고 할 수 있다. 그러나 과거 페스트균이라든지 그 당시에 불치병으로 인식되어 왔던 병균들은 현대에 와서는 정복되었다. 비록 현재에는 불치병으로 알려진 병원체들도 계속 연구를 한다면 가까운 미래에 정복되는 것이 꿈은 아닐 것이다. 이러기 위해선 동물실험이 필요하고, 이는 인간의 생존과 연결된 일이기 때문에 동물실험을 멈출 수는 없다. 현재 동물실험 중에서 영장류 실험은 생명공학 기술 및 의학기술의 실용화 연구를 위해 가장 각광받는 실험 중에 하나이다. 이들은 개발과정에 있는 신약 백신이나 새로운 물질의 효능을 확인하는 과정에서 인간의 신체나 계통이 비슷하기 때문이다. 원숭이를 이용하여 약의 효능 등을 입증한다면 다른 동물을 사용하여 그 효능을 입증한 것보다 신뢰 있는 자료로 받아들여질 것이고 인체에서도 보다 탁월한 효능을 발휘할 것이다. 따라서 많은 의약품이나 화학물질 등을 연구하는 사람들은 그것을 인체에 적용하기에 앞서 영장류에 대한 실험을 하기를 선호한다. 또한 영장류의 연구는 뇌와 노화에 관한 연구, 간염, 뇌질환 등 인체를 이용할 수 없는 연구를 가능케 함으로써 이전에 얻지 못했던 다양한 기초자료들을 얻을 수 있다.

동물 실험에 대한 대안

동물실험을 통해 인간은 많은 질병들을 정복해 왔고 의학이나 과학에 있어서 크게 진보하는 데 동물들의 희생이 크게 공헌을 하였다. 하지만 동물실험 자체가 너무나도 잔인하고 불필요한 자료를 위해서도 시행된다는데 문제가 있다. 특히나 많은 동물보호자들은 이런 비윤리적인 실험의 모습을 보고 동물실험을 반대한다. 이에 반해 과학자들은 질병 퇴치라든지 인체실험을 할 수 없는 실험에 동물실험을 실시함으로써 인류의 발전을 도모해왔다고 주장한다. 과거에서부터 동물실험은 이렇게 논쟁으로 이어져왔다. 이처럼 끊임없는 논쟁을 줄이기 위해 동물실험에 대한 대안을 찾아야 한다. 먼저 3R라는 것이 있는데, 연구자들은 배양세포를 이용한 방법으로 동물실험을 대체(Replacement), 통계분석법을 응용해 최소한의 실험동물을 사용(Reduction), 동물의 고통을 최소화하기 위해 실험방법을 개량(Refinement)하려는 노력을 해야 한다. 전 세계적으로 많은 과학자들이 이 3R 규칙을 적용하려 하고 있다. 미국, 스웨덴, 스위스, 뉴질랜드, 네덜란드 등 선진국에서는 이 3R 규칙을 실험동물보호법에 규정하고 있다. 이를 적용한 결과 극심한 고통을 유발하는 동물실험이 감소하는 경향을 보였다.

서구 선진국들의 동물실험 움직임을 살펴보면 동물실험을 체계적으로 줄여나가고 있다. 많은 화장품 기업이나 다른 기업들은 자신들의 물건을 선전할 때 "이 제품은 동물실험을 하지 않았습니다."라는 문구를 적어 마케팅에 유리하게 이끌어간다. 많은 연구소에서는 세밀한 농도와 반응을 측정해서 동물실험보다 빠른 시간 내에 결과를 볼 수 있는 컴퓨터 시스템을 만들었다. 그런 기술력을 화장품회사에서 실시함으로서 이전의 실험동물들을 사육

하기 위해 제공했던 공간과 불분명한 결과를 기다리는 수고로움을 줄여, 보다 확실하고 정확한 결과를 내놓는 시스템으로 확장하고 있다. 영국에서는 1997년 영국에서 사용된 실험동물의 수는 264만 마리로 1987년에 비해 100만 마리를 줄였다. 또한 유럽연합은 매년 630만 파운드를 동물실험 대체연구에 지원하고 있고, 경제협력개발기구는 실험동물의 수를 줄이기 위해서 독성실험 연구에 조건을 달아 연구에서 동물실험이 사용되는 것을 제한하고 있다. 전 세계에서 가장 많이 동물실험이 행하여지고 있는 미국은 1993년부터 부식제 실험에서 토끼 대신에 인공피부를 사용하도록 하고 있다. 캐나다에서는 포유류 대신에 어류를 사용하고, 생쥐 대신에 박테리아와 같은 미생물을 쓰는 등 주로 고통을 덜 느끼거나 느끼지 못하는 동물이나 미생물을 사용하고 있다. 세계적으로 동물의 반응을 본떠서 만든 컴퓨터모델을 발명하여 동물실험을 대체해 나가고 있다.

다음으로 실험동물에 대한 복지기준 강화 및 정보공개가 필요하다. 실험동물에게 제공할 수 있는 가장 기본적인 복지기준으로는 위생적인 시설, 신선한 물과 사료, 종의 특성에 따른 적절한 크기의 수용 공간, 그리고 일상적인 보살핌이 필요하다고 할 수 있다. 몇몇의 선진국을 제외하곤 세계 여러 나라의 실험동물의 환경은 최악의 조건이라고 할 수 있다. 개나 영장류의 경우 겨우 웅크리고 생활할 수밖에 없는 좁은 공간에서 홀로 외로이 감금당하고 있다. 그들은 다른 동물들과 접촉할 수 없고 다른 활동 역시 할 수 없다. 환경을 개선해야 하는 이유중 하나는 동물보호단체 및 일반인들의 동물실험에 대한 부정적인 인식을 변화시킬 수 있기 때문이다. 또 작은 우리 안에서의 동물들은 극심한 스트레스를 받게 되고 그 결과 동물실험의 결과에 적지 않은 영향을 끼치게 된다. 따라서 자연 상태나 그들이 살았던 환경과 비슷하게 만들면 그들은 불안함 등을 떨칠 수 있고, 자신의 동료를 물어뜯거나 새끼를 잡아먹는 등의 비정상적인 행동을 억제하는 효과를 볼 수 있다.

세 번째로 실험계획 승인제도가 있는데, 1984년 세계에서 최초로 캐나다에서 동물실험에 대한 계획의 사전승인을 위한 윤리위원회를 도입하였다. 이후 여러 나라들(스웨덴, 미국, 호주, 뉴질랜드, 네덜란드, 영국 등)도 이 사전승인제도를 도입하였다. 이 제도는 동물실험 실시 전에 법에서 규정한 복지조건을 만족시키는지 사전에 검토를 통해서 승인 여부를 판단한다. 윤리위원회는 동물실험 연구원 및 수의사, 과학자가 아닌 일반인이 위원으로 구성하고 있다. 또한 사전승인제도가 보다 현실적으로 실시되기 위해 동물보호단체의 참여를 문서로서 명확히 밝히고 있다. 이는 윤리위원회의 폐쇄성을 극복하기 위한 것이다. 네 번째로 연구원들의 자격제도 도입이라는 방안이 있다. 독일의 동물보호법을 살펴보면 동물실험과 관련 전문지식을 소유한 자로서, 수의학 또는 의학 분야의 학사학위 이상 소지자 또는 생물학을 전공한 학사학위 이상 소지자에 한해서 동물실험 연구의 자격을 부여한다. 핀란드와 네덜란드도 이와 비슷한 규정을 하고 있으며 네덜란드와 영국은 동물실험 연구를 하려면 인도적인 실험기술을 습득해야 하고 안락사에 대한 정규 교육을 받아야 한다. 다섯 번째 방안으로 고통의 완화이다. 실험동물이 받는 고통은 감히 상상을 뛰어넘는다고 할 수 있다. 연구자들은 실험동물들이 겪는 고통을 완화시키기 위해서 노력을 해야 한다. 실험이 실시되는 동안 마취를 실시해야 하고 진통제를 투여함으로써 그 고통을 완화해야 한다. 또한 실험이 끝난 후에도 적절한 치료와 보상이 이루어져야 한다. 실험 후에도 지속적으로 극심한 고통을 겪을 경우에는 신속히 안락사를 실시해야 한다. 또한 실험동물에게 가해지는 고통정도를 측정해 그 고통을 덜어줄 방법을 모색해야 한다. 고통의 정도는 적은 고통인 생체조직 검사나 혈관으로부터의 혈액채취, 중간정도의 고통인 적절한 마취를 한 후 실시되는 유해 실험, 심한 고통인 의식이 깨어있는 상태의 실험이나 암을 유발하는 실험으로 나눌 수 있다.

지금까지 동물실험의 실태 및 동물실험의 찬성과 반대입장 그리고 대안에 대해서 살펴보았다. 현재 동물실험에 대한 대안들이 나오고는 있지만 동물실험 없이는 의학 및 과학의 큰 발전은 기대할 수 없다. 그러나 필요 없는 실험에서 동물사용을 막아야 하고, 동물실험에 대한 대안들이 있으면 과감하게 적용하여 동물들의 무고한 희생을 막아야 한다. 또한 동물들에 대한 최소한의 복지를 보장하여 동물들의 희생에 보상을 해야 하며, 동물들의 숭고한 희생의 의의를 염두에 두어야 할 것이다.

12

연구윤리 이야기

연구윤리 독인가 약인가? 한국 사회를 들뜨게 만들었던 배아줄기세포, 그 연구가 연구윤리에 위반되었다고 해서 한국 사회는 공황상태에 빠졌다. 2005~2006년을 뜨겁게 달궜던 줄기세포의 연구윤리는 잊혀지듯이 사라져 버렸나? 연구실에서는 과연 어떤 일이 있기에 연구실을 지키는 과학자들의 연구윤리 위반이 문제되는 것일까? 현대 사회에서 과학이 자치하는 역할이 커짐에 따라 국가와 특정 기업들은 과학에 개입하게 되었고, 과학은 상업적인 수단으로뿐 아니라 때로는 정치적으로도 이용되기에 이르렀다. 이러한 상황에서 과학자들은 연구부정에 쉽게 노출되었으며, 연구비 없이는 연구를 할 수 없는 현실은 과학자들이 연구윤리를 위반하는 결과를 가져왔다. 줄기세포 연구에서 여성들로부터 무분별하게 난자가 채취되었고 연구 결과가 변조되었다. 이 사례는 과학자의 윤리정립이 시급히 필요하다는 것을 보여준다.

그렇다면 과학자는 어떤 윤리가 필요할까? 과학 연구윤리는 크게 두 부분으로 나누어진다. 하나는 사회윤리이고, 다른 하나는 내부윤리이다. 사회윤리는 다시 진행과정에 따라 주제선정과 연구수행으로 나뉘게 된다. 주제선정에서의 위반 사례로는 인간복제와 대량 살상무기 연구를 예로 들 수 있고, 연구수행에서는 생명존엄성 훼손과 실험안전 소홀을 들 수 있다. 사회윤리를 어겼을 경우에는 법적 처벌과 사회적 비난을 받는다. 내부윤리에는 진행과정에 따라 결과보고와 성과활용에서의 문제이다. 결과보고 시에 날조, 변조, 표절 등이 위반사례이고, 성과활용에서는 불공정한 성과 배분과 성과 과장이 해당된다. 결과보고의 윤리를 지키지 않았을 때는 연구비 환수 및 퇴출이 이루어진다. 내부윤리를 지키지 않았을 때에는 사회윤리를 지키지 않았을 때와 마찬가지로 사회적 비난을 받게 된다. 이제부터 영화 속에서 등장하는 과학자의 모습을 통해 연구윤리에 대해 접근해 보고자 한다.

영화 이야기

할로우 맨(Hollow man)

이 영화는 투명생물체 혹은 인간실험을 하는 과학자들의 사건사고에 관한 내용을 담고 있다. 미국 정부는 최고의 과학자들을 구성해 투명인간 실험에 대한 일급비밀 프로젝트를 추진한다. 그리고 천재성을 인정받고 있는 케인은 마침내 실험용 고릴라인 이사벨을 그 자리에서 사라지게 하는데 성공했다. 그러고 나서 그는 복귀하는 방법을 풀어내기 위해서 11개월을 보냈다. 마침내 방법을 알아낸 케인은 이사벨에게 실험하고자 한다. 그러자 수의사인 사라가 매우 반발한다. 하지만 케인에게 사라의 이의제기는 기각되고 실험이 수행된다. 실험 결과, 정말로 투명했던 고릴라 이사벨을 원래 상태도 복귀하는 데 성공한다. 이제 국방성에 보고하러 간다. 그렇지만 케인은 복귀방법을 아직 못 찾았다며 국방성을 속이고 3단계 실험, 즉 인체실험을 하고자 하는 것이다. 린다와 매트는 케인의 이런 행동이 잘못되었다고 생각하지만 그에게 협조한다. 그러나 사라는 인체실험 승인을 어떻게 받았냐며 의심한다. 그렇지만 보고하고 온 세 명이 승인받았다고 하며 실험을 하려고 하니 도리가 없다. 드디어 3일간 투명상태로 있다가 복귀하는 실험을 한다. 그 실험 대상은 바로 케인, 자신이다. 실험대 위에 누워있는 케인. 준비된 약물을 정맥에 주사한다. 갑자기 변화가 느껴지면서 살과 뼈가 차례로 약물에 의해 타들어가고, 케인은 동료들이 지켜보는 가운데 실험대 위에서 흔적 없이 사라지고 만다. 투명인간이 되어 3일 동안 실험실에서만 지내게 되고 비상상태를 대비해 동료들이 야간당직을 선다. 케인은 자신이 투명함을 이용해 동료들을 당황하게 하며 이를 즐긴다. 투명인간으로 지낸지 3일째, 복귀하기 위하여 이사벨에게 했던 방법대로 자신에게도 행한다. 그러나 인간에 있어 이 방법대로는 복귀 되지 않고, 목숨을 잃을 뻔하는 위기를 맞게 된다. 동료들의 도움으로 목숨은 구했지만, 다시 투명상태로 돌아간 케인, 이렇게 10일 이상 투명상태가 지속되고 케인은 깊숙한 곳에 숨어있던 그의 욕망과 과대망상이 분출되며, 이 새로운 힘에 급속도로 취하게 된다. 보이지 않는 존재로 전지전능하게 변해버린 투명인간 케인은 외출한다. 평소 흠모하던 옆집 여인을 강간하는 등 온갖 악행을 저지르고, 그의 독선에 지친 옛 애인 린다가 동료 매트와 관계를 갖는 현장을 목격하게 되는 등 보지 말아야 할 장면까지도 모두 맞닥뜨리면서 위험스런 존재가 되어간다. 점점 포악해진 케인에 대하여 동료들이 상부에 보고서를 제출하려 하자, 그는 마침내 동료들을 몰살할 계획을 세운다. 그 첫 번째 희생자가 이 프로젝트의 대표자인 크레이머 박사이다. 케인은 동료들도 죽이려고 하자 동료들은 죽음을 피하기 위해 사투를 벌인다. 린다와 매트 외에는 모두 죽게 되고 둘은 케인을 죽인다. 연구소가 폭발됨으로써 영화가 끝난다.

A.I.(Artificial Intelligence)

지구온난화로 인하여 해빙기에 들어선 지구를 배경으로 한 이 영화는 먼 미래의 과학적 상황을 간접적으로 들여다 볼 수 있다. 영화 속의 로봇들은 인간을 대신하여 여러 가지 일들을 해주게 된다. 그러나 인간들은 사람처럼 감정을 가진 로봇을 원하기에 이르고, 사이버 트로닉스라는 회사는 데이빗이라는 소년 로봇을 만들어낸다. 데이빗은 인간을 사랑하도록 프로그래밍 되었다. 데이빗은 한 회사직원의 가정으로 들어간다. 이 부부는 치료약이 개발되어질 때까지 불치병인 아들을 냉동보관 시켜둔 상태라 데이빗을 아들처럼 생각하고 지내게 되는데, 데이빗은 점차 엄마에게 사랑을 느낀다. 그러나 항상 함께 있으며 관심을 받고 싶은 데이빗의 존재는 엄마에게 조금 부담스럽게 느껴지는데, 아들이 완쾌되어 돌아오자 데이빗에 대한 엄마의 애정은 식어버린다. 또 데이빗으로 인해 가정에 불화가 생기자, 엄마는 데이빗을 어쩔 수 없이 버리게 된다. 데이빗은 자신이 인간이 아니어서 엄마에게 사랑을 받지 못한다고 생각하고, 진짜 인간이 되기 위해 언젠가 엄마로부터 들었던 피노키오 이야기를 생각하며 푸른 요정을 찾아 여행하게 된다. 푸른 요정에게 소원을 빌면 진짜 아이로 변할 수 있을지도 모른다는 기대감을 가지고 말이다. 여행 중 만난 지골로 조의 도움으로 데이빗은 자신을 만든 사이버 트로닉스를 찾게 된다. 그 곳에서 데이빗은 자신과 똑같은 얼굴을 하고 인사를 건네는 수많은 로봇 데이빗을 보게 되고 실망하여 깊은 물 속으로 뛰어들며 영화는 마친다.

마이너리티 리포트(Minority report)

2054년 워싱턴에는 최첨단 치안시스템 '프리크라임'이 있다. 프리크라임은 범죄가 일어나기 전에 범죄를 예측하여 범죄자를 찾아내는 시스템이다. 범죄가 일어날 장소, 시간, 범행의 피해자와 가해자까지 모두 예측이 가능하다. 프리크라임 특수 경찰들은 이 정보를 바탕으로 미래의 범죄자들을 체포한다. 프리크라임의 팀장인 존 앤더튼은 6년 전에 아이를 유괴당하고 난 후 프리라임에 몰두해왔다. 그는 다른 이들이 자신과 같은 아픔을 겪게 하고 싶지 않아 더욱 더 일에만 매달려 왔다. 그러나 그는 6년 전 아이를 잃어버린 상처를 극복하지 못했다. 프리크크라임은 3명의 예지자에 의해서 이루어진다. 예지자들이 예지능력을 가진 건 그들 부모가 새로운 신종의 마약을 복용하여 태어난 아이들이기 때문이었다. 부모들이 그 마약을 복용하여 태어난 아이들은 12세를 못 넘기고 전부 죽었지만 이들 3명은 12세를 넘기고 살아남았고 부모의 마약으로 인해 물려받은 부작용으로 특이한 능력을 가지게 되었다. 그것이 바로 예지능력이었다. 그러던 중 프리크라임이 작동하고 살인이 예견된다. 존은 프리크라임이 작동되면서 나오는 장면을 보고 충격 받는다. 자신이 크로우를 살해하는 장면이 나오는 것이다. 그리고 마지막으로 갈색 나무공이 나오고 거기에는 '존 앤더튼'이 새겨져 있다. 존은 도망치고 프리크라임의 예언이 잘못되었을 것이라고 생각하게 된다. 그래서 프리크라임을 개발한 여성과학자를 찾아간다. 그녀는 3명의 예지자들이 모두 같은 예언을 하는 것이 아니라고 얘기한다. 때때로 다른 예언을 하는데 예언은 가장 뛰어난 능력을 지닌 여성 예지자, 아멘다에게 저장된다는 것을 알려준다. 그것이 바로 '마이너리티 리포트'이었다. 존은 '마이너리티 리포트'을 알기 위해 아멘다를 납치한다.

한편, 연방정보국요원 대니는 예지자의 기억에 의해 전에 발생한 익사사건의 전모를 알게 된다. 그러자 국장은 대니를 죽인다. 그러던 중 존은 아멘다의 기억에서 계속 떠오르는 한 기억을 보게 되고 이를 이상하게 여긴다. 과거의 종결된 사건인 줄 알았는데 사실 또 다른 살인이 있었던 것이었다. 즉, 프리크라임의 사각지대를 이용하여 살인을 한 사람이 있었던 것이다. 아멘다의 기억 속에서 익사당한 여자가 바로 아멘다의 엄마인줄 알게 된다. 존은 경찰에 붙잡히고 수감당한다. 존이 수감된 후에 국장은 프리크라임의 허가를 승인받는다. 승인받는 날, 존은 부인의 도움으로 탈출에 성공하여 파티장에 나타나 진실을 밝힌다. 6년 전 존의 아들을 납치하라고 지시한 것은 국장이었다. 그는 프리크라임 시스템의 완성을 위해 존이 필요했고 존에게 상처가 있다면 더욱 더 일에 매달릴 것이라고 생각했던 것이었다. 또한 아멘다를 예언자로 이용하기 위해 아멘다의 어머니를 살해한 것도 국장이었다. 아멘다의 엄마는 마약중독자였다. 국장은 아멘다가 가장 뛰어난 예언자였고 범죄예방시스템 유지를 위해 그 엄마의 살인을 계획하여 살해했다. 그런데 아멘다는 이 진짜 살해장면을 예언하고 있었다. 하지만 프리크라임의 운영자들은 이것이 일종의 메아리, 즉 반복해서 나타나는 예지인줄 알고 넘어가 버린다. 결국 마이너리티 리포트가 진짜 살해를 예고하는 것이었다. 프리크라임은 국장이 존을 죽인다고 예언하지만 국장은 존에게 사과하고 자살한다. 결국 범죄예방 시스템 '프리크라임'은 문을 닫고 예지자들은 자유롭게 풀려난다.

이 영화에서 두드러진 문제점은 인간의 도구화이다. 예지자 아멘다는 인간이라기보다는 예언 가능한 기계처럼 취급받는다. 처음에 그녀는 반혼수상태로 불행한 능력을 발휘해야 했고 나중에는 존에게 납치된다. 존은 그녀 기억속의 '마이너리티 리포트'를 찾기 위해서 해커를 시켜 강제로 그녀의 기억을 빼낸다. 국장과 존은 아멘다의 희생이 당연하다고 여긴다. 그들은 '프리크라임'을 정당화하기 위해서 거기에 부수적으로 따르는 위험과 비윤리성보다는 더 많은 이익을 얻을 수 있다는 점을 강조한다. 3명 예지자들의 불편함과 인권침해가 사회의 안전과 많은 사람들의 인권을 보장하고 얼마나 사회적으로 낮은 범죄율을 가져왔느냐 하는 것이 그들의 가치를 정하는 기준이 되는 것이다.

Lawnmower Man

이 영화에 등장하는 과학자 안젤로는 가상현실을 연구한다. 가상현실을 통해서 인간의 두뇌를 자극, 지능을 향상시키는 방법을 연구하는데, 정부에서는 그의 연구를 응용하여서 인간의 공격성을 향상, 전쟁훈련에 사용하려는 목적을 가지고 있다. 전쟁에 쓰일 기술은 연구하지 않겠다는 그의 말은 무시하고 연구소는 계속 비윤리적인 연구를 강요한다. 한편, 안젤로가 살고 있는 동네에는 잔디를 깎는 직업을 가진 착한 죠브가 있다. 죠브는 정기적으로 안젤로 박사의 집에 잔디를 깎으러 간다. 그는 동네에서 바보로 통하며 성당에서 지

내고 있다. 이 성당의 신부님은 다른 사람들에게는 인자한 신부님이지만, 죠브가 지능이 낮다는 걸 이용하여 그를 학대한다. 그가 성당 일을 조금 덜하면 그의 옷을 벗기고 채찍으로 때리는 것이다. 신부에게 매일같이 학대를 당하면서도 그것이 잘못된 것이라고 느끼지 못하는 죠브는 다음날도 잔디를 깎으러 안젤로의 집으로 간다.

지능연구를 하던 원숭이가 사고로 죽어버려 침통해 있던 안젤로는 인간실험을 해야겠다고 결정하자 그의 눈엔 죠브가 들어온다. 지능이 낮으니까 그에게서는 지능향상을 쉽게 관찰할 수 있을 것이라 생각하고 그는 죠브를 찾아가 게임을 해보지 않겠냐고 제안한다. 죠브는 너무나도 쉽게 받아들인다. 연구소의 비윤리적인 태도에 그렇게 화를 내던 안젤로는 죠브의 낮은 지능을 이용해서 그를 실험대상으로 이용한다. 그는 죠브에게 게임이라 속이고 뇌를 자극하는 영상들을 보여주고 가상현실에서 체험을 하게 하면서 그의 뇌를 계속 발달시켜 갔다. 죠브는 엄청난 지능발달 속도를 보였고 이는 예전에 수행했던 어떤 동물실험보다도 빠른 속도였다. 안젤로는 이런 죠브를 데리고 실험실로 향한다. 죠브에게 실험장비들을 보여주고, 바로 실험에 들어간다. 죠브가 중간에 매우 머리가 아프다고 하지만, 흥분한 안젤로는 실험을 멈추지 않는다. 이 실험이 끝나고, 다음날 죠브에게 이상한 소리가 들리기 시작한다. 사람들 마음의 소리가 들리는 것이다. 그리고 그 날 죠브는 2시간 만에 라틴어를 습득하게 된 것이다. 다음날 죠브는 식당에 들어서는데 갑자기 머리가 깨진 듯이 아프더니, 그를 보고 있는 사람들이 생각하는 내용들이 다 읽히기 시작한다. 놀란 죠브는 안젤로 박사를 찾아가서 이를 털어놓고 이런 현상이 다시는 일어나지 않았으면 좋겠다고 말한다. 하지만 안젤로는 자신의 연구가 염력을 개발하는 데도 영향이 있다면서 흥분해서는 죠브의 말을 흘려듣는다. 그날 밤, 죠브는 만지지 않고 물건을 움직이는 능력까지 갖게 된다.

한편, 연구비를 지원하고 있는 총책임자는 죠브에게서 공격성 성향의 약물이 어떻게 작용하는지 추가적인 실험을 하고 싶어 안젤로 몰래 약물을 바꿔치기 한다. 그러나 인간을 대상으로 한 실험은 비윤리적 주제여서는 안 된다는 생각을 가진 안젤로는 결국 이 실험에서 손을 때겠다고 선언한다. 한편 죠브는 혼자서 약물을 자기 몸에 주입한다. 이 약물은 원래의 실험약이 아니라, 공격성증가 약물이라는 사실을 모르고 대량의 약물을 주입하게 된다. 결국 공격력이 엄청난 수치에 다다르게 된 죠브에게 염력 또한 엄청나게 증가한다. 그동안에 자신을 바보라며 무시했던 사람들이 했던 말들이 생각나면서 그의 분노는 극에 달한다. 결국 그는 자신의 분노를 통제하지 못한 채 신부를 찾아간다. 신부가 겁에 질려 하지만 죠브는 염력을 써서 신부를 불태워 죽여 버린다. 그리곤 자신을 그동안 무시하며 때렸던 사람을 찾아가서 죽여 버린다. 다음날 아침이 되어서야 마을에 도착한 안젤로는 이 사건들이 죠브에 의한 것임을 직감한다. 죠브의 능력은 엄청나게 커져서 그를 잡으러 온 사람들을 특수한 방법으로 죽이게 되고, 안젤로를 지하실에 묶어둔 채 연구소로 향한다. 마침 안젤로의 집에 피터가 찾아오고, 피터 덕분에 풀려난 안젤로는 연구소의 네트워크에 바이러스를 침투시키고 폭탄을 챙긴 채로 연구소로 향한다. 안젤로가 연구소에 갔을 때는 이미 사람들은 다 죽어있고 죠브 혼자 실험을 하고 있었다. 죠브 모르게 연구소 곳곳에 폭탄을 설치하고, 연구실로 점차 다가간다. 연구실로 갔을 때, 죠브는 이미 자신 전체를 네트워크 속으로 전송시킨 상태이다. 하지만 안젤로가 네트워크를 막아서 그는 목적대로 다른 컴퓨터들과 연결되지 못한 채 갇힌 상태가 된다. 안젤로와 피터는 탈출에 성공하고, 아슬아슬하게 죠브도 출구를 찾는다. 그리곤 연구소가 폭발하여 더 이상 이 연구는 진행되지 않는다.

이 영화는 이렇게 막을 내린다. 이 영화에서 윤리규범을 지키지 않는 여러 모습들을 볼 수 있다. 우선, 연구소에서는 과학자에게 연구비를 매개로 협박하고, 잘못된 연구주제를 강요했다. 심지어, 과학자가 그것을 거부하자 과학자 몰래 바꿔치기하는 일도 생긴다. 두 번째로는 연구주제에 관해서는 윤리의식이 뚜렷하던 과학자가 자신의 실험을 위하여 허가받지 않은 인체실험을 수행한다. 그것도 피실험자에게 제대로 연구에 대한 정보를 제공하지 않은 상태에서 연구를 수행하고 있는 것이다. 피실험자가 정신적으로 미성숙하다는 것을 악용하여 실험대상으로 사용한다. 거기에도 모자라, 실험중간에 그만하고 싶다는 의사를 뚜렷하게 밝혔음에도 그는 실험을 멈추지 않았다. 심지어 피실험자에게 심각한 위험이 있었음에도, 곧 실험을 재개하였다. 또한, 과학자는 실험에 대한 결과를 주변에 알리지 않고 고의적으로 숨겼다. 공유주의에 어긋나는 행동이다.

인사이더(Insider)

B&W사는 미국에서 세 번째로 큰 담배회사다. 영화는 이 회사를 무대로 벌어졌던 실화를 바탕으로 한 영화이다. 담배회사들이 담배의 해악성을 이미 오래 전부터 인지하고도 그 사

실을 모른 척하고 담배를 판매해 왔다는 사실을 밝혀내는 과정을 그린 영화로써 이 영화는 퇴직한 담배회사 연구소 직원의 내부고발과 이 사실을 보도하고자 하는 방송국 PD의 사명감 그리고 이 사실의 보도를 막고자 하는 담배회사와 광고주인 담배회사의 압력을 받는 방송국간의 담합을 그린 영화이다. 주인공으로 등장하는 제프리 와이겐드는 영화의 시작점인 1993년 당시 B&W사의 연구개발 담당 부사장으로 재직하고 있었다. 젊은 나이에 승승장구해 그 자리까지 올라간 젊은 연구자인 그에게, 어느 날 갑자기 '의사소통 능력 미달'이라는 이유로 해고통지가 날아든다. 평소 자신을 끔찍하게 아끼던 CEO를 찾아가지만, 차가운 냉대를 받고 해고가 기정사실화 된다. 그 이유를 찾던 제프리는 담배의 중독성을 강하게 하기 위해 인체에 유해한 암모니아 화합물을 담배에 첨가하려는 시도를 막은 것이 결정적인 이유였다는 사실을 알아낸다.

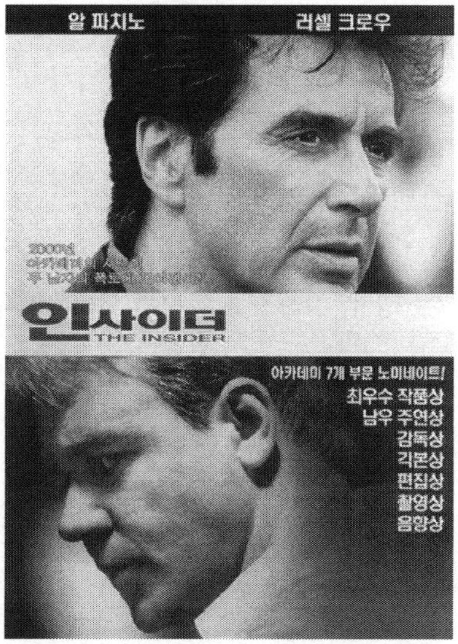

그 즈음 미국의 대표적인 시사 프로그램인 '60분'의 PD 로웰 버그만은 한 익명의 발신자로부터 담배의 위험성에 대한 연구논문을 입수한다. 한창 담배의 유해성에 대한 논란이 시작되었을 시기였기 때문에 충분히 흥미로운 주제가 될 수 있다고 생각한 로웰은 그 논문을 천천히 읽어보지만 워낙 전문적인 용어로 쓰여져 있어 내용을 파악하는데 실패하게 된다. 그런 자신을 도와줄 사람을 수소문하다가 운명처럼 만난 것이 바로 제프리였다. 제프리의 도움을 받는 과정에서 로웰은 B&W사에서 제프리가 당한 일을 알게 되고 그 뒤에 숨은 진실을 캐내기 시작한다. 하지만 입사하면서 서명한 비밀서약서를 내세워 B&W사는 제프리에게 로웰을 만나 회사의 기밀이 새어나갈 경우 큰 곤란을 겪게 될 것이라는 압박을 가해온다. 그 일이 있은 이후로 제프리는 심리적인 위압감에 휩싸이고 정상적인 생활을 하기 힘든 수준에 이른다. 그럼에도 불구하고 제프리는 진실을 위해 모든 위험을 감수하고 담배의 해악에 대한 인터뷰를 한다. 문제는 가히 핵폭탄급이라고 할 수 있는 그 인터뷰 내용에 대해 '60분'의 제작사인 CBS가 방송불가 결정을 내린다. 무엇보다 복잡한 지분관계로 얽혀 있는 두 거대 기업간의 관계와 잠재적인 소송의 위협 때문이었다.

담배회사측은 이 방송이 나갈 시에 상당한 손실을 예감하고 소송에 휘말릴 것을 두려워해 CBS에 압력을 넣어 인터뷰 장면을 삭제하려 한 것이다. '60분'의 제작자는 상부의 결정에 그저 따른다. 한편 이때 온갖 제프리에게 불리한 정보들을 모아 아예 제프리를 매장시키려고 하는 회사로부터 제프리는 고소를 당하고 동시에 이혼까지 당한다. 그러나 결국은 로웰 버그만은 CBS의 비리를 뉴욕타임즈에 제보하고 제프리의 인터뷰 내용을 방송에 알리는 데에 성공한다. 거대 기업과의 외로운 싸움을 해나가는 제프리의 신념은 단지 '옳은 일이니까'다. 그 옳은 일을 하기 위해 온갖 고난과 시련을 겪는 것이다. 또한 그를 도와주는 로웰 버그만이 없었다면 결코 이 담배회사라는 거대 집단과의 싸움을 이어나갈 수 없었을 것이다. 로웰 버그가 있었기에 자신이 속한 집단의 외압에 굴하지 않고 담배회사를 상대로 승리할 수 있었다.

필라델피아 실험(Philadelphia experiment)

필라델피아 실험사고란 1943년 10월 28일 미국 필라델피아에서 일어난 구축함 엘드릿지호의 자기은폐기술 실험사고이다. 제2차 세계대전 당시 미국에서 극비리에 준비중이던 일명 레인보우 프로젝트의 일환으로 실시된 이 프로젝트는 대부분의 승무원이 죽거나 정신이상자가 되는 참담함을 겪은 후 군당국의 철저한 보안 속에 폐기되었다. 생존자들 중 선박이 순간이동을 하였으며 시간을 초월하였다고 진술하고 있고 지금도 아직 논란이 끊이질 않고 있다. 제2차 세계대전이 한창이던 1942년, 미해군은 유럽행 수송선들이 독일의 잠수함 U-Boat에게 계속 격침을 당하자, 더 이상 두고 볼 수 없다고 판단, 긴급 대비책을 세우기 시작한다. 미 해군은 아이슈타인이 발표한 물체의 투명성 원리를 이용해서 공간이동을 시도하자는 의견을 채택해 실험을 강행한다. 이 실험의 최종목적은 구축함을 전자막으로 에워싸서

레이다망에 걸리지 않도록 하고 원자폭탄을 실어나르는 것이었다. 엘드리지호는 승무원들과 기술자들을 탑승시켜 필라델피아 앞바다로 나아가 구축함의 장치들을 가동시킨다. 스위치를 올리고 처음으로 장치들을 가동시키자 엘드리지호는 레이더망에서 완전히 사라지게 된다. 그리고 20분 후, 사라진 구축함은 다시 필라델피아 항구로 복귀한다. 필라델피아 항구로부터 남쪽 멀리 떨어진 노폭 항구로 공간이동을 시킨 후 다시 필라델피아 항구로 순간이동시키는 이 실험은 대성공한 것이었다. 실험의 성공에 들뜬 관계자들이 환호성을 지르며 갑판에 올라선 순간, 그 앞에는 차마 입에 올리기에도 두려운 생지옥의 현장이 펼쳐져 있었던 것이었다. 증언에 의하면 대부분의 승무원들은 숨져 있었으며 심지어 어떤 선원들은 벽과 쇠기둥의 물질에 융합되어 허우적 거리며 녹아내리고 있었다.

실험이 이루어질 당시 구축함 엘드리지호에는 176명의 선원과 과학자 5명 등 총 181명이 탑승했다고 전해지는데 그 중 120명은 아예 시체조차 없었으며, 40명은 방사능 노출과 감전사로 숨지고, 생존자는 겨우 21명뿐이었다고 한다. 그리고 이 사고가 일어났음에도 불구하고, 레인보우 프로젝트는 몬톡 프로젝트란 명칭으로 바뀌어 실험은 2번 더 실행되었다고 한다. 영화의 배경에는 이 실험 중 두 번째에 해당된다. 과학자들의 반대에도 불구하고 두 번째 실험이 실시되게 된다. 거의 100여명의 군인과 기술자들이 탑승하여 바다로 나아갔으며 이들 중에는 영화의 주인공들인 에드워드 카메론과 던칸 카메론이라는 형제도 탑승하고 있었다. 예정된 시간에 메인스위치를 작동시키게 되고, 강력한 전자기파가 발생하며 레이더망에서 사라지게 된다. 그리고 수시간 후 다시 모습을 드러내었는데 배를 인양하여보니 거의 대부분의 승객이 실종되었으며 그나마 남아있는 승객은 극심한 정신이상으로 보고되었다. 실종되었던 승객들은 벽이나 바닥에 융합되어 있는 상태로 있었다. 제3차 실험을 앞두고 폰노이만 박사에게 카메론 형제가 방문하여 충격적인 이야기를 전하게 되는데, 이들은 이전 실험시 엘드리지호가 공간이동을 하는 순간 갑판에서 바다로 떨어졌다는 것이었다. 그러나 그들이 실제로 떨어진 곳은 40년 후의 미래였다는 것이다. 그 배를 빠져 나오게 되었던 두 주인공은 난생 처음 보는 곳에 도착하게 된다. 그 곳은 주인공들이 살고 있던 이전 곳과 다른 곳이었고 그들은 원래 자기들이 살던 곳으로 돌아가기 위해 이리저리 방편을 구하여 원래의 40년 전으로 돌아가게 되었다.

아이언맨(Iron man)

영화의 주인공은 타고난 천재적인 두뇌와 재능으로 세계 최고의 무기제조업체의 CEO를 맡고 있는 토니 스타크이다. 그는 비상한 두뇌를 가지고 무기 과학자였던 아버지의 뒤를 이어 강력한 무기들을 만들어낸다. 그는 무기업을 통해 얻은 부를 누리며 한편으로는 망나니 같은 삶을 살기도 한다. 그러던 그가 아프가니스탄에서 신무기 발표를 마치고 돌아오던 길에 게릴라군의 공격을 받고 납치를 당한다. 게릴라군에게 아프가니스탄에서 발표한 신무기를 개발하라는 협박을 들은 스타크는 무기를 만드는 대신 게릴라군의 소굴을 빠져나가는 방법을 택한다. 그리고 무기를 만든다는 핑계로 필요한 도구를 제공받은 스타크는 눈에 띄지 않게 철갑 슈트 M1을 만들어낸다. 그리고 짧은 기간이나마 동료였고 도움을 많이 받았던 의사의 희생으로 무사히 소굴을 빠져나온다. 미국으로 돌아온 스타크는 자신이 만든 무기가 많은 사람들의 생명을 위협하고 세상을 엄청난 위험에 몰아넣고 있다는 사실을 깨닫고 무기사업에서 손을 떨 것을 선언한다. 그리고 자신이 앞으로 해야 할 일을 새겨놓은 스타크는 철갑 슈트 M1을 토대로 더 막강한 갑옷을 제작하는데 수많은 시행착오를 거쳐 M2를 만든 뒤 한 단계 업그레이드 된 M3를 완성하기에 이른다. M3는 외양도 화려하다. 메탈릭 금색에 세련된 레드가 조합되어 군더더기는 빠지고 필요한 부분만 남아 날씬한 모델을 완성시켰다. 파괴력도 가히 폭발적인데 구동력도 업그레이드 시켰다. 따라서 M3 슈트에서 뽑아낼 수 있는 힘은 무척 강하다. 그는 테러범죄 지역에 갑자기 나타나서 테러범들을 혼내주고 힘없이 당하고 있던 마을 사람들을 구출한다. 이런 그의 모습이 포착됨에 따라 그는 '아이언맨'이란 정체불명의 정의사도로 언론의 조명을 받는다.

그러나 순탄하기만 할 것 같은 그를 오베디아 스탠이 배신한다. 스탠은 스타크의 아버지와 함께 일해 온 회사의 간부로서 회사와 관련된 일을 모두 맡길 정도로 믿고 의지하던 사람이었다. 게릴라 군의 배후세력도 스탠이었다. 스탠은 스타크가 만들어놓은 미니사이즈의

원자로를 이용하여 로봇괴물을 만든다. 그리고 이것으로 세상을 정복하려는 꿈을 꾼다. 그러나 스타크는 거의 죽을 뻔 했던 위기를 넘기고 악당을 물리치고 세상을 구한다. 그리고 기자회견을 열어 자신이 '아이언맨'임을 밝히고 영화는 끝이 난다. 이 영화에서의 연구윤리 위반은 무엇이 있을까. 첫 번째로 동료연구원의 성과를 가로채려 했던 스탠의 행위이다. 그는 무단으로 동료의 도안을 도용하여 이를 토대로 작업하여 자신의 로봇을 완성시켰다. 그리고 그는 동료연구원을 시해하려고 했다. 과학적 연구행위를 자신의 욕망에 이용하려고 했던 것도 연구윤리에 어긋난다고 할 수 있다.

연구윤리란?

영화 할로우 맨에서의 과학자 카인은 고릴라를 이용하여 투명화와 복구실험을 성공시켰다. 그렇지만 정부 측의 지원이 조만간 끊길지도 모른다는 조급함 때문에 자신의 몸을 이용해 실험을 시도했다. A.I의 미래사회에 사는 사람들은 감정 없는 로봇들에게 질려 있다. 그래서 하비 박사는 로봇 판매를 증가시키기 위해, 사랑의 감정을 느끼게 프로그래밍 된 로봇 데이빗을 생산한다. 이것은 과학적으로 놀라운 업적이면서 동시에 상업적 아이템이다. 우리는 이 두 과학자를 통해 연구원이 사회적 시스템 속에서 어떤 중압감에 시달리고 있는지 한번 생각해 볼 필요가 있다. 현재, 우리나라의 과학은 경제적으로 매우 중요한 역할을 차지하고 있고 이로 인해 실험실에서 행해지는 실험의 결과물이 국가나 특정 기업의 이익을 위해 사용되는 경우가 있다. 이러한 과정에서 열악한 대우를 받는 과학도들은 국가나 기업의 이익에 쉽게 응할 수밖에 없다. 따라서 연구윤리를 지킴에 있어서 과학자 스스로의 윤리도 중요하지만, 사회와 정부의 역할도 중요하다. 영화 할로우 맨은 미국정부가 '투명인간' 이라는 일급 실험프로젝트를 진행하기 위해 미국 최고의 과학자들을 구성함으로써 시작된다. 주인공인 케인은 천재과학자로 미국 국방성에서 군사적 목적의 투명인간에 관련된 연구를 위임받고 실험을 한다. 케인은 고릴라를 이용하여 투명화와 복구 실험을 성공시켰다. 그러나 실험성공의 기쁨도 잠시, 실험의 성공적인 결과에 도취되고 정부 측의 지원을 유지하려는 이유로 스스로 자신의 몸을 이용해 임상실험을 한다. 연구에 대한 정부감독 시스템이 작동되지 아니한 상태에서 케인은 자신에게 행했던 실험으로 투명인간이 되어 사회적인 문제를 일으킨다. 그렇기 때문에 연구윤리는 과학자와 윤리학자만이 배워야 하는 것이 아니라 비전문가와 정치가들도 주목해야 하는 이유이다. 그럼 과학 연구윤리의 쟁점을 다음의 다섯 가지로 나누어 살펴보자.

- **과학연구의 과정**: 과학연구 과정에서는 객관성을 유지하는 것이 가장 중요하다. 연구자는 이를 위하여 충분한 주의를 기울여 충실한 연구를 수행해야 한다. 연구자가 의도적인 속임수, 부주의, 자기기만등으로 인해 부적절한 연구결과를 산출했는가 하는 점은 꼭 확인해 보아야 한다. 연구과정에서 데이터 혹은 이론을 날조, 변조, 표절한 부정행위 혹은 기만행위가 문제된다.
- **연구공로의 합리적 배분**: 학술지에 논문을 발표하는 경우에 실질적인 기여 정도에 따라 공로를 합당하게 배분하고 이에 따라 저자 표시를 하는가의 문제이다. 사이언스지에 실렸던 황우석 박사의 논문에는 25명 가량의 공동 저자가 있었다. 그러나 조사 결과 정부측의 고위 관료였거나 난자를 제공했던 연구원도 공동저자에 속했음이 밝혀졌다.
- **실험실 운영**: 대부분의 연구 활동이 실제로 행해지는 실험실에서 발생할 수 있는 다양한 문제이다. 실험실에서의 권위와 차별이 가장 대표적이다.
- **특정 과학분야의 윤리**: 사회적, 윤리적으로 용인될 수 있는 연구인지, 피실험자와 사전 동의가 이루어졌는지, 실험동물에 대해 주의했는지 등등 특정한 대상이나 방법에 대한 부분이다.
- **과학자의 사회적 책임성**: 공공자금을 이용한 연구에서 연구비를 적절한 용도에 사용했는지, 공공성에 위반하는 연구를 수행하지는 않았는지에 대한 쟁점이다.

그러면 실제로 일어났던 연구윤리 위반사례 두 가지를 살펴보도록 하자. 일본의 도쿄대 다이아 가쓰나리 교수는 siRNA 연구의 권위자로 1998년부터 2004년까지 네이처 등 정상급 잡지에 12편의 관련논문을 발표하였다. siRNA는 유전자의 발현을 억제하여 정상적인 세포의 기능을 방해하는 물질로써 siRNA의 이러한 성질을 암세포에 적용하여 암유전자의 작용을 방해하는 항암제를 만드는 것이다. 이 연구는 불치병인 에이즈 치료법 개발에 준하는 사회적 영향력을 가지는 것으로, siRNA를 연구한 다이아 가쓰나리 교수는 차세대 항암제개발 가능성이 높은 연구결과로 언론의 집중조명을 받으며 노벨상수상자로 거론되었고 대중의 명성도 획득했다. 이에 같은 분야에서 일하던 연구자들도 다이아 가쓰나리 교수와 같은 데이터를 얻으려고 노력을 하였다. 그러나 같은 분야의 연구자들이 실시한 재현실험은 계속적으로 실패하였다. 그러자 연구 성과에 대한 의혹이 제기되면서 2005년 4월에 도쿄대 조사위원회가 설치되어 조사에 들어갔다. 실험기록은 실험이 끝난 뒤에도 몇 년간은 보관하여 다른 연구원들이 참고하기도 하고 실험의 재현에 도움이 되기도 한다. 그러나 다이아 가쓰나리 교수의 경우 실험기록이 보존되어 있지 않아 도쿄대 조사위원회는 연말까지 재실험후 결과제출을 요구했다. 그 후 연말까지의 재실험결과는 불충분한 것으로 나타나, 연구비를 지원했던 '산업기술종합연구소'는 예비조사위원회를 소집하여 조사에 착수했다. 조사결과 10편의 논문 중 9편에서 실험노트 부재 및 컴퓨터 기록폐기의 부정행위가 발견되었다. 이로 인해 네이처지 논문이 저자의 요청으로 기재가 취소되었다.

재현실험의 어려움을 악용한 이와 같은 연구윤리 부정사례는 곳곳에서 찾아볼 수 있다. 벨연구소 물리학자였던 얀 헨드리크 숀의 경우도 이에 해당한다. 얀 헨드리크 숀는 유기물 반도체소자 분야에서 획기적인 기술을 연달아 개발해냈다. 유기물 반도체소자는 무기물인 실리콘이 재질인 기존의 반도체와는 달리 탄소, 산소 등 유기물로 이루어진 것으로써 공정이 쉽고 기계적으로 유연하며 제조 원가가 적게 드는 장점이 있다. 이것은 반도체에 사용되고 있으며, 14억 달러의 이익을 창출해내고 있는 각광받는 분야이다. 얀 헨드리크 숀은 이러한 유가물 반도체소자 분야에서 전기 저항이 없어지며 초전도현상을 보이는 유기물을 합성하는 등 기존 반도체의 물리적인 한계를 극복할 수 있는 여러 가지 기술을 개발하여 주목을 받았다. 그는 1998~2001년 사이에 다수의 유기 반도체 분야의 논문을 발표했으며, 노벨상수상의 가능성이 높은 과학자로 찬사를 받았고 17편이 〈사이언스〉와 〈네이처〉에 게재되었다. 그러나 실험자의 능력, 주변 환경과 실험대상의 상호작용에 따라 결과가 달라질 수 있는 나노 수준에서 실험에서 여러 실험의 결과가 동일한 데이터를 사용한 듯이 일정한 점과 몇 개의 그래프가 수학함수를 사용한 듯이 이상적인 점 등은 과학자사회에서 의혹으로 증폭되었다. 결국 버클리대학의 Lydia Sohn교수와 코넬대학의 Paul McEuen교수가 이의를 제기하게 되었다. 2002년 스탠포드대학의 말콤 교수를 주축으로 한 조사위원회가 조사에 착수했다. 조사결과 실험기록이 보관되지 않았으며 관련 컴퓨터파일도 지워진 상태였고, 실험샘플들도 모두 복원할 수 없도록 훼손되거나 폐기되었음을 알아냈다. 따라서 조사위원회에서는 최소 16편의 논문에 부정행위가 있었다고 결론지었다. 데이터를 여러 실험의 결과로 재사용한 것이 한 예이다. 이에 대해 벨 연구소 측은 얀 헨드리크 숀을 해고하였다.

위의 두 가지 사례로부터 얻을 수 있는 시사점은 무엇인가? 첫 번째 경우는 연구부정 의혹이 매우 커졌을 때에 연구자에게 충분한 시간을 주어 해명할 기회를 부여해 주었다. 신중하게 사건을 처리한 경우이다. 두 번째 숀의 사례는 민간연구소에도 연구부정 방지책이 강화되어야 한다는 것이다. 20여 명의 공동저자와 기업내부 보고체계상 여러 관계자가 존재했음에도 불구하고 숀 혼자서 모든 조작을 수행한 것으로 결론이 난 점에 대해서는 논란이 많았다. 역사적으로 이처럼 결과에 대한 부정행위가 많이 보고되어 왔다.

다음은 역사적인 사례를 통해 연구결과 보고에서의 부정행위인 날조, 변조, 표절, 삭제에 대한 각각의 행위를 짚어보도록 하겠다. 날조(fabrication)란 존재하지 않는 데이터나 연구결과를 인위적으로 만드는 것인데 다음의 두 사건을 통해 알아본다. 1974년, 윌리엄 서머린은 뉴욕의 슬로언 케터링 연구소에서 피부암을 연구했다. 피부암은 미국인들에게 있어 우리나라 사람들의 위암과 같이 매우 흔하게 생기는 암으로 이것을 퇴치하기 위해서 많은 노력을 한다. 이 피부암이 많이 발생하는 이유는 자외선, 평균 수명의 연장, 음식물에서 발암물질의 증가에 근거한 것이다. 그는 피부조직 이식을 쉽게 하기 위한 조직배양 기법을 연구했다. 그는 흰쥐에 검은 쥐의 피부조직을 이식하는 획기적인 실험에 성공했다. 그러나 이것은 흰 쥐의 피부를 검은 펜으로 색칠하여 이식실험을 성공한 것처럼 가장한 것이었다. 나중에 그는 조작사실을 시인하며 연구결과를 발표하라는 연구소로부터의 압력과 실험의 부담이 겹쳐 판단력이 흐려진 것이라고 했다. 조사위원회는 그와 그의 상사인 저명한 면역학자 로버트 굿도 사퇴시켰다. 이 사건은 미국 내에 대중적으로 주목받은 최초의 데이터조작 사례이다.

1994년 영국의 산부인과 의사 말콤 피어스는 자궁외 임신여성의 5주된 태아를 자궁 내로 이식하여 출산한 논문과 '다낭난소 질환'이라는 희귀병으로 여러 차례 유산경험이 있는 여성 191명의 검사결과를 보고하는 논문으로 주목받았다. 당시 자궁외 임신태아의 자궁이식 논문은 세계 처음으로 자궁외 임신태아의 이식을 보고한 논문이라는 점에서 큰 의미를 가졌으며, '다낭난소 질환'을 가진 여성이 드물었기 때문에 191명 여성들을 검사한 논문은 이 질환을 앓고 있는 여성들에게 큰 희망을 안겨 주었다. 그러나 그가 일했던 런던 세인트 조지 병원에서 그의 수술을 도와준 스텝은 아무도 없었고, 다낭난소 질환의 환자가 적었던 점이 지적되었다. 말콤 피어스의 연구에 대한 의문점이 생기자 세인트 조지 병원이 조사위원회를 구성하여 8개월간 조사에 착수했다. 조사 결과 두 논문이 모두 날조되었음을 밝혀냈다. 말콤 피어스는 이식 수술을 진행한 적이 없으며, 191명의 환자 또한 가공의 인물이었던 것이다. 결국 말콤 피어스는 의사 면허를 박탈당했다. 당시 말콤 피어스는 〈영국산부인과학회지〉의 신뢰받던 부편집자 중 한 사람이었으므로, 이식수술을 보고한 논문은 동료심사도 거치지 않았고 심지어 저자 전원이 서명한 심사본 제출과정도 생략되었다. 이러한 절차가 생략되는 상황에서 저자의 명예욕으로 논문이 출판된 것이다.

위의 두 사건은 존재하지 않는 데이터를 만들어서 논문을 조작한 날조의 부정행위에 속한다고 할 수 있다. 그렇다면 다른 부정행위의 종류에 대해서도 알아보도록 하자. 변조(falsification)란 실험데이터를 조작하는 행위로서 '존 다시 사건'을 통해 알아볼 수 있다. 1981년 하버드 의대의 심장병 연구자인 존 다시는 연구데이터를 조작하다가 적발되었다. 처음엔 단 한 차례라 여겨 계속 연구를 할 수 있도록 허용했다. 그러나 6개월 후 여러 연구기관이 공동 진행 중이던 '허혈 심근 보호를 위한 치료 연구'에서 존 다시가 참여한 데이터가 다른 기관의 데이터와 비교되면서 그의 데이터 조작이 발각되었다. 이에 하버드 의대와 예전 그가 속했던 에모리 대학에서 조사위원회가 만들어졌다. 조사 결과 존 다시는 노트르담 대학의 학부재학 시절부터 광범한 조작을 일삼았음이 밝혀졌다. 그는 가상의 환자, 공동연구자 등을 꾸며냈으며 데이터를 지어내기도 했다. 존 다시는 거의 100여 편의 논문에서 이와 같은 조작을 했었다. 이것은 개인적 사건이라기보다 저명한 연구기관과 공저자 그리고 학술지 등이 개입되어 있었기 때문에 사회적인 문제로 촉발되었다. 게다가 존 다시의 논문에 쓰인 공저자 중 일부는 연구에 참여도 하지 않은 자로 밝혀졌는데, 그들은 논문에 문제가 생기자 그때에서야 논문에 대한 책임을 부인했다. 공저자들의 기회주의적 태도에 대한 비난과 함께 저자 표시에 대한 윤리성 문제를 드러내 준 사건이다.

표절(plagiarism)이란 다른 사람의 말이나 생각을 자신의 것으로 속이려는 행위로서 대표적으로 몽타니에 특허권 사건이 있다. 1981년에 에이즈 환자가 처음 미국의학계에 보고되었다. 많은 연구자들이 에이즈 바이러스 규명을 위해 힘썼고, 마침내 1984년 프랑스 파스퇴르 연구소의 뤽 몽타니에가 에이즈 바이러스인 HIV를 발견했다. 그 당시 몽타니에는 무명의 연구자로서 그 분야의 최고 권위자인 미국의 로버트 갈로에게 연구 결과를 보내었다. 그런데 로버트 갈로는 HIV 논문을 자신의 이름으로 발표하였다. 몽타니에는 진위 논쟁으로 무려 10여 년을 소모했고 그 노력으로 에이즈 바이러스의 최초 발견자로 인정받을 수 있었다. 그러나 소송기간 동안 미국의 회사들은 투자를 계속하여 실용화에 성공해 에이즈

치료제 시장을 독점해버렸다. 몽타니에는 예산부족으로 어려움을 겪다가 결국 미국 연구소의 스카웃을 받아들여 미국으로 가게 되었다. 이 사건은 프랑스가 미국에게 지적특허권을 빼앗긴 사례로 유명하다.

삭제(elimination)는 원하는 도출 결과에 장애가 되는 데이터를 고의적으로 제거하는 것으로서 멘델의 유전실험을 통해 알아볼 수 있는데, 멘델은 1856년부터 1863년까지 약 3만 그루의 완두콩을 키워 교잡실험을 하였다. 멘델의 실험은 큰 키 완두콩과 작은 키 완두콩 식물을 교배하는 것이었다. 실험 결과는 1세대는 모두 큰 키의 완두콩이고, 이것을 자가 교배시킨 2세대는 큰 키와 작은 키가 각각 3 : 1의 비율로 생성된 것이다. 이 결과로 멘델은 1865년 유전을 지배하는 인자, 우성의 법칙, 독립의 법칙 등 유전법칙을 발표했다. 그러나 이후에 멘델의 논문을 검토한 학자들은 그의 실험결과가 너무 완벽한 것을 알아챘다. 그 이유는 당시 관습대로 최상의 결과만을 발표했기 때문이기도 하지만, 실험결과 비율에 맞지 않는 결과를 삭제했던 것이었다. 따라서 위와 같은 결과의 조작으로 인하여 멘델의 법칙은 한정된 상황에서만 성립하는 한계를 가지고 있다. 독립의 법칙은 해당 형질을 나타내는 유전자들이 서로 다른 염색체에 있는 경우에만 성립하고 우열의 법칙과 분리의 법칙은 중간 유전에서 우성이 불완전하게 나타난다. 그러나 이러한 한계에도 불구하고 멘델의 법칙은 그 전까지 수학적 방법이 거의 존재하지 않던 생물학에서 통계적 방법을 사용하여 정확한 가설을 제시한 이론이며 그 이후 지속적으로 발전한 유전학을 처음 정립한 계기로 인정받고 있다.

마지막으로 자기기만(self deception)은 편향된 사고에 의해 검증 없이 실험결과를 받아들이거나 무의식적으로 주관을 개입시키는 현상으로 연구자들이 범하기 쉬운 오류로, 카메러의 두꺼비 사건이 대표적이다. 오스트리아의 생물학자 카메러는 1900년대 초에 라마르크의 획득형질의 유전을 증명하는 실험에 성공했다. 카메러는 두꺼비 실험을 통해 이를 증명했는데, 조산원 두꺼비는 마른 땅에서 교미를 하며 암컷이 땅에 알을 낳으면 수컷이 넓적다리나 등에 알을 매달고 다니며 돌보는 것이 특징이다. 그것은 일반 두꺼비와의 다른 점이었다. 일반적으로 보통의 두꺼비는 물에서 교미할 때 암컷을 단단히 잡기 위해 수컷의 앞다리에 검은 색을 띄는 혼례 패드가 있다. 카메러는 1924년 조산원 두꺼비를 일부러 물에서 교미하도록 하여 몇 세대 뒤 수컷의 앞다리에 패드가 생겼고 유전된다고 발표했다. 이러한 공로로 당시 소련은 획득형질의 유전과 이념을 결부시키면서 그를 모스크바 대학교수로 초청하기도 했다. 획득형질이란 개체가 일생동안 외부영향에 의해 획득한 형질이다. 그러나 현대에 와서 획득형질이 유전된다는 이론은 부정되었다. 즉, 카메러의 실험은 조작된 것이었다. 1926년 미국학자는 보관되어 있던 조산원 두꺼비에게 패드처럼 보이기 위해 고의로 먹물을 주사한 것을 밝혀냈다. 그럼에도 불구하고 카메러는 조작을 인정하긴 했지만, 자신이 조작한 것은 아니라고 주장하며 자살을 하였다. 아직 실험의 조작진실 여부는 확실히 밝혀지지 않았으나, 학계에서는 카메러가 라마르크의 획득형질 유전을 확신하는 과정에서 이상심리 상태가 나타난 것으로 보고 있다. 이 사건은 과학자의 선입견과 주관개입이 부정행위에 얼마나 영향을 미치는지 보여준 대표적 사례이다. 획득형질은 다윈의 〈종의 기원〉, 즉 생존 경쟁에 유리한 개체만이 살아남는다는 자연선택에 관한 내용이 출판되면서 설 자리를 잃게 되었고, 그 이후 20세기에 들어와서 유전자의 구조가 밝혀지면서 완전히 부정되었다.

의사는 히포크라테스 선서를 하면서 의사로서의 양심을 지킬 것을 약속하는 것처럼 세계의 젊은 과학도들은 과학자를 위한 히포크라테스 선서를 선언하기도 한다. 이것은 1995년 노벨평화상을 수상한 조지프 로트블랫이 제안한 것이다. 그는 과학자들의 윤리불감증을 경각시키며 바른 과학발전을 위해서 이런 방침을 제안했다. 그렇지만 과학윤리는 과학적 성과에 밀려 주목받지 못했다. 이로 인해 대학이나 연구소에서의 암묵적으로 종종 발생하는 부정행위에 대한 확실한 제재는 아직도 미흡한 것이다. 그렇다면 연구부정행위의 원인은 무엇일까. 이것은 크게 개인적 원인과 사회적 원인으로 나누어 볼 수 있는데, 우선 개인적 원인으로는 경쟁심화, 과학을 입신출세의 수단으로 이용하고자 하는 희망, 실험방법의 불완전한 기술 등이라고 할 수 있다. 학계에서는 객관적이고 공정하게 판단하기 위하여 교수를 임용할 때 논문의 수를 중요하게 여기고 있다. 그래서 평가자들은 약력란에 적혀있는 교수의 논문을 읽어보지는 않고 논문수로서 능력을 가늠한다. 따라서 한 편의 질 좋은 논문을 작성한 학자보다는 수십 편의 논문을 보유한 과학자가 인정을 받는다. 그러나 이러한 논문의 수가 평가의 기준에 있어서 너무 획일적인 문제점을 지녔음은 말할 것도 없고 불공정한 공동저자 문제를 일으키는 요인이다. 그래서 연구자는 각각 논문 한 편씩을 만들어 공동저자로 서로를 인정해주는 방법을 사용하여 하나를 쓰고도 여러 논문을 작성하게 된 결과를 얻을 수 있는 것이다. 이렇게 해서 연구비를 지원받아 연구의 재료, 인력을 보유하게 된다. 결국 연구자는 연구논문의 수를 늘리기 위해 실험방법이 불완전해도 가능성이 있는 것처럼 만들게 되고, 또는 연구비를 지원하는 조건으로 다른 과학자의 공로를 가져갈 수도 있는 문제를 야기한다.

사회적 원인은 학술지의 급증, 실험장비에 대한 의존성, 과학사회의 계층화, 자가검증 시스템의 약화, 추시제도의 현실적 어려운 점이다. 과학기술의 발전은 학술지 수의 증가로 이어진다. 그러나 학술지 수의 증가에 비해 그 구조시스템은 발전이 더디다. 우선, 각 국가별 학술지의 교류가 활발하지 않다. 예를 들면, 어떤 연구자는 러시아어가 많이 활용되지 못한 것을 이용하여 러시아의 논문 수 십 편을 그대로 영어로 표절하기도 했다. 알사브티 사례의 경우, 알사브티는 타인의 논문을 표절하여 유명하지 않은 잡지에 기고하는 방식을 통하여 미국의 여러 유명병원에서 의학자 행세를 했던 것이다. 이런 일이 발생한 배경에는 논문 심사를 위한 시스템의 정비 없이 우후죽순처럼 학술지의 양적 증가가 이루어졌기 때문이다. 수에 의존한 연구 평가는 부자 과학자, 가난한 과학자처럼 과학사회의 계층화를 만들어냈다. 과학사회의 계층화란 비단 부의 차이만이 아니라 연구 여건의 차이 등을 의미한다. 게다가 산학협력 체제를 강조하며 발달된 과학으로 인해 기업가 생각을 갖는 연구자들의 확산을 가져와 기업의 이윤창출과 맞물린 연구는 자율성을 잃게 된 것이다. 과학계의 자가검증 시스템의 약화도 중요한 원인이다. 전문가검토는 전문과학자들로 구성된 전문가 위원회에서 연구과제를 평가하는 것이다. 이러한 과정에서 심사위원의 주관이 개입될 수도 있고, 이번 심사위원이 다음에는 연구비 신청자의 위치가 되기도 한다. 그렇기 때문에 객관적이고 투명한 검증시스템이 이루어지기 힘들다. 그리고 또 다른 원인으로 추시제도의 비현실성을 들 수 있다. 추시제도(replication)란 연구자가 실험한 결과를 그대로 해보고 확인하는 과정이다. 그러나 논문은 지면의 제약으로 중요한 부분만을 서술하고, 노하우의 공개를 밝히고 싶지 않은 연구자의 의도로 인해 모든 실험과정을 면밀히 관찰할 수 없다. 만일 그것이 가능하다고 해도 연구자의 숙련된 기술이 실험의 성패를 좌지우지하며, 타인의 연구결과를 검증한다고 해도 그에 대한 보상은 없다. 게다가 배아줄기세포 연구처럼 인간과 관련된 난자, 배아실험은 고려해야 할 윤리적 문제가 많아 검증하기는 어렵다.

그럼, 논문이 갖추어야 할 요건은 무엇인가? 논문은 중대성, 창의성, 유용성, 내용의 사실성, 흥미성, 명료성을 갖추어야 한다. 그러면 이러한 판단을 누가 할 것인가? 바로 전문가이다. 전문가에 의한 전문가심사(peer review)란 전문가에 의해 이루어지는 논문심사를 말한다. 전문가심사는 많은 학자들의 활동에 적용된다. 학술지를 발행할 때, 학회에서 논문의 기재여부를 결정할 때에 전문가심사가 적용된다. 그리고 편찬된 논문의 수준은 SCI 점수로 평가된다. 대학이나 연구소, 나아가 우리나라 과학기술 발전을 측정하는 잣대로 SCI 점수가 인용되고 있다. 이는 다른 어떤 평가지표보다 SCI 논문편수가 객관적이고 공정하다고 널리 인식된 때문이다. 전문가심사에 의하여 논문의 편찬이 검증되고 세계에 있는 연구자 몇 명이 읽어서 인용되느냐에 따라 논문의 질이 평가되고 있는 것이다. 그러다보니 논문게재 외의 활동이 상대적으로 홀대되기도 한다. 특허나 단행본 저술활동 등이 소홀히 되는 부작용도 있다. 게다가 기초과학과 공학, 의학에 따라 논문이 중요한 분야도 있고, 논문보다는 특허나 기술보고서가 중요한 분야도 있다. 이제는 SCI보다 더 객관적으로 논문이나 다른 연구활동을 평가 할 수 있는 시스템을 개발할 필요도 있다.

그렇다면 연구윤리 정착을 위해 어떠한 것들이 제안되어야 할까? 우선은 합리적 제도 수립이 필요할 것이다. 연구기여도에 따라 공정하게 성과를 배분해야 한다. 논문작성시 실질적인 기여정도에 따라 저자를 표시해야 한다는 것이다. 다시 말해 대학원생과 postdoc의 정당한 공로가 인정되어야 한다. 그리고 명예저자 대접이 근절되어야 한다. 명예저자 대접이란 예우차원에서 연구에 실질적으로 기여하지 않은 원로를 논문의 저자로 올리는 행위를 가리킨다. 또 이중 투고, 논문 편수 늘리기의 금지가 필요하다. 이런 제도 확립을 굳건히 하기 위해서는 특히 대학별, 기관별로 작성되는 논문에 대한 체계적인 심사기능을 갖추는 것이 우선이다. 지속적 정책 수립 또한 필요하다. 합리적인 제도 수립을 한 이후에는 충분한 토론 과정을 통해 일회성의 규제로 끝내지 말고, 상설기구에서 제도를 점차 개선시켜 나가야 한다. 그리고 부정행위 발생시 엄정한 처벌기준을 마련하되 선의 피해자가 없도록 해야 한다. 부정행위 시에는 연구비지원 중단, 연구비환수 등을 통해 같은 실수가 발생하지 않도록 한다. 그리고 연구결과의 기록 및 보관을 강화해야 한다. 또 부정행위 제보자에 대한 보호장치를 강화시켜야 하며, 그와 동시에 이것이 악용되지 않도록 시스템을 구축해야 한다. 부정행위 감독에 있어서 무엇보다도 예방활동의 병행이 강조되어야 하는데, 예를 들면, 실험노트의 기록과 보관을 의무화하고 문제시 논문과 함께 검토하는 작업을 해서 추시제도의 약점을 보완할 수 있다. 예방활동을 위한 방법에는 교육도 중요한 부분을 차지한다. 따라서 연구윤리 지원을 확대하고 교육프로그램을 개발하여야 할 것이다. 그리고 대학원생 같은 미래과학자들에게는 연구 부정행위에 대한 교육과 훈련이 의무화되어야 한다.

마지막으로 생산적 토론문화를 조성해야 하는데, 우선 정부가 합의도출을 중재해야 한다. 대규모의 연구개발 사업은 신기술이 가져올 수 있는 사회적 효과와 문제점에 대한 연구프로그램을 수행하도록 의무화한다. 그리고 과학기술의 혜택과 부작용을 토론하고 대안을 모색해야 한다. 국제적으로 성공적인 평가를 받는 덴마크를 살펴보면, 사회적인 합의도출을 위해 합의회의(consensus conference)를 시행하였고, 결과적으로 과학계와 시민들 상호의 이해 수준이 높아졌다. 합의회의에서 10~15명의 일반인들이 쟁점이 되고 있는 과학기술 주제에 대해 전문가와 질문을 던져 답변에 대한 토론을 한다. 이렇게 해서 도출된 합의결과는 보고서로 작성되어 정책에 최대한 반영을 하고 있다. 또 생산적 토론문화를 조성하기 위해서는 언론의 역할도 중요하다. 언론에서는 연구결과를 과장해서 보도하지 말아야 한다. 연구자는 명예와 연구비확보를 위해 연구결과를 확장해서 언론에 밝히면 안 되며, 소속기관도 외부로부터 좋은 평판을 얻으려고 언론을 이용해서는 안 된다. 예산집행의 정당성을 확보하기 위한 정부의 묵인과 획기적 기술진보를 바라는 언론이 잘못된 연구결과에 동조할 경우 많은 문제가 야기되기 때문이다. 모두가 과학적 성과에만 집착하여 윤리를 저버린다면, 연구자는 냉소주의에 빠지게 되고 윤리의식은 약화된다. 만일 과학계에서 불공정한 성과배분이나 연구결과의 과장행위가 발생하게 된다면 직접적인 제재는 물론 사회적 비난을 받을 것이다. 그리고 대중은 과학기술에 대해 무관심해져 이는 곧 올바른 과학의 발달을 저해하고, 인간은 그저 생체리듬에 맞춰 움직이는 감정 없는 로봇이 되어버릴지 모른다.

부록

1장 뇌사와 장기이식 이야기

1. 존 큐
제 목 : 존 큐
원 제 : John Q
감 독 : 닉 카사베츠
주 연 : 로버트 듀발, 제임스 우즈, 덴젤 워싱턴
장 르 : 드라마, 액션
개 봉 : 2002년 03월 15일
등 급 : 12세 이상 관람가
시 간 : 100분
수입/배급 : (주)씨네월드
제작년도 : 2002년
홈페이지 : http://www.johnq.co.kr
영화일기 : http://www.iamjohnq.com

2. 21그램
제 목 : 21 그램
원 제 : 21 Grams
감 독 : 알레한드로 곤잘레스 이냐리투
주 연 : 숀 펜, 베니치오 델 토로, 나오미 왓츠
장 르 : 드라마
개 봉 : 2004년 10월 21일
등 급 : 청소년 관람불가
시 간 : 125분
수입/배급 : 화인프로덕션/(주)영화사 한결
제작년도 : 2003년
홈페이지 : http://www.21grams.co.kr

3. 어웨이크
제 목 : 어웨이크
원 제 : Awake
감 독 : 조비 해롤드
주 연 : 헤이든 크리스텐슨, 제시카 알바, 레나 올린
장 르 : 스릴러
개 봉 : 2008년 03월 27일
등 급 : 15세 이상 관람가
시 간 : 84분
수입/배급 : 유니코리아(주)/(주)프라임엔터테인먼트
제작년도 : 2006년
홈페이지 : http://www.awake2008.co.kr/

4. 아일랜드
제 목 : 아일랜드
원 제 : The Island
감 독 : 마이클 베이
주 연 : 이완 맥그리거, 스칼렛 요한슨, 숀 빈
장 르 : SF, 액션
개 봉 : 2005년 07월 22일
등 급 : 12세 이상 관람가
시 간 : 130분
수입/배급 : 워너브러더스 코리아(주)
제작년도 : 2005년
홈페이지 :
http://wwws.kr.warnerbros.com/theisland/

2장 안락사이야기

1. 밀리언 달러 베이비
제 목 : 밀리언 달러 베이비
원 제 : Million Dollar Baby
감 독 : 클린트 이스트우드
주 연 : 클린트 이스트우드, 힐러리 스웽크, 모건 프리먼
장 르 : 드라마
개 봉 : 2005년 03월 10일
등 급 : 12세 이상 관람가
시 간 : 134분
수입/배급 : 튜브 엔터테인먼트
제작년도 : 2004년
홈페이지 : http://www.MillionDollarBaby.co.kr

2. 베티블루 37.2
제 목 : 베티블루 37 ° 2
원 제 : Le Martin 37 ° 2/Betty Blue
감 독 : 장 자끄 베넥스
주 연 : 베아트리체 달, 장 위그 앙글라드
장 르 : 로맨스
개 봉 : 2000년 08월 19일
등 급 : 청소년 관람불가
시 간 : 185분
수입/배급 : 클래식 시네마 스페이스㈜
제작년도 : 1986년

3. 씨 인 사이드
제 목 : 씨 인사이드
원 제 : Mar adentro/The Sea Inside
감 독 : 알레한드로 아메나바르
주 연 : 하비에르 바르뎀, 벨렌 루에다
장 르 : 드라마
개 봉 : 2007년 03월 15일
등 급 : 15세 이상 관람가
시 간 : 125분
수입/배급 : 스폰지
제작년도 : 2005년

4. 저스트 라이크 헤븐
제 목 : 저스트 라이크 헤븐
원 제 : Just Like Heaven
감 독 : 마크 워터스
주 연 : 리즈 위더스푼, 마크 러팔로
장 르 : 드라마, 로맨스
개 봉 : 2005년 12월 01일
등 급 : 15세 이상 관람가
시 간 : 95분
수입/배급 : CJ 엔터테인먼트
제작년도 : 2005년
홈페이지 :
http://www.cjent.co.kr/heaven2005/main.htm

5. 선체이서
제 목 : 선체이서
원 제 : Sunchaser
감 독 : 마이클 치미노
주 연 : 존 세다
장 르 :
개 봉 : 년 월 일
등 급 : 15세 이상 관람가
시 간 : 122분
제 작 : 모나키 엔터프라이즈 B.V., 레전시 엔터프라이지즈
배 급 : 워너 브라더스사
제작년도 : 1996년
홈페이지 :

3장 낙태 이야기

1. 더월
제 목 : 더 월
원 제 : If These Walls Could Talk
감 독 : 낸시 사보카
주 연 : 데미 무어, 셰어, 제이다 핀켓 스미스
장 르 : 드라마
개 봉 : 1997년 11월 8일
등 급 : 15세 이상 관람가
시 간 : 95분
제 작 : HBO
제작년도 : 1996년

2. 사이더 하우스
제 목 : 사이더 하우스
원 제 : The Cider House Rules
감 독 : 라세 할스트롬
주 연 : 마이클 케인, 샤를리즈 테론, 토비 맥과이어
장 르 : 드라마
개 봉 : 2000년 06월 03일
등 급 : 15세 이상 관람가
시 간 : 125분
제 작 : 미라맥스
수입.배급 : 태원엔터테인먼트
제작년도 : 1999년

3. 제니, 주노
제 목 : 제니, 주노
감 독 : 김호준
주 연 : 박민지, 김혜성, 김자옥, 이응경, 한여름, 임동진, 강남길
장 르 : 드라마, 코미디
개 봉 : 2005년 02월 18일
등 급 : 15세 이상 관람가
시 간 : 102분
제작/배급 : 컬처캡미디어/쇼이스트
제작년도 : 2004년
영화일기 : http://blog.naver.com/jenny_juno.do

4. 베라 드레이크
제 목 : 베라 드레이크
원 제 : Vera Drake
감 독 : 마이크 리
주 연 : 이멜다 스턴튼, 필립 데이비스
장 르 : 드라마
개 봉 : 년 월 일
등 급 : 미정
시 간 : 125분
제 작 : 스튜디오 카날
배 급 : 뉴 라인 시네마, 파인 라인 피쳐스
제작년도 : 2004년

5. 주노
제 목 : 주노
원 제 : Juno
감 독 : 제이슨 라이트만
주 연 : 엘렌 페이지, 제니퍼 가너, 마이클 세라, J.K. 시몬스, 앨리슨 재니, 제이슨 베이트맨, 올리비아 썰비
장 르 : 드라마, 코미디
개 봉 : 2008년 02월 21일
등 급 : 12세 이상 관람가
시 간 : 92분
수입/배급 : (주)미로비젼/(주)미로비젼
제작년도 : 2007년
홈페이지 : http://www.juno2008.com/

6. 4개월 3주 그리고 2일
제 목 : 4개월, 3주... 그리고 2일
원 제 : 4 Months 3 Weeks & 2 Days
감 독 : 크리스티앙 문쥬
주 연 : 안나마리아 마린카, 로라 바질리우, 블라드 이바노브
장 르 : 드라마
개 봉 : 2008년 02월 28일
등 급 : 청소년 관람불가
시 간 : 113분
수입/배급 : (주)유레카 픽쳐스/(주)유레카 픽쳐스
제작년도 : 2007년

4장 대리모이야기

1. 씨받이
제 목 : 씨받이
감 독 : 임권택
주 연 : 강수연, 이구순, 윤양하, 한은진, 김형자, 방희
장 르 : 드라마
개 봉 : 1987년 03월 21일
등 급 : 청소년 관람불가
시 간 : 95분
제작/배급 : 신한영화(주)
제작년도 : 1986년

2. 웨이 오브 더 건
제 목 : 웨이 오브 더 건
원 제 : The Way of the Gun
감 독 : 크리스토퍼 맥쿼리
주 연 : 줄리엣 루이스, 라이언 필립, 베니치오 델 토로, 제임스 칸
장 르 : 스릴러
개 봉 : 2001년 03월 24일
등 급 : 청소년 관람불가
시 간 : 94분
수입 : 미디어필름인터내셔날(주)
제작년도 : 2000년

3. 파이어라이트
제 목 : 파이어 라이트
원 제 : Frelight
감 독 : 윌리엄 니콜슨
주 연 : 소피 마르소, 스티븐 딜레인
장 르 : 드라마
개 봉 : 년 월 일
등 급 : 청소년 관람불가
시 간 : 103분
제작년도 : 1997년
제 작 : 헐리웃 픽쳐스
배 급 : 미라맥스

4. 두 번째 사랑
제 목 : 두 번째 사랑
원 제 : Never Forever
감 독 : 김진아
주 연 : 베라 파미가, 하정우, 데이비드 맥기니스
장 르 : 드라마
개 봉 : 2007년 06월 21일
등 급 : 청소년 관람불가
시 간 : 104분
제작/배급 : (주)나우필름+VOX 3 Film/(주) 프라임 엔터테인먼트
제작년도 : 2006년

5. 솔로몬 형제
원 제 : The Brothers Solomon
감 독 : 밥 오덴커크
주 연 : 윌 아넷, 윌 포트
장 르 : 코미디

6. 폰
제 목 : 폰
감 독 : 안병기
주 연 : 하지원, 최우제, 은서우, 김유미
장 르 : 공포, 미스터리, 스릴러
개 봉 : 2002년 07월 26일
등 급 : 15세 이상 관람가
시 간 : 104분
제작/배급 : 토일렛 픽처스/비에나비스타 코리아
제작년도 : 2002년
홈페이지 : http://www.phone6644.com

5장 인간유전체연구이야기

1. 게놈프로젝트 2
원 제 : XChange
감 독 : 앨런 모일
주 연 : 스티븐 볼드윈, 파스칼 뷔시에르
제 작 : 쿨브룩 미디어
배 급 : 트라이마크 픽쳐스
시 간 : 110분
장 르 : SF, 범죄 · 스릴러

2. 엑스맨
제 목 : 엑스맨
원 제 : X-MEN
감 독 : 브라이언 싱어
주 연 : 안나 파킨, 이안 맥켈렌, 휴 잭맨, 패트릭 스튜어트, 할리 베리, 제임스 마스덴, 레이 파크, 팜케 얀센, 타일러 메인
장 르 : SF
개 봉 : 2000년 08월 12일
등 급 : 12세 이상 관람가
시 간 : 95분
제작/배급 : 이십세기 폭스 코리아
제작년도 : 2000년

3. 쥬라기 공원
제 목 : 쥬라기 공원
원 제 : Jurassic Park
감 독 : 스티븐 스필버그
주 연 : 샘 닐, 로라 던, 제프 골드블럼
장 르 : SF, 공포
개 봉 : 년 월 일
등 급 : 12세 이상 관람가
시 간 : 127분
제작/배급 : 유니버셜 픽쳐스
제작년도 : 1993년

4. 닥터 모로의 DNA
제 목 : 닥터 모로의 DNA
원 제 : The Island of Dr. Moreau
감 독 : 존 프랑켄하이머
주 연 : 데이비드 튤리스, 론 펄먼, 파이루자 발크, 말론 브란도, 발 킬머, 마크 다카스코스
장 르 : SF, 스릴러
개 봉 : 1997년 03월 08일
등 급 : 15세 이상 관람가
시 간 : 95분
제작/배급 : 뉴 라인 시네마
제작년도 : 1996년

5. 울트라 바이올렛
제 목 : 울트라 바이올렛
원 제 : ULTRA VAIOLET
감 독 : 커트 위머
주 연 : 밀라 요보비치, 카메론 브라이트, 닉 친런드, 윌리엄 피츠너
장 르 : SF, 액션
개 봉 : 2006년 07월 20일
등 급 : 12세 이상 관람가
시 간 : 87분
수입/배급 : 소니 픽쳐스/Studio 2.0
제작년도 : 2006년

6장 유전자검사이야기

1. 가타카
제 목 : 가타카
원 제 : Gattaca
감 독 : 앤드류 니콜
주 연 : 에단 호크, 우마 서먼
장 르 : SF, 드라마
개 봉 : 년 월 일
등 급 : 15세 이상 관람가
시 간 : 112분
제 작 : 콜럼비아 픽쳐스, 저지 필름
배 급 : 콜럼비아 픽쳐스, 소니영화사
제작년도 : 1997년

2. 코드 46
제 목 : 코드 46
원 제 : Code 46
감 독 : 마이클 윈터바텀
주 연 : 팀 로빈스, 사만다 모튼, 잔느 발리바
장 르 : SF, 드라마
개 봉 : 2006년 04월 20일
등 급 : 청소년 관람불가
시 간 : 96분
수입/배급 : 다우리 엔터테인먼트/프리비전 엔터테인먼트
제작년도 : 2003년

3. 살인의 추억
제 목 : 살인의 추억
감 독 : 봉준호
주 연 : 송강호, 김상경, 변희봉, 송재호, 김뢰하, 고서희, 전미선, 박노식, 류태호, 박해일
장 르 : 드라마, 범죄
개 봉 : 2003년 04월 25일
등 급 : 15세 이상 관람가
시 간 : 127분
제작/배급 : 싸이더스
제작년도 : 2003년

4. 크림슨 리버
제 목 : 크림슨 리버
원 제 : The Crimson Rivers
감 독 : 마티유 카소비츠
주 연 : 뱅상 카셀, 장 르노
장 르 : 스릴러
개 봉 : 2001년 02월 10일
등 급 : 15세 이상 관람가
시 간 : 105분
수 입 : 태원엔터테인먼트
배 급 : 시네마서비스
제작년도 : 2000년

7장 유전자치료이야기

1. 레지던트 이블 3 (Resident evil 3)
제 목 : 레지던트 이블 3
원 제 : Resident Evil: Extinction
감 독 : 러셀 멀케이
주 연 : 밀라 요보비치, 오데드 페르, 알리 라터, 야산티, 이아인 글렌
장 르 : SF, 액션
개 봉 : 2007년 10월 18일
등 급 : 청소년 관람불가
시 간 : 94분
수입/배급 : (주)태원엔터테인먼트/스튜디오2.0
제작년도 : 2007년
홈페이지 : http://www.residentevil3.co.kr

2. FLY 2
제 목 : 플라이 2
원 제 : The Fly 2
감 독 : 크리스 웰리스
주 연 : 에릭 스톨츠, 리 리처드슨, 다픈 쥬니거
장 르 : SF, 공포 · 호러
개 봉 : 1990년 4월 5일
등 급 : 청소년 관람불가
시 간 : 104분
제 작 : 브룩스필름
배 급 : 이십세기 폭스 필름
제작년도 : 1989년

3. 나는 전설이다
제 목 : 나는 전설이다
원 제 : I Am Legend
감 독 : 프란시스 로렌스
주 연 : 윌 스미스, 알리스 브라가, 샐리 리차드슨, 윌로우 스미스, 에이프릴 그레이스, 대쉬 미오크, 파라독스 폴락
장 르 : SF, 드라마, 액션
개 봉 : 2007년 12월 12일
등 급 : 12세 이상 관람가
시 간 : 100분
수입/배급 : 워너브러더스 코리아(주)
제작년도 : 2007년
홈페이지 : www.iamlegend.co.kr

8장 유전자변형생물체이야기

1. 미믹
제 목 : 미믹
원 제 : Mimic
감 독 : 길예르모 델 토로
주 연 : 제레미 토담, 미라 소르비노
장 르 : SF, 공포, 스릴러
개 봉 : 1999년 01월 30일
등 급 : 15세 이상 관람가
시 간 : 105분
제작/배급 : 삼성영상사업단, 영화방
제작년도 : 1997년

2. 스파이더 맨
제 목 : 스파이더맨
원 제 : Spider-Man
감 독 : 샘 레이미
주 연 : 커스틴 던스트, 토비 맥과이어, 윌렘 데포, 제임스 프랭코
장 르 : SF, 액션
개 봉 : 2002년 05월 03일
등 급 : 12세 이상 관람가
시 간 : 121분
수입/배급 : 콜롬비아 트라이스타
제작년도 : 2002년
홈페이지 : http://www.spiderman.sonypictures.com

3. 둠
제 목 : 둠
원 제 : Doom
감 독 : 안드레이 바르코비악
주 연 : 더 락, 로잘먼드 파이크, 칼 어번
장 르 : SF, 공포, 액션
개 봉 : 2005년 12월 02일
등 급 : 청소년 관람불가
시 간 : 104분
제작/배급 : UIP
제작년도 : 2005년

4. 헐크
제 목 : 헐크
원 제 : The Hulk
감 독 : 이안
주 연 : 에릭 바나, 제니퍼 코넬리, 샘 엘리어트, 조쉬 루카스, 닉 놀테
장 르 : 액션
개 봉 : 2003년 07월 04일
등 급 : 전체 관람가
시 간 : 137분
제작/배급 : UIP
제작년도 : 2003년
홈페이지 : http://hulk.movist.com/

5. 블랙 쉽
원 제 : Black Sheep
감 독 : 조나단 킹
주 연 : 나단 메이스테르, 피터 피니
제 작 : 라이브 스톡 필름, 뉴질랜드 필름 커미션
시 간 : 87분
장 르 : 공포 · 호러, 코미디
홈페이지 : http://www.blacksheep-themovie.com/

9장 인간복제이야기

1. 6번째 날
제 목 : 6번째 날
원 제 : The 6th Day
감 독 : 로저 스포티스우드
주 연 : 아놀드 슈왈제네거, 토니 골드윈, 로버트 듀발, 마이클 래퍼포트, 웬디 크루슨
장 르 : SF, 스릴러, 액션
개 봉 : 2000년 12월 23일
등 급 : 12세 이상 관람가
시 간 : 123분
제작/배급 : 콜롬비아 트라이스타
제작년도 : 2000년

2. 블레이드 러너
제 목 : 블레이드 러너
원 제 : Blade Runner
감 독 : 리들리 스콧
주 연 : 해리슨 포드, 숀 영, 다릴 한나, 룻거 하우어, 에드워드 제임스 올모스
장 르 : SF
개 봉 : 1993년 05월 08일
등 급 : 청소년 관람불가
시 간 : 117분
제작/배급 : The Ladd Company 외/워너 브라더스사
제작년도 : 1982년

3. 이온 플럭스
제 목 : 이온 플럭스 (2005)
원 제 : Aeon Flux
감 독 : 카린 쿠사마
주 연 : 샤를리즈 테론, 조니 리 밀러, 소피 오코네도
장 르 : SF, 스릴러, 액션
개 봉 : 2006년 06월 22일
등 급 : 12세 이상 관람가
시 간 : 92분
제 작 : 레이크쇼어 엔터테인먼트, 파라마운트 픽쳐스
수입/배급 : UIP코리아
제작년도 : 2005년
홈페이지 : http://www.aeonflux.com

4. 멀티 플리시티
제 목 : 멀티플리시티
원 제 : Multiplicity
감 독 : 해롤드 래미스
주 연 : 마이클 키튼, 앤디 맥도웰, 유진 레비
장 르 : 코미디
개 봉 : 년 월 일
등 급 : 청소년 관람불가
시 간 : 118분
제작/배급 : 콜럼비아 픽쳐스
제작년도 : 1996년

5. 잃어버린 아이들의 도시
제 목 : 잃어버린 아이들의 도시
원 제 : La Cite Des Enfants Perdus
감 독 : 장 피에르 주네, 마르크 카로
주 연 : 론 펄먼, 도미니크 피뇽, 쥬디트 비테, 다니엘 에밀포크, 장 클로드 드레이푸스
장 르 : SF, 판타지
개 봉 : 1996년 06월 15일
등 급 : 전체 관람가
시 간 : 112분
제 작 : 스튜디오 카날 플러스
배 급 : 유니온 제네랄레 씨네마
제작년도 : 1995년

10장 인체실험이야기

1. 마루타
제 목 : 마루타
원 제 : The Devil 731
감 독 : 전기
주 연 : 왕강, 왕윤식, 오대요
장 르 :
개 봉 : 년 월 일
등 급 : 청소년 관람불가
시 간 :분
제작년도 : 1990년

2. 아나토미
제 목 : 아나토미
원 제 : Anatomie
감 독 : 슈테판 루조비츠키
주 연 : 벤노 퓨어만, 프란카 포텐테, 안나 루스, 제바스티안 블롬베르그
장 르 : 공포, 스릴러
개 봉 : 2001년 06월 09일
등 급 : 청소년 관람불가
시 간 : 95분
수입/배급 : 콜럼비아 트라이스타 영화(주)
제작년도 : 2000년
홈페이지 : http://anatomy.dreamx.net
영화일기 : http://www.anatomie-der-film.de

3. 아나토미 2
제 목 : 아나토미 2
감 독 : 슈테판 루조비츠키
주 연 : 바르나비 멧슈라트, 헤르베르트 크나우프, 하이케 마카츠, 프란카 포텐테
장 르 : 스릴러
개 봉 : 2004년 02월 13일
등 급 : 15세 이상 관람가
시 간 : 101분
수입/배급 : 콜럼비아 픽처스
제작년도 : 2003년

4. 콘스탄트 가드너
제 목 : 콘스탄트 가드너
원 제 : The Constant Gardener
감 독 : 페르난도 메어레스
주 연 : 랄프 파인즈, 레이첼 와이즈, 대니 휴스턴, 빌 나이
장 르 : 드라마, 스릴러
개 봉 : 2006년 05월 04일
등 급 : 15세 이상 관람가
시 간 : 129분
수입/배급 : 스폰지
제작년도 : 2005년
홈페이지 : http://www.constantgardener.co.kr

5. 엑스페리먼트
제 목 : 엑스페리먼트
원 제 : Das Experiment
감 독 : 올리버 히르비겔
주 연 : 모리츠 블라입트르, 유스투스 본 도난이
장 르 : 스릴러
개 봉 : 2002년 03월 22일
등 급 : 청소년 관람불가
시 간 : 105분
수입/배급 : (주)시나브로 엔터테인먼트
제작년도 : 2001년
홈페이지 : http://www.the-ex.co.kr

6. Extreme measures
제 목 : 휴 그랜트의 선택
원 제 : Extreme Measures
감 독 : 마이클 앱티드
주 연 : 진 해크만, 사라 제시카 파커, 휴 그랜트
장 르 : 미스터리, 범죄, 스릴러
개 봉 : 년 월 일
등 급 : 15세 이상 관람가
시 간 : 118분
제작/배급 : 콜럼비아 픽쳐스
제작년도 : 1996년

7. 극락도 살인사건
제 목 : 극락도 살인사건
감 독 : 김한민
주 연 : 박해일, 박솔미, 성지루, 최주봉, 김인문, 박원상, 유혜정, 안내상, 김병춘, 이대연
장 르 : 미스터리, 스릴러
개 봉 : 2007년 04월 12일
등 급 : 15세 이상 관람가
시 간 : 112분
제작/배급 : ㈜두엔터테인먼트/MK픽처스
제작년도 : 2007년
홈페이지 : http://www.paradise1986.com

8. 로렌조 오일
제 목 : 로렌조 오일
원 제 : Lorenzo s Oil
감 독 : 조지 밀러(1)
주 연 : 닉 놀테, 수잔 서랜던
장 르 : 드라마
개 봉 : 1993년 3월 20일
등 급 : 전체 관람가
시 간 : 129분
제작/배급 : 유니버셜 픽쳐스
제작년도 : 1992년

11장 동물실험이야기

1. 딥 블루 씨
제 목 : 딥 블루 씨
원 제 : Deep Blue Sea
감 독 : 레니 할린
주 연 : 사무엘 L. 잭슨, 새프론 버로즈, 마이클 래퍼포트
장 르 : 스릴러
개 봉 : 1999년 09월 11일
등 급 : 15세 이상 관람가
시 간 : 105분
수입/배급 : 워너브러더스 코리아
제작년도 : 1999년

2. 금발이 너무해 2
제 목 : 금발이 너무해 2
원 제 : Legally Blonde 2 Red, White & Blonde
감 독 : 찰스 허먼 웜펠드
주 연 : 리즈 위더스푼, 루크 윌슨
장 르 : 코미디
개 봉 : 2003년 10월 02일
등 급 : 12세 이상 관람가
시 간 : 96분
제작/배급 : 이십세기 폭스코리아
제작년도 : 2003년
홈페이지 : http://www.mgm.com/legallyblonde2/

3. 맥스 3000 (Man's best friend)
제 목 : 맥스 3000
원 제 : Man s Best Friend
감 독 : 존 라피아
주 연 : 알리 쉬디, 로버트 코스탄조, 존 라피아
장 르 :
개 봉 : 년 월 일
등 급 : 청소년 관람불가
시 간 : 분
제 작 : 뉴 라인 시네마
배 급 : 뉴 라인 시네마
제작년도 : 1993년

4. 28일 후 (28 Days Later)
제 목 : 28일후...
원 제 : 28 Days Later
감 독 : 대니 보일
주 연 : 킬리언 머피, 나오미 해리스, 크리스토퍼 에클레스턴, 메간 번스, 브랜단 글리슨
장 르 : 스릴러
개 봉 : 2003년 09월 18일
등 급 : 청소년 관람불가
시 간 : 112분
제작/배급 : 20세기 폭스 코리아
제작년도 : 2002년

5. 엘리게이터 (alligator)
제 목 : 엘리게이터
원 제 : Alligator
감 독 : 루이스 티그
주 연 : 로빈 라이커, 마이클 가쪼, 로버트 포스터
장 르 :
개 봉 : 년 월 일
등 급 : 15세 이상 관람가
시 간 : 분
제 작 : 엘리게이터 Inc.
배 급 : 라이트닝 비디오
제작년도 : 1980년

6. 베토벤 (Beethoven)
제 목 : 베토벤
원 제 : Beethoven
감 독 : 브라이언 레반트
주 연 :
장 르 : 가족, 코미디
개 봉 : 년 월 일
등 급 : 8세 이상 관람가
시 간 : 87분
제작/배급 : 유니버셜 픽쳐스
제작년도 : 1992년

12장 연구윤리이야기

1. 할로우 맨
제 목 : 할로우 맨
원 제 : Hollow Man
감 독 : 폴 버호벤
주 연 : 케빈 베이컨, 조쉬 브롤린, 엘리자베스 슈
장 르 : SF
개 봉 : 2000년 09월 02일
등 급 : 15세 이상 관람가
시 간 : 112분
제작/배급: 콜롬비아 트라이스타
제작년도 : 2000년

2. A.I.
제 목 : A.I.
원 제 : A.I. Artificial Intelligence
감 독 : 스티븐 스필버그
주 연 : 할리 조엘 오스먼트, 주드 로, 프란시스 오코너, 윌리엄 허트, 브랜단 글리슨, 벤 킹슬리
장 르 : SF, 드라마
개 봉 : 2001년 08월 10일
등 급 : 12세 이상 관람가
시 간 : 144분
수입/배급 : 워너브러더스
제작년도 : 2001년
홈페이지 : http://aimovie.warnerbros.com

3. 마이너리티 리포트
제 목 : 마이너리티 리포트
원 제 : The Minorityreport
감 독 : 스티븐 스필버그
주 연 : 톰 크루즈, 콜린 파렐, 막스 폰 시도우, 닐 맥도프, 사만다 모튼
장 르 : SF, 액션
개 봉 : 2002년 07월 26일
등 급 : 15세 이상 관람가
시 간 : 147분
수입/배급 : 이십세기 폭스 코리아
제작년도 : 2002년
홈페이지 : http://www.minorityreport.co.kr

4. Lawnmower Man
제 목 : 론머맨
원 제 : The Lawnmower Man
감 독 : 브렛 레너드
주 연 : 제프리 루이스, 제니 라이트, 크레이그 벤톤, 제프 파헤이
장 르 :
개 봉 : 년 월 일
등 급 : 청소년 관람불가
시 간 :분
제 작 : 뉴 라인 시네마
배 급 : 뉴 라인 시네마

5. 인사이더

제 목 : 인사이더

감 독 : 마이클 만

주 연 : 알 파치노, 러셀 크로우, 다이안 베노라, 린제이 크루즈, 마이클 갬본

장 르 : 드라마

개 봉 : 2000년 03월 11일

등 급 : 청소년 관람불가

시 간 : 0분

제작/배급 : 터치스톤 픽쳐/브에나 비스타 인터내셔널 코리아

제작년도 : 1999년

6. 필라델피아 실험

제 목 : 필라델피아 실험

원 제 : The Philadelphia Experiment

감 독 : 스튜어트 래필

주 연 : 마이클 페레, 낸시 알렌, 에릭 크리스마스, 바비 디 시코, 루이스 라덤

장 르 : SF, 모험, 드라마

시 간 : 102분

제작년도 : 1984년

7. 아이언맨

제 목 : 아이언맨

원 제 : Iron Man

감 독 : 존 파브로

주 연 : 로버트 다우니 주니어, 테렌스 하워드, 기네스 팰트로, 제프 브리지스

장 르 : SF, 액션

개 봉 : 2008년 04월 30일

등 급 : 12세 이상 관람가

시 간 : 125분

제작/배급 : 마블 엔터프라이즈/CJ엔터테인먼트

제작년도 : 2008년

홈페이지 : http://www.ironman2008.co.kr

내용출처

네이버영화 http://movie.naver.com/

맥스무비 http://www.maxmovie.com/

씨네21 http://www.cine21.com/

본 도서를 제작하면서 사용된 영화 포스터 및 장면의 일부는 제작사/배급사와의 사전 협의 없이 사용되었음을 알립니다. 모든 그림의 사용을 허가 받아야 하나 허락을 받는 과정에서 일부 제작사/배급사와 연결이 어려워 우선 게재하게 되었습니다. 본 도서는 생명윤리분야의 교육용 교양도서로서 제작되었으며, 향후 도서에 언급된 영화들의 작품성과 내용이 재인식되어지길 바랍니다. 차후에 영화 내용 게재에 대한 문제에 대하여 연락을 주시면 합당한 조치를 취하겠습니다.